军事体育教学与训练

路迪　秦键　谢文强　主编

北　京
冶金工业出版社
2023

内 容 提 要

本书紧扣《军队院校教学大纲》，在总结以往军事体育教学训练经验的基础上，吸纳最新的军事体育训练理念和实践教学方法，并结合当前教学任务编写。内容包括军事体育训练伤的防控、军事体育的基础体能训练、体能训练的身体准备与放松恢复、障碍训练、实用技能训练、器械体操和岗位能力与综合训练、军事体育教学训练的科学实施等。

本书可供生长军官高等教育、士官职业技术教育各专业学员使用。

图书在版编目(CIP)数据

军事体育教学与训练／路迪，秦键，谢文强主编．—北京：冶金工业出版社，2023.5

ISBN 978-7-5024-9501-5

Ⅰ.①军…　Ⅱ.①路…　②秦…　③谢…　Ⅲ.①军事体育—教材
Ⅳ.①G873

中国国家版本馆 CIP 数据核字(2023)第 081812 号

军事体育教学与训练

出版发行　冶金工业出版社　　**电　　话**　(010)64027926
地　　址　北京市东城区嵩祝院北巷 39 号　　**邮　　编**　100009
网　　址　www. mip1953. com　　**电子信箱**　service@ mip1953. com

责任编辑　于昕蕾　美术编辑　吕欣童　版式设计　郑小利
责任校对　葛新霞　责任印制　禹　蕊
北京捷迅佳彩印刷有限公司印刷
2023 年 5 月第 1 版，2023 年 5 月第 1 次印刷
787mm×1092mm　1/16；15. 5 印张；371 千字；238 页
定价 41. 00 元

投稿电话　(010)64027932　投稿信箱　tougao@cnmip. com. cn
营销中心电话　(010)64044283
冶金工业出版社天猫旗舰店　yjgycbs. tmall. com
(本书如有印装质量问题，本社营销中心负责退换)

编辑委员会

前　言

军事体育作为军事训练的重要组成，在实现强军目标、建设世界一流军队中有着重要的基础作用。军事体育作为军事教育的重要构成，对培养高素质军事人才也有着不可替代的重要作用。

本书从军事体育教学训练的实践操作需求出发，主要介绍了新大纲涉及所有相关课目的组训方法和日常体能训练伤病的防控，还精心编配了动作训练实操图片800余张，提高了教学训练的直观性。在内容的选取和编排上，力争做到言简意赅、图文并茂、通俗易懂、易于操作。

全书共分九章。第一章介绍了军事体育训练伤的防控，第二章介绍了军事体育的基础体能训练，第三章、第四章介绍了体能训练的身体准备与放松恢复，第五章介绍了障碍训练，第六章介绍了实用技能训练，第七章介绍了器械体操，第八章介绍了岗位能力与综合训练，第九章介绍了军事体育教学训练的科学实施。

本书第一章由谢文强、王思聪、陈鹏编写，第二章由董宏彬、曹辉、王全利编写，第三章由黄少奇、杨勃、王勇、丁宁、田红斌编写，第四章由秦键、康喜兵、甘勤涛、刘立红编写，第五章由刘劲松、绳慧、张雷、黄少罗编写，第六章由刘凯东、杨骏康、赵恒、韩永成编写，第七章由简明明、马晓龙、陆程、杨峰编写，第八章由肖飞、朱启凯、王龙、梁玉华编写，第九章由路迪、赵立山、汪艳伟、周汀德编写。

由于编者水平有限，书中难免存在纰漏，恳请读者批评指正。

作　者

2023年1月

目　录

第一章　军事体育训练伤的防控 …… 1

第一节　功能性动作筛查简介 …… 1
第二节　FMS 测试方法 …… 2
第三节　结果应用 …… 14
第四节　纠正性训练 …… 16
第五节　主要训练课目伤病特点及防控 …… 28

第二章　军事体育的基础体能训练 …… 45

第一节　力量训练 …… 45
第二节　速度与灵敏性训练 …… 70
第三节　有氧耐力训练 …… 82

第三章　体能训练的身体准备 …… 87

第一节　一般热身 …… 87
第二节　动态拉伸 …… 89
第三节　肌肉激活 …… 93

第四章　体能训练的放松与恢复 …… 99

第一节　静态拉伸 …… 99
第二节　软组织泡沫轴松解 …… 104

第五章　障碍训练 …… 109

第一节　400 米障碍 …… 109
第二节　携枪通过 100 米障碍 …… 140
第三节　实装通过 200 米障碍 …… 147

第六章　实用技能训练 …… 163

第一节　游泳 …… 163
第二节　格斗术 …… 176

第七章　器械体操 …… 191

第一节　单杠 3 练习 …… 191

第二节 单杠 4 练习 …… 195
第三节 单杠 5 练习 …… 200
第四节 双杠 3 练习 …… 203
第五节 双杠 4 练习 …… 206
第六节 双杠 5 练习 …… 209
第七节 木马 1 练习（屈腿腾越横木马） …… 213
第八节 木马 2 练习（分腿腾越横木马） …… 215
第九节 木马 3 练习（分腿腾越纵木马） …… 217

第八章 岗位能力与综合训练 …… 220

第一节 100 米体能组合练习 …… 220
第二节 三公里武装越野 …… 224
第三节 三公里武装组合练习 …… 228

第九章 军事体育教学训练的科学实施 …… 232

第一节 军事体育课的结构 …… 232
第二节 军事体育课的密度 …… 233
第三节 军事体育训练实践课的组织 …… 234

参考文献 …… 238

第一章　军事体育训练伤的防控

第一节　功能性动作筛查简介

功能性动作筛查（functional movement screen，简称 FMS），是一套人体基础动作模式的筛查方法，包括深蹲、跨栏步、直线弓步蹲、肩部灵活性、主动直腿上抬、躯干稳定俯卧撑和旋转稳定性等七个动作模式测试，以及三个诱发疼痛的附加性动作测试（排除试验）。通过 FMS，可对人的动作能力进行分级、发现动作模式中的薄弱环节或受限因素、评估运动损伤风险，以及发现未被注意的轻微损伤和评价伤后康复治疗的效果。

目前认为，动作模式受限常常会导致动力链传递障碍和动作效率低下，增加运动损伤的潜在风险，而这些风险很难在常规体检和体能测试中被发现。FMS 动作测试，是将受试者的身体置于极端位置，能够较好地放大其动作上的瑕疵与代偿，因而能够很容易地识别出日常难以发现的潜在问题。

通过对 FMS 七个单项动作模式得分和受限、疼痛情况的综合分析，可对受试者的动作能力进行总体评估，揭示其动作模式中的主要受限因素，如灵活性、稳定性方面的不足、左右不对称等；在此基础上，对受试者开展有针对性的纠正性动作训练，能够改善其动作模式、提高动作能力和降低运动损伤风险，并最终提高其体能素质和运动表现。

在体能训练中，将 FMS 结果作为制定体能训练计划的起点依据，并定期进行测试和分析，可动态监控训练质量和评估训练效果。

FMS 单项动作模式评分：按照单项动作模式完成的质量，分为 0~3 分 4 个等级。每个测试动作做三次，取最高一次得分；对于区分左、右侧的动作，则应对两侧分别测量和计分，并以较低一侧的分值作为该项动作得分；如果测试中出现 0 分时，则不论动作完成的质量高低，该项动作的最终分值均计为 0 分。

0 分：测试中受试者任何身体部位出现或诱发出疼痛。

1 分：受试者无法完成整个动作或无法保持起始姿态。

2 分：受试者能够完成动作，但出现动作代偿。

3 分：受试者能按标准顺畅、高质量地完成动作。

FMS 总分：为七个单项动作最终分值的合计。

测试器材：可以采用商用 FMS 测试套件（FMS），也可以按照标准规格自行制作。测试器材的标准规格：一根约 120 厘米的长杆、两根约 60 厘米的短杆、一块 30 厘米宽×183 厘米长×5 厘米高的测试板、一根弹力绳，杆、板上分别标记相应的英寸刻度。

需测量的人体参数：（1）胫骨粗隆距地面的距离；（2）髋关节与膝关节之间的距离；（3）手掌长度（中指指尖距第一腕横纹的距离）。

测试条件：（1）受试者着轻便服装，穿迷彩胶鞋或赤足；（2）测试前不热身；

（3）测试场所的环境气温不宜过低，冬季测试时一般应安排在室内；（4）前后测试的条件应一致。

第二节 FMS 测试方法

一、深蹲

（一）动作模式分析

深蹲被称为“动作之王”，是很多运动的基础动作模式，如搬抬重物、起跳、高处落地等。深蹲动作模式测试，可充分考查下肢髋、膝、踝等关节的灵活性，骨盆和核心的稳定性，以及两者协同所表现的姿态控制能力。横杆举过头顶的深蹲，还可以考查肩关节、肩胛区和胸椎在对称姿势下的灵活性与稳定性。

正确完成深蹲动作，除了要求受试者具有良好的整合全身力量的神经肌肉控制能力和骨盆发力节奏外，还要求其具备良好的闭链踝背屈和膝、髋关节屈曲能力，以及拥有良好的胸椎灵活性（伸展能力）和肩关节屈曲与外展能力。

（二）测试目的

评估髋、膝和踝等关节的双侧对称灵活性，躯干和支撑腿的稳定性，以及对称姿势下的肩关节、肩胛区、胸椎等的灵活性和稳定性。

（三）测试方法

（1）受试者两脚朝前与肩同宽、平行站立。

（2）双手将长杆置于头顶，调整双手位置，保持肘呈 90°角。

（3）两臂完全伸直，将长杆举到最高位。

（4）身体缓慢下蹲至尽可能低的位置，保持 1 秒后，恢复至站立姿势。

（5）下蹲过程中，应保持两脚足跟着地、面向前方、抬头挺胸，长杆尽可能高地举过头顶。

注：可重复测试三次，取最高一次得分。如最高分达不到 3 分，可在用测试板垫高足跟后，再进行测试。

（四）评分标准

3 分：躯干与小腿（胫骨）平行，或趋于与地面垂直；大腿（股骨）低于膝盖水平面；膝盖在脚的正上方，双膝没有外翻或内扣；横杆在头的正上方，并与地面保持平行（图 1-1）。

图 1-1 深蹲 3 分

2分：在垫高足跟情况下，可以达到3分的动作标准（图1-2）。

图1-2　深蹲2分

1分：在垫高足跟情况下，仍出现小腿与躯干上部不平行、大腿没有低于膝盖水平、两膝未在两脚的正上方、横杆没有在头的正上方等任何情况之一者（图1-3）。

图1-3　深蹲1分

0分：测试过程中出现身体任何部位的疼痛。

二、跨栏步

（一）动作模式分析

跨栏步是移动和加速动作的基本构成单元。该动作模式，是在保持骨盆和核心的稳定、躯干与上肢保持不动的情况下，让受试者完成一侧身体承受体重而另一侧自由移动的不对称运动模式，以此揭示人体在单腿站立和跨步过程中运动功能是否存在补偿或不对称，评价其动态稳定性和平衡能力。

正确完成跨栏步动作，需要受试者具有髋部良好的协调性和稳定性，跨步腿良好的屈髋、屈膝和踝背屈能力，支撑腿髋、膝、踝等关节的稳定性，以及良好的髋关节最大程度伸展能力。

（二）测试目的

评估双侧髋、膝和踝等关节的功能灵活性与下肢稳定性，以及骨盆和核心的稳定性与控制能力。

（三）测试方法

（1）测量受试者胫骨粗隆中心点至地面的距离，并据此调整栏架的弹力绳高度（图1-4）。

（2）受试者两脚并拢站立、两脚尖轻触测试板；双手握长杆于颈后，使长杆在肩上保持水平；上身挺直。

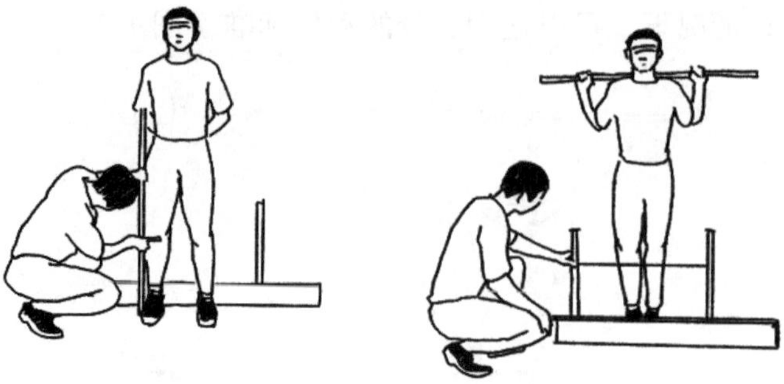

图 1-4　调整弹力绳高度

（3）一侧腿缓慢抬起，跨过弹力绳并以足跟触地；同时保持另侧支撑腿直立，重心放在支撑腿上并保持稳定。动作过程中应保持髋、膝、踝关节成一条直线。

（4）跨步腿缓慢收回，恢复到起始的双足并拢站立姿势。重复测试三次，记录最高一次得分。

（5）抬另一侧腿重复上述动作。

（四）评分标准

3 分：在矢状面上，髋、膝、踝关节对齐在一条直线上；腰椎部位没有或仅有极其微小的移动；横杆与地面保持平行（图 1-5）。

图 1-5　跨栏步 3 分

2 分：髋、膝、踝关节没有对齐在一条线上；腰椎有较为明显的移动；横杆与地面没有保持平行（图 1-6）。

图 1-6　跨栏步 2 分

1分：脚触碰到弹力绳，身体未保持平衡，脚从纵杆外侧绕过（图1-7）。

图1-7 跨栏步1分

0分：测试过程中出现身体任何部位的疼痛。

三、直线弓步蹲

（一）动作模式分析

直线弓步蹲模式，是运动中减速和转向运动的一个基本动作构成。

该动作模式，对身体灵活性和稳定性的要求较高。在狭窄的测试板上保持两脚的前后对齐，以及不对称条件下保持髋部两侧的平均受力，都需要受试者具备足够的身体稳定性、以持续有力地控制好骨盆与核心。在上身挺直、躯干朝前情况下做剪式站立与下蹲，既需要受试者后侧腿髋、膝、踝等关节的闭链稳定性，也需要前侧腿的屈髋、屈膝和踝背屈能力。

（二）测试目的

评估躯干或核心的稳定性，双下肢髋、膝和踝关节的灵活性和稳定性。

（三）测试方法

（1）受试者右脚平踩在测试板上，脚尖与“0”刻度对齐；左脚迈出、脚跟踩在测试板上对应于其胫骨粗隆高度的刻度位置；两脚平放、脚尖朝前，前后对齐（图1-8）。

图1-8 测量胫骨粗隆高度

（2）以右手在颈后、左手在腰后、沿脊柱放置长杆，腰背挺直、躯干朝前，长杆始终紧贴头、胸椎和骶骨。

（3）右腿缓慢做弓步下蹲动作，直至膝关节在左脚足跟处接触测试板。

（4）测试过程中，应始终保持长杆紧贴头、胸椎和骶骨中点，两脚在前后对齐。

（5）恢复至起始位置。

（6）双侧上、下肢交换位置，完成对侧测试。

（四）评分标准

3 分：动作过程中，长杆始终保持与身体的三点接触，并与地面垂直；躯干没有左右移动；长杆和两脚在同一矢状面上；后膝能够碰触到前脚足跟处的测试板（图 1-9）。

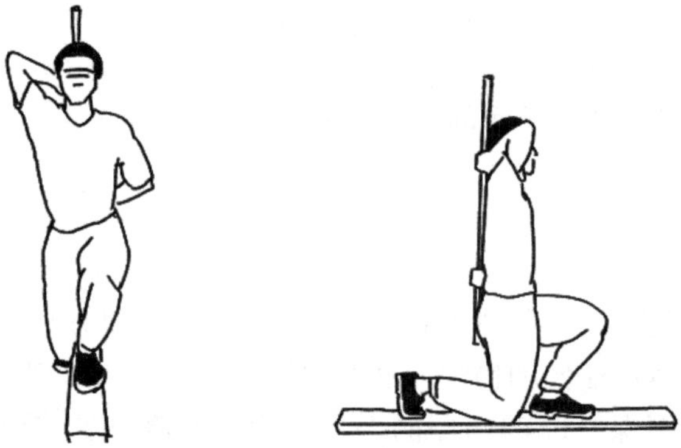

图 1-9　直线弓步蹲 3 分

2 分：长杆没有始终保持与身体上的三点接触，长杆没有保持垂直，躯干有左右移动，长杆和两脚没有在同一矢状面上，后侧膝盖没有触碰到前脚足跟处的测试板（图 1-10）。

图 1-10　直线弓步蹲 2 分

1 分：身体失去平衡，不能完成动作（图 1-11）。

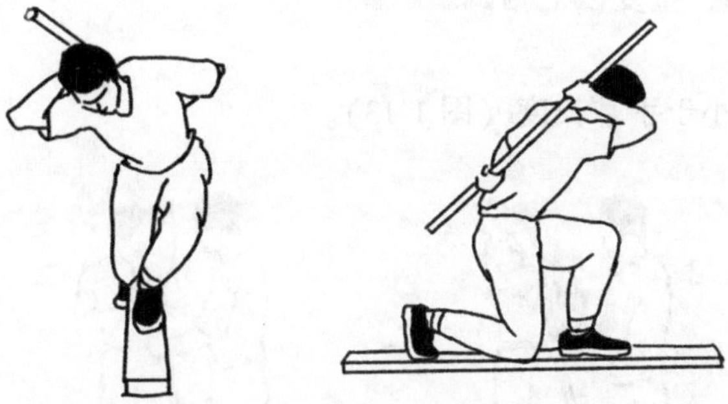

图 1-11　直线弓步蹲 1 分

0 分：测试过程中出现身体任何部位的疼痛。

四、肩部灵活性

（一）动作模式分析

肩部灵活性测试动作，是上肢交互对称的外展/内收、屈曲/伸展、内旋/外旋组合动作模式，用于考察肩关节、胸椎关节的灵活性和排查肩关节的疼痛。

（二）测试目的

（1）评估双侧肩关节的运动范围和肩内旋、后伸及内收等的协作能力。

（2）排查肩部疼痛症状。

（三）测试方法

（1）测量受试者中指指尖距第一掌横纹的距离，以此作为一个手掌长度（图 1-12）。

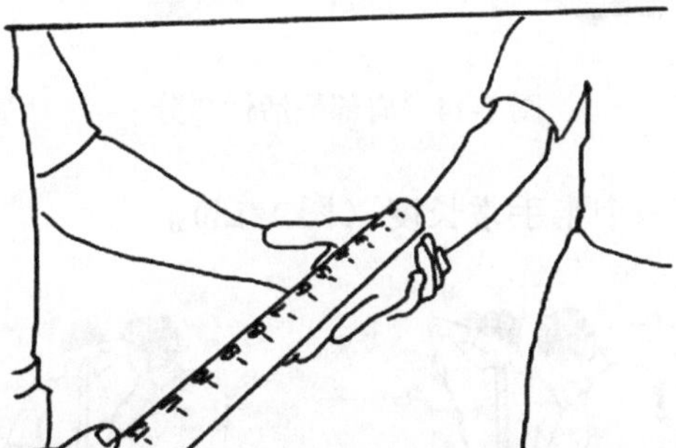

图 1-12　测量手掌长度

（2）受试者两脚并拢站立，双手握拳，拇指包于四指之内，双臂外展伸直。

（3）将一手握拳举过头顶，由上向下沿脊柱尽量下伸；另一手握拳由下向上沿后背部尽量上伸；动作应连贯、一步到位。

（4）记录两拳间距离。

（5）恢复至起始姿势。可重复测试三次，取最高分。

（6）上下交换双臂，重复以上测试。

（四）评分标准

3 分：两拳间距离小于手掌长度（图 1-13）。

图 1-13　肩部灵活性 3 分

2 分：两拳间距离大于一个但小于一手半手掌长度（图 1-14）。

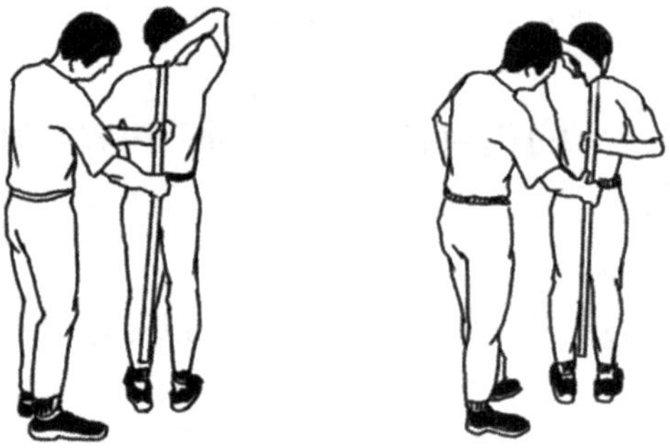

图 1-14　肩部灵活性 2 分

1 分：双拳间距离大于一个半手掌长度（图 1-15）。

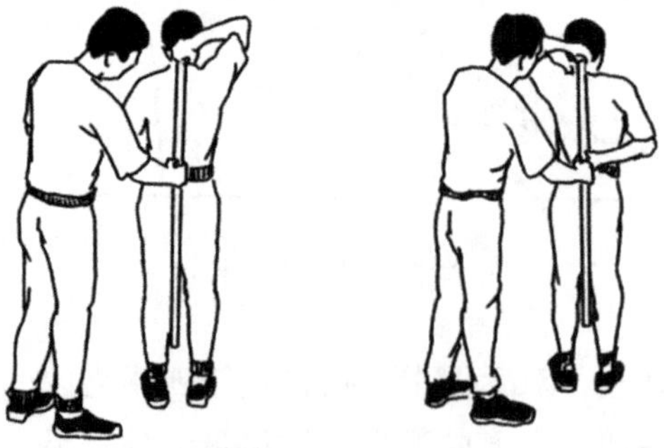

图 1-15　肩部灵活性 1 分

排除试验：受试者双脚并拢站直，双臂自然下垂；将一侧手掌按压在另一侧肩膀外缘，抬高肘部至最高位，抬肘时手掌根部不离开肩膀；观察和询问受试者是否出现疼痛；换对侧进行测试（图 1-16）。

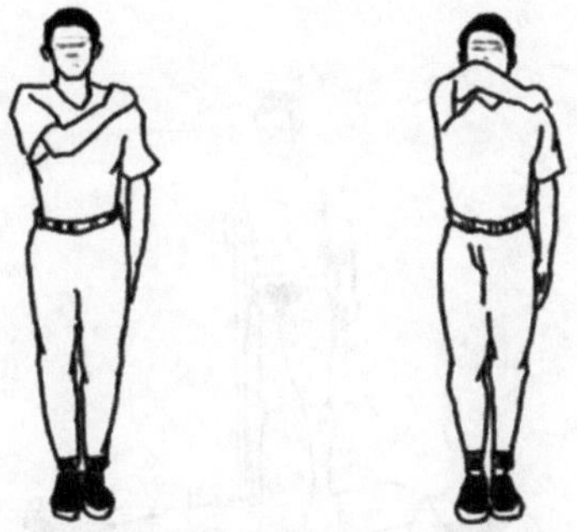

图 1-16　肩部排除性测试

0 分：在排除试验中，受试者肩部任何一侧诱发出疼痛，或测试过程中出现身体任何部位的疼痛，最终结果均计为 0 分。

五、主动直腿上抬

（一）动作模式分析

主动直腿上抬动作模式，展示受试者在保持核心稳定的情况下，双下肢的充分分开能力。跨越壕沟、跳跃和劈叉等动作，均需要主动直腿上抬能力。这个模式，既可以考查髋关节屈曲的主动灵活性，也可以评价运动中核心的初始稳定性和持续稳定性。

完成好这一动作，需要身体多个关节肌群的协同配合，既需要腘绳肌、臀大肌和小腿三头肌具备较好的柔韧性，也需要髂腰肌和腰部肌群对核心（尤其是骨盆）稳定性的良好控制。

（二）测试目的

评价受试者在保持盆骨稳定时，上抬腿腘绳肌与小腿三头肌的柔韧性，以及对侧腿髋关节的伸展能力。

（三）测试方法

首先测量股骨中点位置，以受试者一侧髂前上棘至膝盖中心点间距离的一半作为股骨中点位置；之后，双侧踝关节呈背屈位，缓慢抬高一侧大腿至最高位，此过程中，应始终保持对侧腿的中立位和对侧踝关节的背屈（图 1-17）。

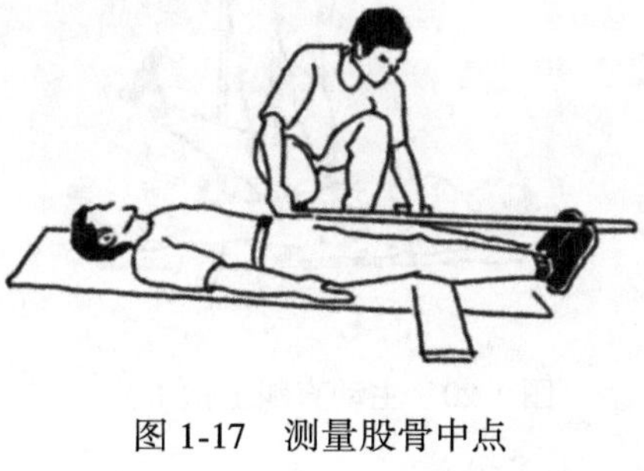

图 1-17　测量股骨中点

（四）评分标准

3 分：上抬腿踝骨的垂直线处于股骨中点到髂前上棘范围内，且对侧腿、足保持不动（图 1-18）。

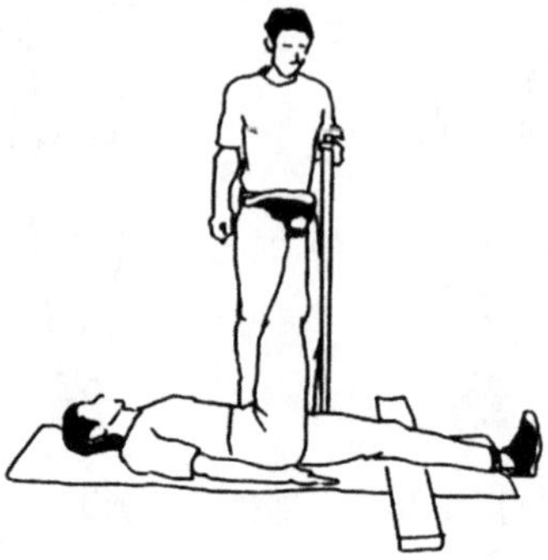

图 1-18　主动直腿上抬 3 分

2 分：上抬腿踝骨的垂直线处于大腿中点到膝关节线范围内，且对侧腿、足保持不动（图 1-19）。

图 1-19　主动直腿上抬 2 分

1 分：上抬腿踝骨的垂直线未过膝关节关节线，且对侧腿、足保持不动（图 1-20）。

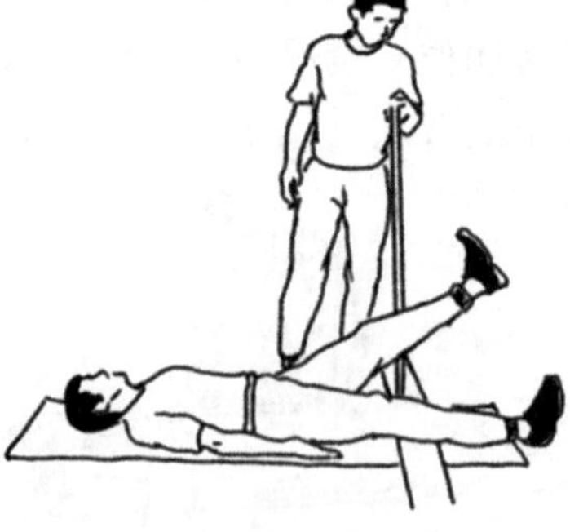

图 1-20　主动直腿上抬 1 分

0分：测试过程中出现身体任何部位的疼痛。

六、躯干稳定俯卧撑

（一）动作模式分析

躯干稳定俯卧撑，是一种特殊的俯卧撑动作，主要评价在进行上肢对称的闭链运动时，脊椎稳定在同一矢状面（纵向）上的能力。该动作要求受试者不能借助脊柱和髋部的运动来完成，因而主要反映人体的核心稳定性，并非上肢力量的大小。

完成这一动作，需要受试者躯干在矢状面上的对称稳定性。很多球类运动动作，如篮球中的跳起抢篮板、排球中的拦网动作等，都需要躯干保持在矢状面上的稳定，均衡地将力量从上肢传至下肢，或从下肢传到上肢，否则，就会发生力量在传递过程中的减弱或丢失，导致运动表现下降和受伤风险增大。

（二）测试目的

测试在上肢对称性活动时躯干矢状面上的稳定性，也直接测试肩胛骨稳定性。

（三）测试方法

（1）受试者俯卧，两脚并拢，手前伸至头部，大拇指展开并与其余四指垂直。

（2）两大拇指置于前额顶端（发际线）位置，并水平外展至肩膀外缘对应位置。

（3）向上撑起双臂，伸直膝关节，使身体整体抬起。

（4）动作完成过程中，腰部不可晃动，腰椎自然伸直。

（5）如果不能从起始姿势完成动作，可以降低难度，将双手拇指置于下颚位开始测试。

（四）评分标准

3分：（男性）在拇指与前额顶端平齐的姿势下，完成一次动作；（女性）在拇指与下颚平齐的姿势下，完成一次动作。身体整体抬高，脊柱无凹陷或突起（图1-21）。

图1-21 躯干稳定俯卧撑3分

2分：（男性）在拇指与下颚平齐的姿势下，完成一次动作。（女性）在拇指和锁骨平齐的姿势下，完成一次动作。身体整体抬高，脊柱无凹陷或突起（图1-22）。

图1-22 躯干稳定俯卧撑2分

1分：（男性）拇指与下颚平齐的姿势下，不能完成动作；（女性）在拇指与锁骨平齐的姿势下，不能完成动作（图1-23）。

图1-23 躯干稳定俯卧撑1分

脊柱伸展障碍排除试验：髋部贴地，双手置于肩下方，掌面朝下；保持腹部以下不动，手掌撑地、肘部慢慢伸直，抬高胸部至最高位。在脊柱伸展过程中出现疼痛，结果计为0分（图1-24）。

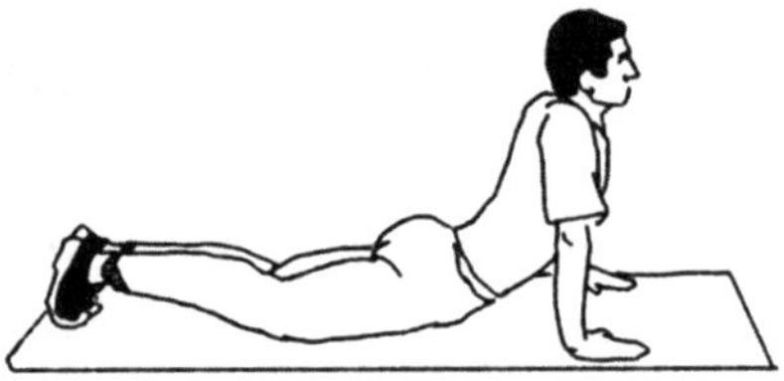

图1-24 脊柱伸展障碍排除测试

0分：排除试验诱发出疼痛，或在测试过程中出现身体任何部位的疼痛。

七、旋转稳定性

（一）动作模式分析

旋转稳定性动作模式，源于人类婴儿学习动作时的匍匐动作。该动作可以考查上、下肢协同运动时，骨盆、核心、肩胛带的稳定性。

完成好该动作，需要良好的神经肌肉协调能力，以保证躯干在矢状面和冠状面上的对称稳定性，并将力量从躯干传递至四肢。人体在跑步、匍匐、攀爬和搬运重物时，均需要保持躯干的稳定，才能将力量均衡地从下肢传至上肢，或从上肢传到下肢，否则，会发生力量在传递过程中的显著衰减或丢失，同样也会导致功能表现下降和损伤风险增大。

（二）测试目的

评价上、下肢同时运动时，躯干在冠状面和矢状面上的稳定性。

（三）测试方法

（1）受试者手、膝和脚尖着地，躯干与测试板平行，腰椎自然伸展，双手、双膝和双脚夹住测试板，手、足与膝均触及板的外沿。

（2）保持双臂与躯干上部垂直、大腿与躯干下部垂直，屈髋、屈膝和足背屈各90°角。

（3）同时抬起一侧的上、下肢，保持肘、腕和膝关节伸展，并平行于测试板边线；同时自然伸展腰椎、躯干，并与测试板平行。

（4）屈曲肘关节与膝关节，并在测试板上方平面触碰。

（5）重复 3 次测试。

（6）换用对侧肢体完成相同测试动作。

如果不能完成 3 分动作，可以从同时上抬对侧肢体（成对角线）的姿势（2 分），开始测试动作。

（7）以低分一侧分值，作为测试得分。

（四）评分标准

3 分：能够完整地完成一次同侧膝、肘的触碰动作，抬起的同侧上肢、下肢应在测试板的正上方（图 1-25）。

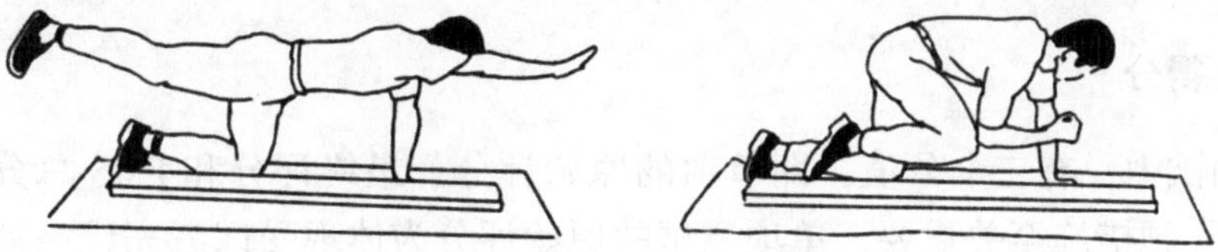

图 1-25　旋转稳定性 3 分

2 分：能够完整地完成一次对侧膝、肘的触碰动作，膝、肘触碰位置应在测试板的正上方。（图 1-26）。

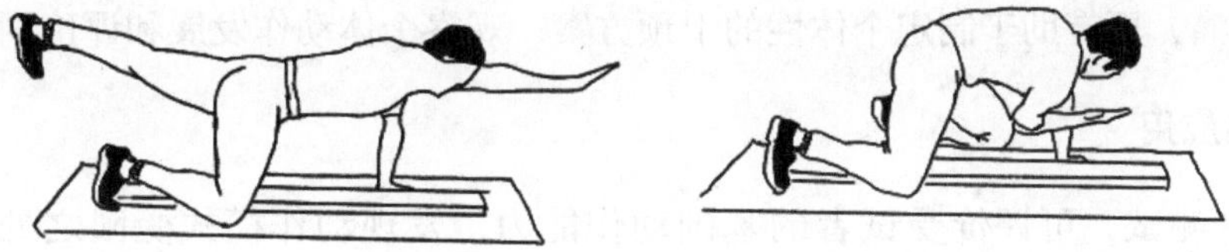

图 1-26　旋转稳定性 2 分

1 分：不能完整地完成一次对侧膝、肘触碰动作（图 1-27）。

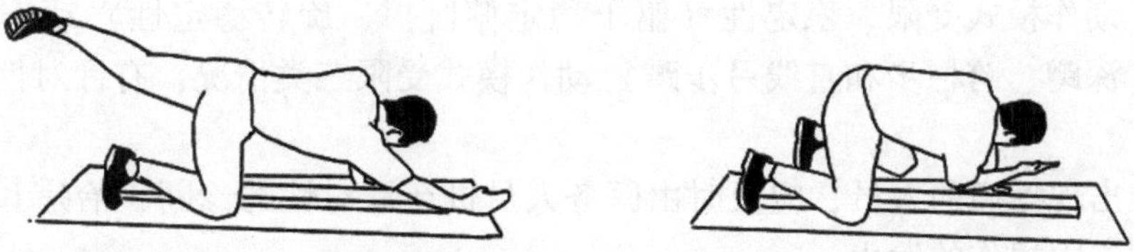

图 1-27　旋转稳定性 1 分

排除试验：受试者跪姿、脚背着地，重心后移、臀部后坐于两脚后跟；腰部屈曲，躯干下压、伸展至胸部接触大腿，双手前伸至最远端。动作过程中如出现疼痛，结果计为 0 分（图 1-28）。

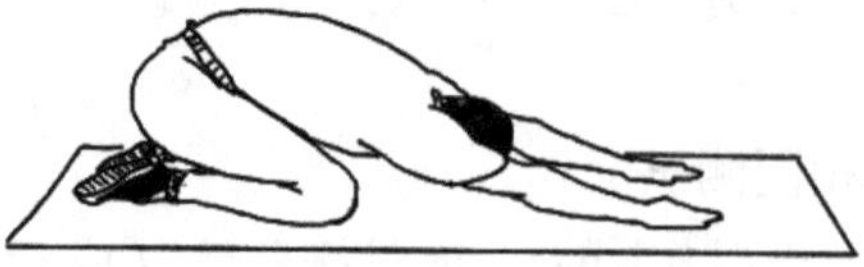

图 1-28 脊椎弯曲障碍排除测试

0 分：在排除试验中诱发出疼痛，或在测试过程中出现身体任何部位的疼痛。

第三节 结果应用

一、FMS 得分

在 FMS 测试中，有三个分值，即单项的原始评分、最终评分和 FMS 总分。这三个分值对于以后的干预措施至关重要。单项测试的原始评分为体现受试者完成该动作模式的能力；如果在测试中出现或诱发出疼痛，则该动作的最终分值计为 0 分；同样，如果左右侧的得分有差异，则最终评分取较低一侧的原始评分；FMS 总分则是 7 个单项测试最终分值的相加，用于评价受试者整体动作能力。

单项动作的最终评分和 FMS 总分，可确定损伤风险、动作能力和整体特征，可用于群体干预效果的前后比较；而原始评分则可以更好地提示受试者的单项动作的能力、左右侧的差异和有无疼痛，更有助于制定个体性的干预方案、观察个体动作发展和评价训练效果。

二、结果应用

通过 FMS 测试，可评价受试者的基础动作能力、发现动作模式受限之处，诱导和发现疼痛，并预测运动损伤的风险。

一般认为，FMS 总分在 15 分以上、各单项测试分值均在 2 分以上且未出现疼痛的个体，属于动作模式较好、运动损伤风险较低的人群，可以循序渐进地开展各类体能训练。

对于 FMS 低于 14 分以及单项 1 分的动作模式受限人员，其运动损伤风险较高，应综合分析其各单项得分情况，找出动作模式最为受限之处，并区分灵活性（肩部灵活性、主动直腿上抬）动作模式受限、稳定性（躯干稳定俯卧撑、旋转稳定性）动作模式受限和整体功能性（深蹲、跨栏步和直线弓步蹲）动作模式受限三类情况，有针对性地开展纠正性训练。

对测试中出现疼痛的人员，应及时由医务人员进行针对性的诊断、治疗和康复，以防止伤痛加重和二次损伤的发生。

三、根据筛查结果进行针对性的纠正练习

FMS 解决方案（图 1-29），主要有 3 种情况：

（1）动作引发疼痛，需要进一步的医学评估，进行选择性功能动作评价或接受康复人员的诊断。

（2）动作功能不良，提供纠正练习。

（3）基本灵活性和稳定性得到恢复时，先发展一般力量、耐力和速度，再发展专门技能，并通过 Y 平稳性测试和本体感觉训练，在更高的水平上辨别与发展神经肌肉系统的控制能力。

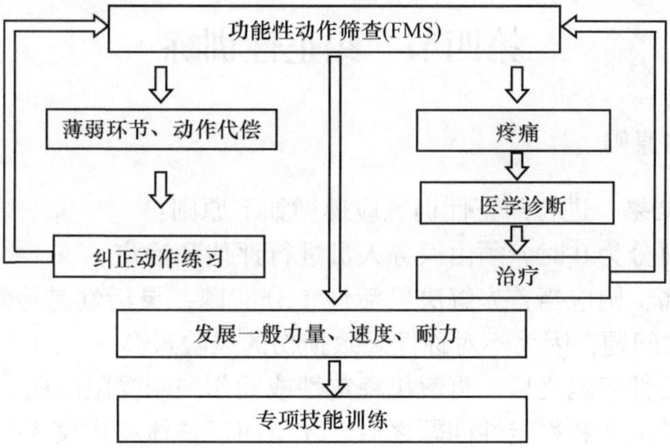

图 1-29 FMS 解决方案

运用 FMS 解决方案，针对薄弱环节设计动作，并进行纠正练习，可有效纠正其代偿性动作。纠正练习包含加速、减速、稳定、平衡等多种运动方式，并且在多维平面内完成动作，分为 3 种基本的类别：

（1）灵活性，指基本的自由度。基本灵活性纠正练习包括 3 个子分类。

1）被动灵活性动作纠正：包括静力拉伸、自我动员、滚动动作或其他任何自我支配活动，这种纠正练习方法会通过拉长和控制肌肉来提高灵活性或柔韧性。

2）主动灵活性动作纠正：主要是解决影响主动动作质量活动范围的限制性问题，有动力性拉伸练习。

3）辅助灵活性动作纠正：主要是解决影响正常的、动作质量和数量主动活动范围的限制性问题，如在水中执行的动作。在灵活性改进后，就要进行稳定性纠正练习。

（2）稳定性，指基本的动作控制。稳定是运动和人体功能的先决条件。稳定性练习包括基本、静态和动态 3 个子类，都有辅助性、主动性和反射性神经肌肉促进 3 种练习。

1）基本稳定性：要从基本的动作姿势做起，如下蹲功能姿势。身体（动作）姿态是人体动作的基础和核心。通过身体姿态（势）和身体动作练习，统筹兼顾地发展了受训人员的肌肉力量、速度、灵活性、协调性、平衡和稳定能力，既能提高体能素质，也能有效预防损伤。

2）静态稳定性：是指身体的某部分在固定或变化的负荷情况下保持稳定的状态，如单腿站立功能姿势。

3）动态稳定性：是指当身体在持续或变化的负荷下向一个方向动作时，身体的某部分必须保持对另一方向动作的控制，如俯卧支撑。

4）反射性神经肌肉训练：是一种感知训练，不属于力量训练。它包括两部分，第一部分是“不要让我改变你的姿势”，第二部分是“完成它、不要改变姿势”。第一部分只需要一个反应，第二部分要求能在反应后随即做出动作。基本灵活性和稳定性得到恢复后，才可进行一般力量、耐力和速度训练，进而再发展专门技能。

（3）动作模式的重训，指具有灵活性和稳定性的功能动作模式。

通过纠正练习，使肌肉张力、长度、紧张度和动作的自由度正常化。

第四节 纠正性训练

一、纠正性训练原则

基于 FMS 筛查结果，进行纠正性训练应遵循如下原则：

（1）某项测试评分为 0 时，须由医务人员进行评估和治疗。

（2）如没有疼痛，则应当首先解决灵活性 1 分问题，灵活性是稳定性的基础。同时，应优先考虑不对称性问题，因为不对称性导致损伤的风险最高。

（3）纠正了灵活性问题之后，再解决稳定性或动作控制受限问题。

（4）在解决了灵活性和稳定性问题之后，才是纠正整体动作模式受限问题。

需要注意，纠正性训练的目标不是苛求十全十美的 21 分（即所有测试均为 3 分），而是排除所有的不对称性，并使每项筛查的分值不低于 2 分。纠正性训练进阶模式如图 1-30 所示。

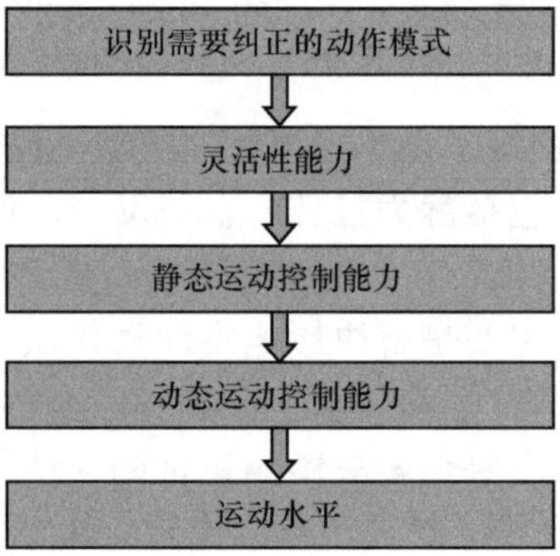

图 1-30 纠正性训练进阶模式

二、纠正性训练方法

（一）主动直腿上抬纠正性练习

1. 弹力管辅助后链 PNF 拉伸

训练目的：提高髋部及下肢后链的灵活性。

训练方法：呈仰卧姿，双腿伸直；双手抓握弹力管（或背包绳）并将弹力管固定于需上抬的脚掌；单腿伸直上抬的同时双手下拉弹力管，并保持另一条腿保持不动并深呼吸，如图 1-31 所示。

动作数量：保持 10 秒，重复 4 次。

动作要求：双腿保持伸直，双手下拉弹力管时上抬腿要保持伸直。

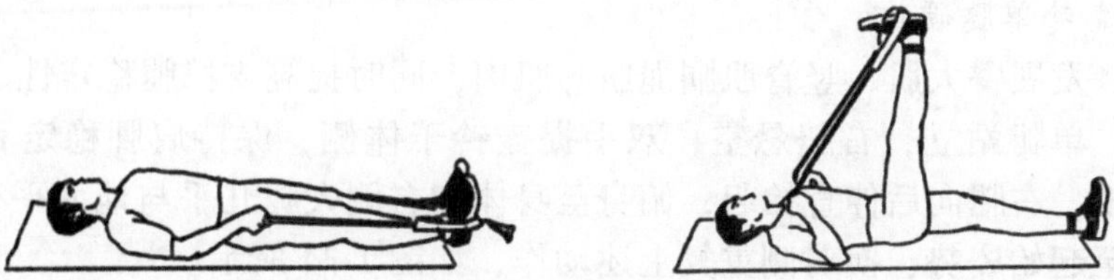

图 1-31　弹力管辅助后链 PNF 拉伸

2. 单膝跪地胸椎旋转

训练目的：发展髋部静态运动控制能力。

训练方法：单膝跪地，右脚在前，左脚在后成弓步；双手握住横杆并置于肩上，身体挺直，头随胸椎向右侧扭转至最大幅度；恢复至起始姿势，换另一侧重复上述动作，如图 1-32 所示。

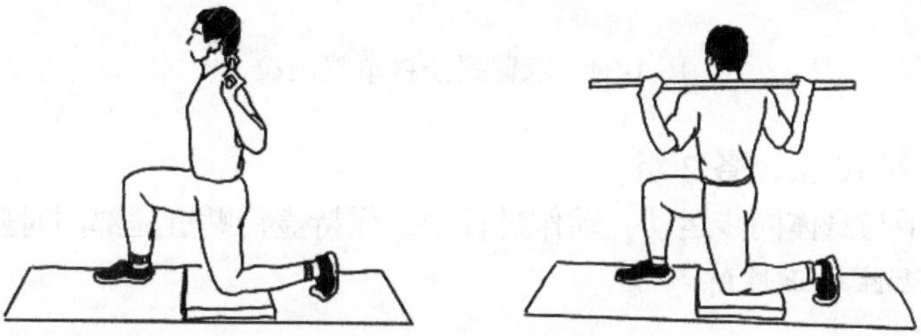

图 1-32　单膝跪地胸椎旋转

动作数量：每侧 10 次，做 2 组。

动作要求：胸椎扭转过程中要保持髋部稳定、腹部收紧、背部平直。

3. 弹力管辅助单腿硬拉

训练目的：训练髋部动态控制能力。

训练方法：单腿站立，右腿悬空，双手于体前抓握弹力管；以左髋为轴，右腿向后伸直抬起，俯身至身体和右侧大腿几乎与地面平行位置，左腿可微屈，双手沿弹力管方向伸出；右腿下降，身体直立同时双手上拉弹力管，完成硬拉动作；换对侧，重复上述动作数量：每侧 10 次，各 2 组，如图 1-33 所示。

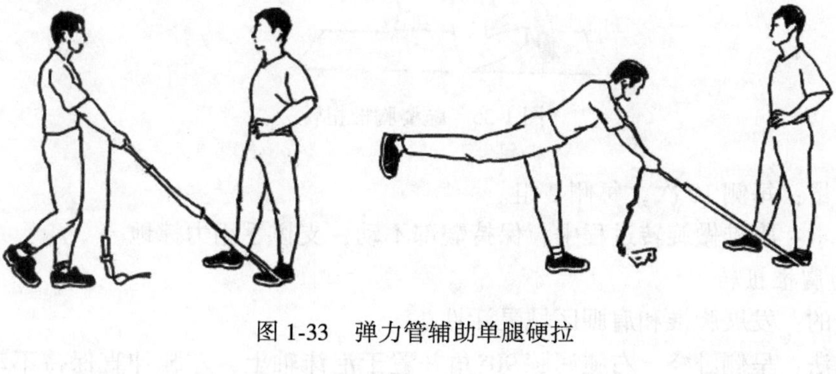

图 1-33　弹力管辅助单腿硬拉

动作要求：保持肩部、髋部在同一平面。

4. 双臂提壶铃单腿硬拉

训练目的：发展臀大肌、竖脊肌腘绳肌等肌肉，同时提高支撑腿稳定性。

训练方法：单腿站立，右腿悬空，双手提壶铃于体侧，保持肩胛稳定和双臂自然下垂；以左髋为轴，右腿向后伸直抬起，俯身至身体和右侧大腿几乎与地面平行位置，左腿可微屈；还原至起始姿势，换对侧重复上述动作，如图 1-34 所示。

图 1-34　双臂提壶铃单腿硬拉

动作数量：每侧 10 次，各 2 组。

动作要求：躯干与身体同步运动，动作过程中，保持壶铃贴近腿部同时避免髋关节外翻。

（二）肩部灵活性纠正性练习

1. 跪姿胸椎扭转

训练目的：发展胸椎和肩胛区域灵活性。

动作方法：呈跪姿，左手伸直撑地，右手置于颈后，呼气并使头与胸椎同时向右上方旋转，吸气还原至起始姿势。换对侧重复上述动作，如图 1-35 所示。

图 1-35　跪姿胸椎扭转

动作数量：每侧 10 次，每侧 2 组。

动作要求：胸椎做旋转过程中，保持髋部不动，支撑手用力撑地。

2. 抓肋胸椎扭转

训练目的：发展胸椎和肩胛区域灵活性。

动作方法：呈侧卧姿，右腿屈膝 90°角并置于泡沫轴上，左腿伸直保持不动；左手抓握膝盖，右手抓住左侧的肋骨，胸椎向右下方扭转，肩胛骨尽量靠近地面。呼气时肩胛骨靠近地面，吸气时还原至起始姿，如图 1-36 所示。

图 1-36 抓肋胸椎扭转

动作数量：每侧 8 次，每侧 2 组。

动作要求：呼气时，头与胸椎同时向一个方向旋转，吸气时还原。

3. 弹力管辅助跪姿上抬

训练目的：发展肩部及躯干稳定性。

动作方法：呈双手双膝跪姿，双臂伸直；右腿勾住纠正性弹力管，两手抓握纠正性弹力管，腹部收紧，左手握紧纠正性弹力管向前上方抬起；完成规定次数，换对侧重复上述动作，如图 1-37 所示。

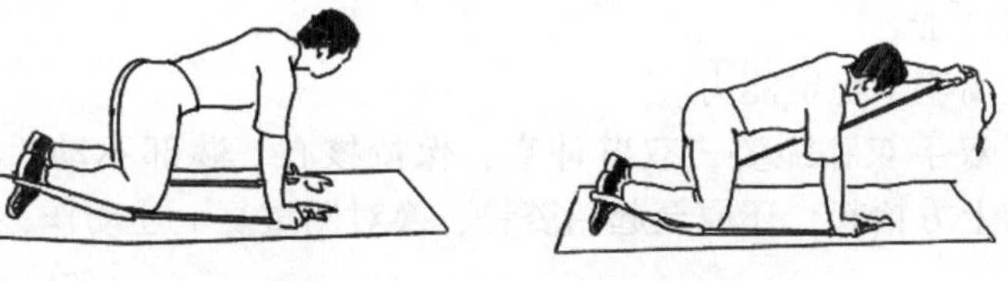

图 1-37 弹力管辅助跪姿上抬

动作数量：每侧 10 次，每侧 2 组。

动作要求：支撑手用力撑地，上抬的手与肩同高，保持髋部不动，背部尽量平直。

4. 双臂提壶铃农夫走

训练目的：发展肩胛骨稳定性能力及肩胛区域力量。

动作方法：双手抓握壶铃于身体两侧，双肩下沉，肩胛骨内收，腹部收紧，沿场地行走规定时间，如图 1-38 所示。

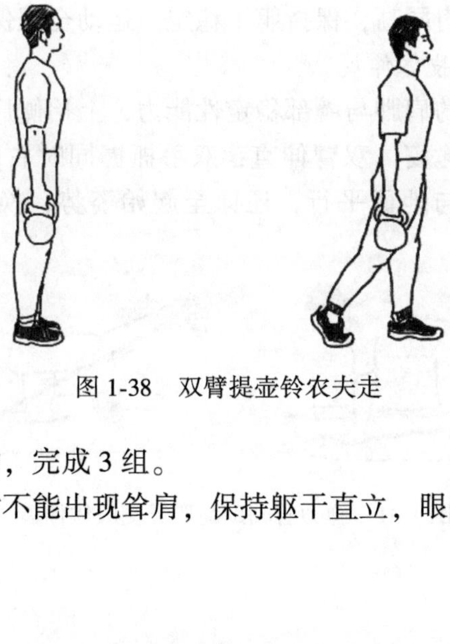

图 1-38 双臂提壶铃农夫走

动作数量：每次 2 分钟，完成 3 组。

动作要求：抓握壶铃时不能出现耸肩，保持躯干直立，眼睛平视前方。

（三）旋转稳定性纠正性练习

1. 躯干后侧泡沫轴松解

训练目的：提高肩胛带与背部肌群灵活性。

动作方法：仰卧姿，泡沫轴放于中背部下方，双腿屈膝；双臂于头上方伸直；髋抬离地面，双腿屈伸使身体在泡沫轴于肩关节及中背部之间滚动；肌肉酸痛点上停留一定时间，如图 1-39 所示。

图 1-39　躯干后侧泡沫轴松解

动作数量：每组完成 3 分钟，每次完成 2 组。

动作要求：尽量让躯干后侧的肌群都得到充分滚动。

2. 跪姿交替手上抬

训练目的：提高躯干稳定能力。

动作方法：呈双手双膝跪姿，双臂伸直；保持核心、髋部不动，将泡沫轴置于中背部，右手伸直向前上方抬起，还原至起始姿势，换对侧重复上述动作，如图 1-40 所示。

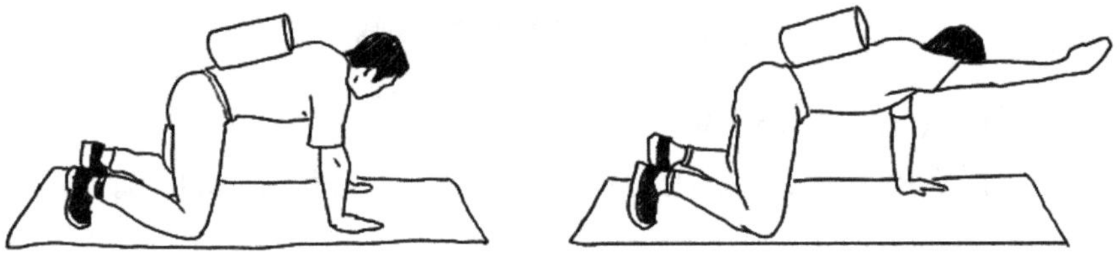

图 1-40　跪姿交替手上抬

动作数量：每组完成 10 次，每次完成 3 组。

动作要求：上抬的手与肩同高，保持躯干稳定。运动全程保持泡沫轴不落地。

3. 弹力管辅助跪姿异侧肢体伸展

训练目的：提高支撑侧的肩胛与髋部稳定性能力，上抬侧肩胛、核心及下肢力量。

动作方法：呈双手双膝跪姿，双臂伸直；双手抓握同时右脚固定弹力管；腹部收紧，左手与右脚同时抬起，直至与地面平行，还原至起始姿势，换对侧重复上述动作，如图 1-41所示。

图 1-41　弹力管辅助跪姿异侧肢体伸展

动作数量：每侧完成 10 次，每侧完成 2 组。

动作要求：上抬对侧手与脚的同时保持核心稳定。

4. 单腿支撑单侧手提物

训练目的：提高身体整体功能性。

动作方法：左脚支撑站立于跳箱后侧，将壶铃放在跳箱上；腹部收紧，以左髋为轴，右腿向后伸直并俯身至躯干和右腿与地面平行，右手抓握壶铃还原至起始姿势，完成规定次数，换对侧重复上述动作，如图 1-42 所示。

图 1-42　单腿支撑单侧手提物

动作数量：每侧完成 10 次，每侧完成 2 组。

动作要求：保持支撑腿直立，腹部收紧；动作过程中，躯干与离地腿呈一条直线。

（四）躯干稳定俯卧撑纠正性练习

1. 身体前后侧泡沫轴松解

训练目的：提高身体前侧与后侧软组织的延展性。

动作方法：仰卧躺在泡沫轴上让身体后侧各部位在泡沫轴上做来回滚动，之后换成俯卧在泡沫轴上让身体前侧各部位在泡沫轴上来回滚动，如图 1-43 所示。

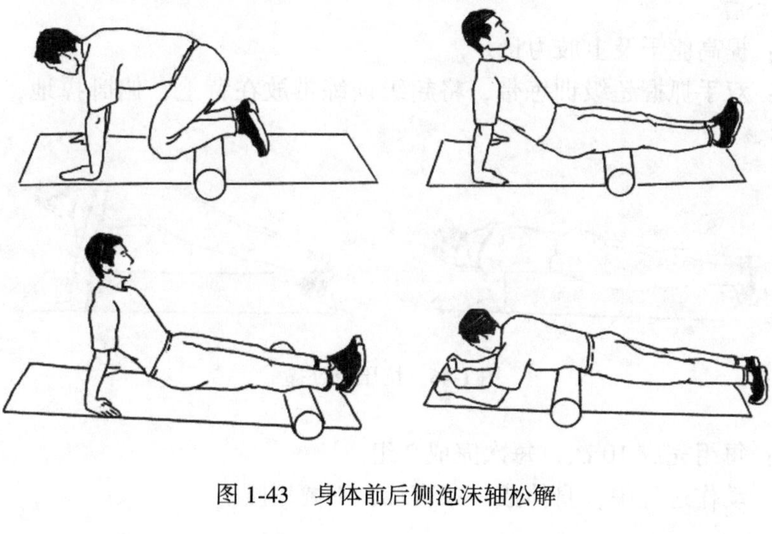

图 1-43　身体前后侧泡沫轴松解

动作数量：每个部位滚动 4 次，2 个循环。
动作要求：尽量让身体压在泡沫轴上，让身体各部位得到充分的放松。
2. 平板支撑前臂交替上抬
训练目的：提高核心力量，肩胛稳定性。
动作方法：呈俯卧肘撑姿，保持背部平直，手掌交替触碰对侧锁骨，如图 1-44 所示。

图 1-44　平板支撑前臂交替上抬

动作数量：每组完成 10 次，每次完成 2 组。
动作要求：动作过程中，保持核心稳定，不要塌腰。
3. 四点着地爬行
训练目的：增强四肢力量、协调性及核心稳定性。
动作方法：跪姿四点着地（双足双手），膝盖离地约 5 厘米，保持背部平直、核心稳定，向前爬行 20 米后，反向爬回，如图 1-45 所示。

图 1-45　四点着地爬行

动作数量：每组完成 4 个来回，每次 2 组。
动作要求：膝盖抬离地面不能太高，爬行时候保持核心稳定，背部平直。
4. 抗压俯卧撑
训练目的：提高躯干及上肢力量。
动作方法：双手抓握超级训练带，将超级训练带放在背上，俯卧撑地，完成俯卧撑，如图 1-46 所示。

图 1-46　抗压俯卧撑

动作数量：每组完成 10 次，每次完成 2 组。
动作要求：动作过程中，身体成一条直线，不要塌腰。

（五）直线弓步蹲纠正性练习

1. 麻花拉伸

训练目的：提高胸椎、肩颈区域及髋部等关节的灵活性。

动作方法：呈仰卧姿，右侧腿屈膝90°角，置于泡沫轴上，左手抓住右膝，右手抓握左踝关节，双手固定不动，右侧肩胛带动胸椎向右下方转动。头和胸椎同时转动。深吸气时双手用力，呼气时让头部与肩胛同时旋转，如图1-47所示。

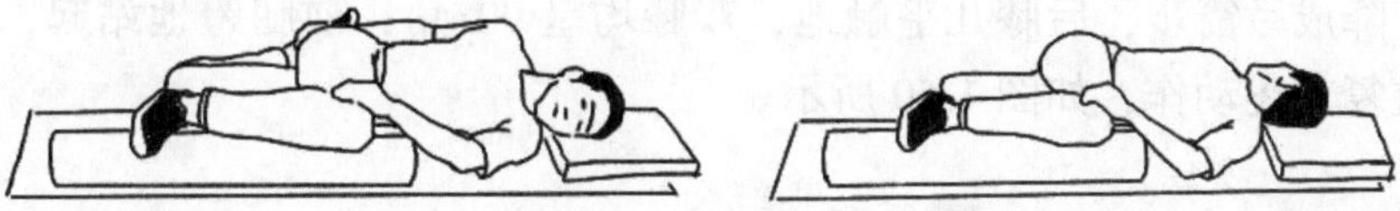

图1-47　麻花拉伸

动作数量：每侧完成8次，每侧完成2组。

动作要求：尽量让放在泡沫轴上的腿屈膝90°角，呼气时转动，吸气时还原。

2. 抱单腿桥式挺髋

训练目的：强化一侧髋伸，一侧髋屈的能力。

动作方法：呈仰卧姿，左脚跟腱放在泡沫轴上并保持左腿伸直，右腿屈膝抱于胸前，左脚下压的同时向上挺髋至左侧髋、膝、踝成一条直线。完成规定次数，换对侧重复上述动作，如图1-48所示。

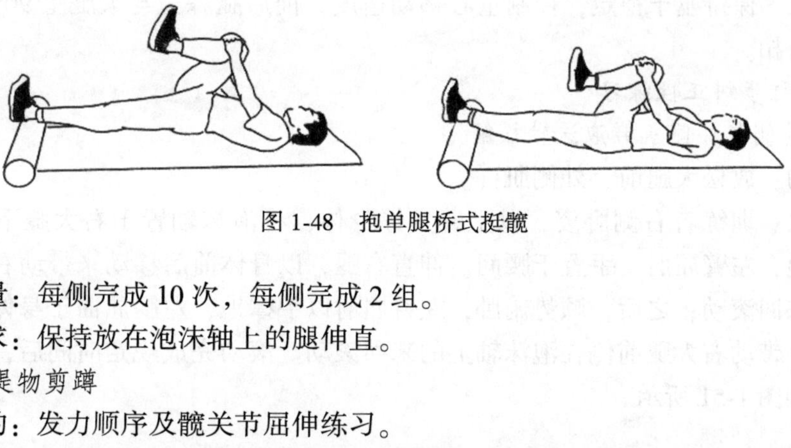

图1-48　抱单腿桥式挺髋

动作数量：每侧完成10次，每侧完成2组。

动作要求：保持放在泡沫轴上的腿伸直。

3. 双臂提物剪蹲

训练目的：发力顺序及髋关节屈伸练习。

动作方法：前后分腿站立，双手提壶铃自然垂直于体侧，屈膝下蹲呈弓步至前腿大腿与地面平行，后退大腿垂直地面，完成规定次数，换对侧重复上述动作，如图1-49所示。

图1-49　双臂提物剪蹲

动作数量：每组完成 10 次，每次完成 2 组。

动作要求：始终保持躯干直立，下蹲时前腿膝盖不超过脚尖或内扣，后腿膝盖不触地，重心在前脚。

4. 双手提物交替弓箭步下蹲

训练目的：强化髋部屈伸能力，提高整体的控制能力。

动作方法：前后分腿站立，身体重心在前脚；身体挺直，腹部收紧，双手抓握壶铃于体侧，重心下降成弓箭步，后膝几乎触地，双膝均呈 90°角；前腿蹬地站起，回到起始姿势，换对侧重复上述动作，如图 1-50 所示。

图 1-50 双臂提物交替弓箭步下蹲

动作数量：每组完成 10 次，每次完成 2 组。

动作要求：保持躯干稳定，控制重心移动速度，前后腿膝盖与大腿呈 90°角，膝盖不超过脚尖或内扣。

(六) 跨栏步纠正性练习

1. 大腿前侧与外侧肌群泡沫轴松解

训练目的：放松大腿前、外侧肌群。

动作方法：训练者右侧卧姿，以上臂支撑身体，将泡沫轴置于右大腿下方；右臂屈肘、前臂贴地，左臂屈肘、手置于腰间。伸直右腿，以身体前后移动来带动右大腿外侧在泡沫轴上的来回滚动；之后，顺势俯卧，左臂屈肘以手撑地，左腿屈曲于身体左侧，以左脚反复蹬地来带动右大腿前侧在泡沫轴上的来回滚动。滚动完成规定时间后，换对侧重复上述动作，如图 1-51 所示。

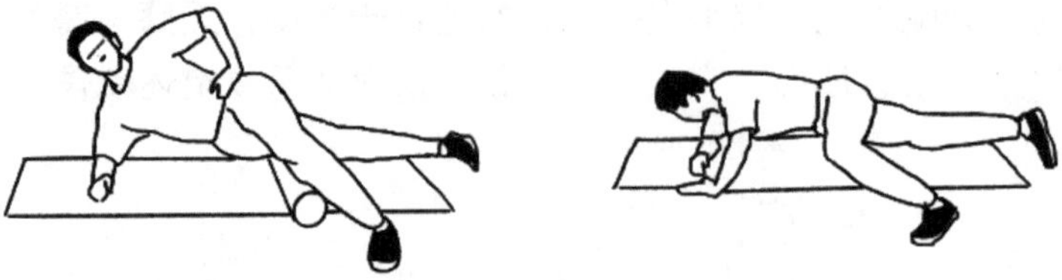

图 1-51 大腿前侧与外侧肌群泡沫轴松解

动作数量：每组 2 分钟，每侧各 2 组。

动作要求：在肌肉酸痛点上停留一定时间。

2. 单膝跪地下劈

训练目的：提高核心、肩胛动态稳定性和髋部静态稳定性。

动作方法：双人配合。练习者单膝跪地，大腿与小腿呈 90°角，双手于腹前抓握弹力管；辅助者双腿与肩同宽站立，抓握弹力管于胸前高度。练习者核心收紧、腰背挺直，向身体侧后方下拉弹力管至外侧手臂呈伸直位，停留 1～2 秒；回复至起始姿势；完成规定次数。换对侧重复练习，如图 1-52 所示。

图 1-52 单膝跪地下劈

动作数量：每侧 10 次，共 2 组。

动作要求：下拉过程中，要始终保持髋部朝向前方，躯干不晃动，支撑侧的肩、髋、膝关节在一条直线。

3. 核心发力屈髋屈膝

训练目的：激活核心，提高站立腿的稳定性。

动作方法：双人配合，面对面站立；辅助者双手抓握弹力管置于胸前高度，练习者抓握于腰部高度，保持弹力管松紧适度。练习者双脚并拢、两眼平视、腹部收紧，腰背挺直；双手将弹力管下拉到身体侧后方，然后勾脚尖、屈髋、屈膝，上抬大腿至与地面平行高度；完成规定次数。换对侧重复练习，如图 1-53 所示。

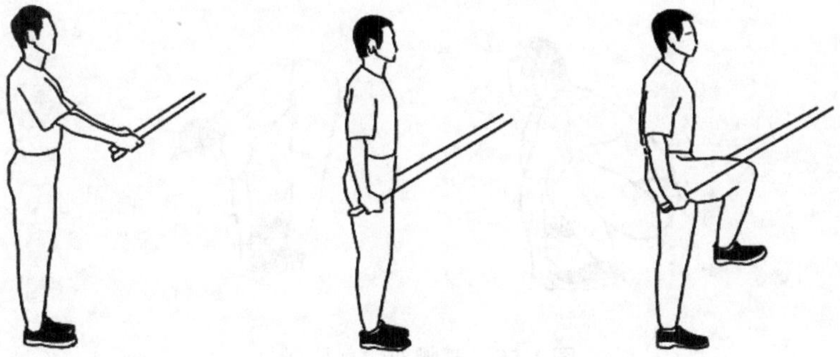

图 1-53 核心发力屈髋屈膝

动作数量：每组 10 次，每侧 2 组。

动作要求：先将弹力管下拉至体侧后，再上抬大腿。

4. 双手背杆单腿硬拉

训练目的：提高髋关节动态稳定性和肩胛静态稳定性。

动作方法：双脚与肩同宽，挺胸站立；双手在背后握住沿脊柱放置的测试杆；以左腿为支撑俯身前倾的同时，右腿伸直向后抬起至身体与地面平行姿势；还原至起始姿势。换对侧重复上述动作，如图 1-54 所示。

图 1-54　双手背杆单腿硬拉

动作数量：每组 10 次，每侧 2 组。

动作要求：单腿硬拉过程中，应保证两侧肩、髋的对线对位，使长杆始终接触头、胸椎和骶骨。

（七）深蹲纠正性练习

1. 弯腰双手触脚趾

训练目的：拉伸腘绳肌和臀大肌。

动作方法：两脚内侧与肩同宽，自然站立；腰部前屈，双手抓住脚尖，双腿伸直；下蹲至最低，双手臂在两膝内侧始终保持伸直，挺胸直背；臀部向上抬起并伸直膝关节，直至感到大腿后部产生良好的牵拉感。若动作完成较为轻松，双手抓住脚尖缓慢用力上掰，双膝缓慢伸直，感受股后肌群有较强牵拉感；若动作较难，可垫高脚跟完成上述动作，如图 1-55 所示。

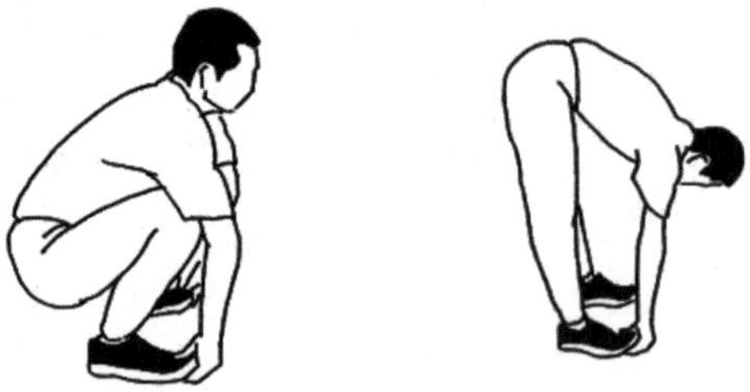

图 1-55　弯腰双手触脚趾

动作数量：每组 10 次，每次 2 组。

动作要求：挺胸直背，脚跟不离地，手臂在膝关节内侧；臀部抬起时，注意用腰背部和大腿前侧肌肉发力。

2. 屈髋后顶硬拉

训练目的：强化屈髋模式。

动作方法：双脚与肩同宽，挺胸站立，离墙有一定距离；双手在背后握住沿脊柱放置的测试杆；屈髋后顶至臀部触墙，如图 1-56 所示。

图 1-56 屈髋后顶硬拉

动作数量：每组 10 次，每次 2 组。

动作要求：保持头枕部、胸椎、骶骨三点贴杆；髋部后顶时，臀部应触碰到墙。

3. 双手抱球负重深蹲

训练目的：强化核心发力再深蹲的发力顺序。

动作方法：两脚与肩同宽站立，双手持实心球于胸前，屈髋屈膝下蹲至大腿与地面平行，还原至起始姿势，重复该动作，如图 1-57 所示。

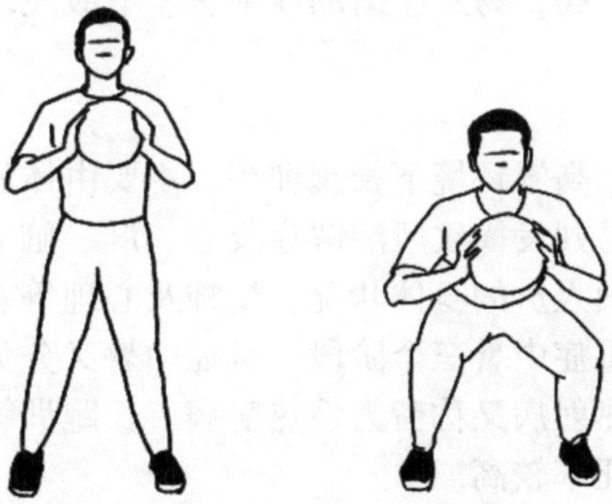

图 1-57 双手抱球负重深蹲

动作数量：每组完成 10 次，每次完成 2 组。

动作要求：挺胸直背，两脚内侧与肩同宽，深蹲时眼睛平视前方。

4. 双臂负重下蹲

训练目的：强化负重深蹲整体动作模式。

动作方法：双脚与肩同宽，挺胸站立，双手抓握壶铃上举至头顶，屈髋屈膝下蹲至大腿与地面平行位置，还原至起始姿势，重复该动作，如图 1-58 所示。

图 1-58 双臂负重下蹲

动作数量：每组 10 次，每次 2 组。
动作要求：先上举壶铃至头顶再深蹲，深蹲时保持眼睛平视前方。

第五节 主要训练课目伤病特点及防控

军事训练课目众多，应重点加强对以下训练课目训练伤病的预防与控制。

一、长跑类训练课目伤病特点及防控

长跑类课目（3000 米跑、5000 米跑、3 公里武装越野、长距离奔袭），对官兵身体素质、有氧耐力、心肺功能要求高，易发生运动性中暑、下肢应力性骨折、跟腱末端病、跖筋膜炎等急慢性伤病。

（一）运动性中暑

运动性中暑常见于高温、高湿环境下长跑训练，主要由体温调节失衡、汗腺功能衰竭和水电解质代谢紊乱所致，易并发横纹肌溶解症及心、肝、脑、肺、肾等多器官衰竭。中暑的发病与气温、湿度和参训人员的身体状况、精神及心理等有直接关系。中暑由轻到重分为先兆中暑、轻症中暑与重症中暑三个阶段，重症中暑又分为热痉挛、热衰竭、热射病三种类型，军事训练所致的热射病又称劳力性热射病。长跑训练所致的重症中暑属于劳力性热射病，救治难度大，病死率较高。

1. 预防措施

（1）科学安排训练：根据季节和地域特点合理安排长跑训练，夏季应错开最热时段组织。适当延长午休时间，保证睡眠。热环境下跑步时一定要戴帽遮阳。

（2）身体健康排查：参训人员进行身体状态排查，身体虚弱、患病人员应暂停训练；对一周内患感冒、腹泻等急性病愈后人员应予以重点关注。

（3）规范热习服训练：开展耐热训练，逐步提高训练强度。对探亲、休假等停训 10 天以上人员，归队后先进行 1 周的热习服训练。

（4）足量饮用淡盐水：参训人员训练前 30 分钟适量饮水；训练中须少量多次饮水，不要等口渴时再补水；训练后仍需少量多次饮水。

（5）训练保障准备：间隔500米设立观察供给点，备置藿香正气水、仁丹、风油精等避暑药物及淡盐水、绿豆汤等饮料，并安排专人注意观察参训人员身体状况。

（6）医疗救护准备：成立3~4人的医疗救护小组，指定有现场急救经验的军医、卫生员参加；安排救护车，备齐氧气、体温计、心电监护以及必要的急救药品；备好降温用酒精、冷水、冰块等物品。

2. 零期诊断

主要针对中暑进行早期预判。现场观察人员注意做到“两看一摸”，即看有无步态踉跄、精神萎靡，看有无面色苍白或潮红、少汗无汗等现象，摸脉搏细数，可判定是否为零期中暑。

3. 处置措施

（1）训练中出现零期中暑症状者，采取以下措施：

1）立即转移至阴凉通风处，卸去装具、脱去衣服。

2）迅速降温：可扇风降温，冷水或酒精对前额、腋下、腹股沟、腘窝等处进行擦浴，利用冰袋等冷敷。

3）补水服药：患者可自行补水，口服抗中暑药物。补充500毫升后观察尿量尿色，发现尿少或尿色深再补充500毫升，如尿少或尿色深情况无明显改善，必须立即后送医院救治，防止出现横纹肌溶解综合征。

4）停训观察：有零期中暑症状者，应停训3~5天，注意观察是否有恶心、呕吐、腹痛、腹泻、食欲不振等消化道症状，如出现以上症状，必须立即后送医院救治，严防迟发性中暑发生。

（2）当出现重度中暑症状（意识障碍、抽搐等）时，应立即抢救并组织后送，并按边后送边抢救的原则进行。抢救的要点是“三快”：快速降温、快速补液和快速吸氧，后送途中一定要注意保持呼吸道通畅。

1）快速降温：应迅速转移至阴凉通风处，卸去装具、脱去衣服（只保留内裤）；可扇风降温，冷水泼洒全身或酒精对前额、腋下、腹股沟、腘窝等处进行擦浴，利用冰袋等冷敷；同时采取拍打呼叫、刺激人中等穴位进行促醒。条件不具备可应用矿泉水、自来水等常温水进行降温。

2）快速补液：建立2条以上静脉通道，以补充生理盐水为主进行快速补液。

3）快速吸氧：保持呼吸道通畅，利用氧气袋或车载氧气进行快速吸氧。

4）对症处理：血压下降者酌情采用升压药物（如收缩压低于80毫米汞柱时，可用多巴胺40毫克/生理盐水100毫升静脉滴注，注意利用滴速控制血压）；抽搐者酌情采用镇静药物（如安定注射液10毫克/2毫升肌肉注射）；呼吸抑制者酌情采用呼吸兴奋剂（如盐酸洛贝林注射液3毫克/1毫升肌肉注射）。

4. 注意事项

（1）中暑不仅只在环境温度高于34℃时发生，温度较低但湿度较高的环境或者相对密闭不通风环境中也容易发生。

（2）夏季军事训练结束后，应继续警惕和预防迟发性中暑的发生。对轻度中暑缓解人员，注意观察尿色、尿量，出现少尿、无尿或尿呈酱油色时，应考虑横纹肌溶解综合征的发生，必须立即后送医院救治。

（3）长跑训练中应重点加强对新学员中暑的防护。

（4）夏季长跑训练前，针对官兵食欲不振，炊事班应注意做好伙食保障，补充蛋白质、维生素和清热解暑食品。

（5）长距离跑训练中，当发现身边战友出现中暑零期表现时，应示意其立即停止训练，严禁采取推、拉、拖、拽等方式，帮助其强行继续训练。

（二）下肢应力性骨折

应力性骨折亦称疲劳性骨折，多发生于下肢，其中以股骨、胫骨、跖骨等部位较为多见。常见于新学员入伍训练阶段下肢的重复超负荷训练，如正步、跑步、长途行军等。跑步训练中好发于股骨与胫骨；长途拉练好发于跖骨，故又称为行军骨折；女军人正步训练容易导致骨盆耻骨支骨折。应力性骨折一般有骨膜炎期、不完全骨折期及完全骨折期三个临床阶段，若在前两个阶段能及时发现并干预，则预后良好；若发展为完全性骨折，则将会造成严重伤残。

1. 预防措施

（1）科学安排训练：合理制定训练计划，长跑训练每周不超过 3 次，并隔日进行。

（2）身体健康排查：当近期长跑训练较多时，基层卫生人员或训练骨干应注意掌握学员健康状况，发现参训人员小腿（胫前）和足背部位疼痛症状群体发生率超过 20%（或肿胀症状发生率超过 10%）时，应及时调整训练的内容、时间和强度。

（3）功能性训练：

1）足跟走：10 分钟，直至感觉小腿前侧发热（图 1-59）。

图 1-59 足跟走

2）小腿前内侧拉伸放松练习：可以徒手进行，向下扳足背及足趾，牵拉小腿前方（图 1-60）；也可利用泡沫轴进行小腿前内侧筋膜放松（图 1-61）。

图 1-60 小腿前内侧拉伸

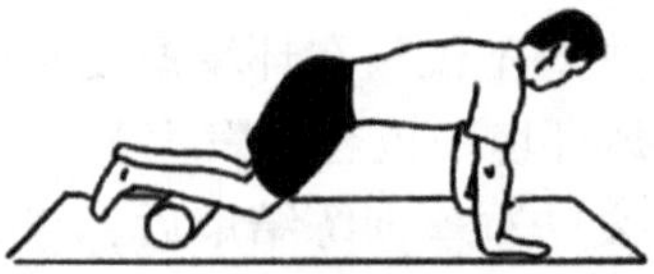

图 1-61 小腿前内侧筋膜放松

3）弹力带辅助踝关节抗阻训练：利用弹力带固定足部，进行踝关节对抗阻力功能锻炼，阻力分别为四个方向，包括前、后方和内、外侧（图 1-62）。

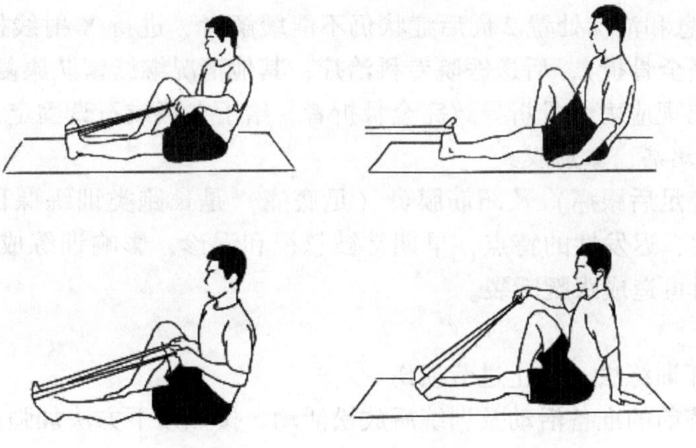

图 1-62　弹力带辅助踝关节抗阻训练动作

2. 零期诊断

针对不同部位可使用不同检查方法，长管状骨（股骨、胫骨等）采用拇指划痕法（图 1-63），短管状骨（跖骨等）采用间接施压法（图 1-64）。

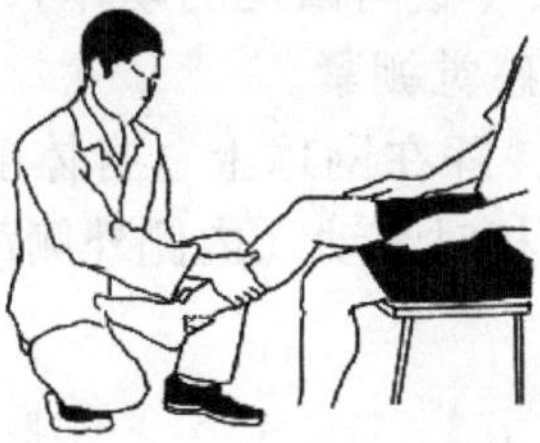

图 1-63　拇指划痕法

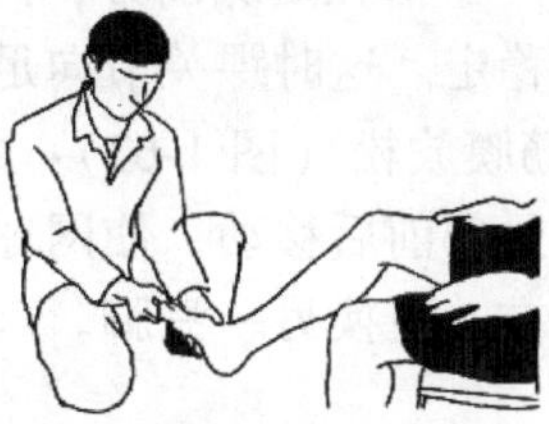

图 1-64　间接施压法

（1）长管状骨（股骨、胫骨、肱骨）骨折零期判定标准（拇指划痕法）：拇指沿骨干纵轴方向由远及近按压，出现局部固定压痛点，重者可发现压痛部位软组织肿胀。

（2）短管状骨（跖骨、趾骨）骨折零期判定标准（间接施压法）：持握足趾远端，沿骨干纵轴方向向近端施压，出现跖骨干固定位置疼痛加重，重者可发现疼痛部位软组织肿胀。

3. 处置措施

（1）判定为零期应力性骨折者，采取以下措施。

1）留队治疗：予以 3 天以上的停训或调整训练课目。

2）康复治疗：红肿热痛明显者 48 小时内给予冷水浸泡、冰块冷敷等处理，直至患处出现麻木感，一般每日 3 次；肿痛等炎症反应减轻后，给予热敷、针灸、中低频等物理治疗。

3）适当保护：利用弹力绷带、肌内效贴、运动胶布、预防型运动护具等进行适当保护，必要时石膏固定。

4）功能练习：康复期进行功能性训练，促进肢体功能恢复。

5）经停训休息和治疗处置2周后症状仍不能缓解者，进行X射线检查。检查发现明确骨折的（含不完全骨折），后送医院专科治疗；其他情况继续留队康复治疗。

（2）训练中出现应力性骨折导致完全骨折者，给予夹板或石膏固定，后送医院治疗。

（三）跟腱末端病、跖筋膜炎

跟腱末端病（足后跟痛）及跖筋膜炎（足底痛）是长跑类训练课目中易发的训练性损伤，具有隐蔽性、迟发性的特点，早期常被忽视和误诊，影响训练成绩甚至日常生活。跟腱末端病严重时可造成跟腱断裂。

1. 预防措施

（1）实施循环训练法，防止过劳损伤。

（2）重视训练前的准备活动及训练后放松活动。按照以下方法加强跟腱、足底拉伸以及足底筋膜放松。

1）跟腱拉伸（图1-65）：借助墙壁或坚实的物体，双腿前后分开，前臂撑扶在支撑物上，前腿弯曲，足尖指向正前方，后方腿膝关节略屈，肩背部及腰部保持平直。身体重心前移并向下，两腿间距尽量大一些，后脚的足跟不能离地。此时会感到跟腱有明显牵拉感。

2）足底拉伸（图1-66）：坐姿，抬起一侧下肢，搭在对侧下肢膝关节上方，呈“跷二郎腿”状，一手搭在足底前方，向身体方向发力牵拉（做向回拉的动作），另一手放在小腿前方维持稳定。这时踝关节向足背尽力弯曲，足底感觉绷紧。

3）足底筋膜放松（图1-67）：站立位，一足前伸，踩在网球上，身体前倾，重量压在这只脚上。足部前后移动，使网球沿筋膜伸展的方向相对滚动（内侧外侧都要兼顾到），持续3分钟左右，更换另一只脚。

图1-65 跟腱拉伸

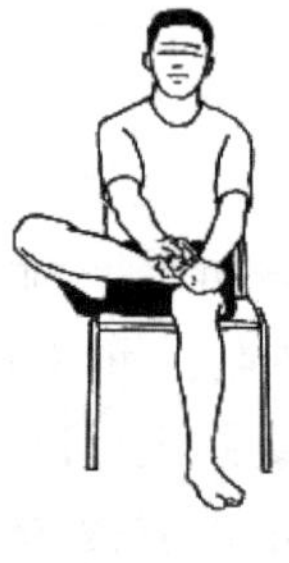

图1-66 足底拉伸

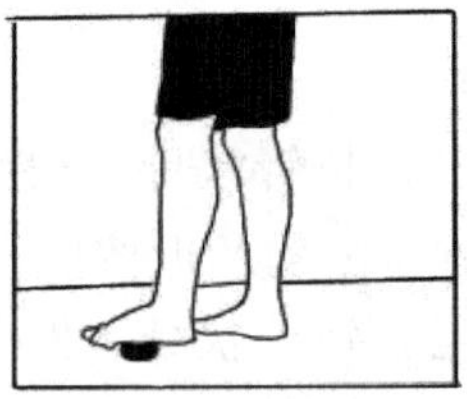

图1-67 足底筋膜放松

（3）纠正全脚掌跑步的错误动作，蹬地时以足前部发力。

（4）功能性训练：

1）踮脚尖走（图1-68）：抬起后脚跟，用脚尖走路。由于踮起脚尖动作需要小腿后方肌肉和跟腱收缩，因此这个动作可以强化刺激小腿后方的肌肉群，加强踝关节的稳定性。

2）立姿提踵（图 1-69）：双腿（或单腿）立于脚踏上，膝关节伸直，后足跟悬空，必要时可用手扶墙。缓慢抬起足跟直至极限，维持数秒后再缓慢下落，直至极限（足跟低于水平面），体会小腿后侧的牵拉感。

图 1-68　踮脚尖走

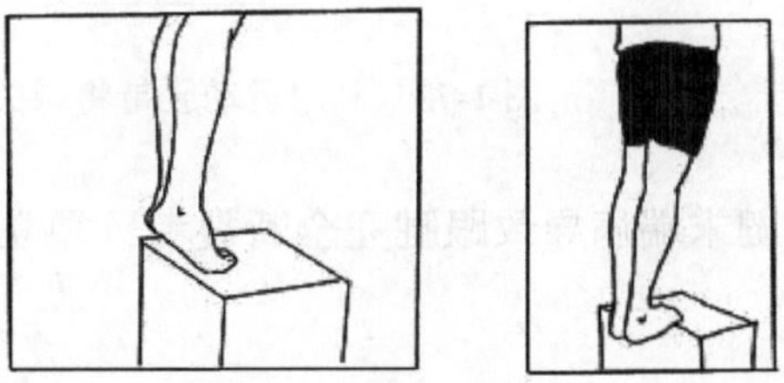

图 1-69　立姿提踵

2. 零期诊断

采用跟腱末端病抗阻力试验进行零期跟腱末端病判定；采用跖筋膜炎被动牵拉试验进行零期跖筋膜炎判定。

零期跟腱末端病（图 1-70）：用手握住受检者前足，让其踝关节用力伸直，检查者手部发力对抗这种（伸直）动作，如跟腱末端区域出现疼痛，视为抗阻力试验阳性，即可判定为零期跟腱末端病。

零期跖筋膜炎（图 1-71）：用手握住受检者前足底，检查者发力使踝关节被动屈曲，如脚底尤其是足跟与足弓交界处疼痛，视为被动牵拉试验阳性，即可判定为零期跖筋膜炎。

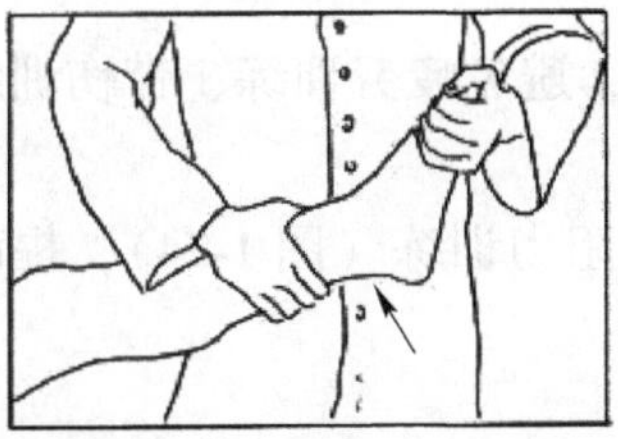

图 1-70　跟腱末端病抗阻力试验

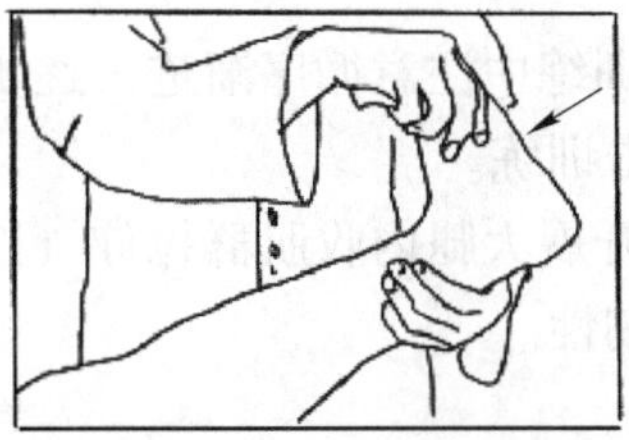

图 1-71　跖筋膜炎被动牵拉试验

3. 处置措施

（1）判定为零期跟腱末端病、跖筋膜炎者，采取以下措施：

1）停止跑步训练，并给予针灸、湿热敷等物理治疗。

2）日间用护踝或运动胶带进行固定保护（图 1-72）；夜间用运动胶带将踝关节固定于轻度背屈位，以防止肌腱筋膜产生挛缩，减轻晨起疼痛。

3）局部疼痛严重者，可口服或外用消炎镇痛类药物。

4）康复期进行功能性练习，以促进运动功能进一步恢复。

5）留队治疗 2 周症状仍无缓解者，转上级医院进一步诊治。

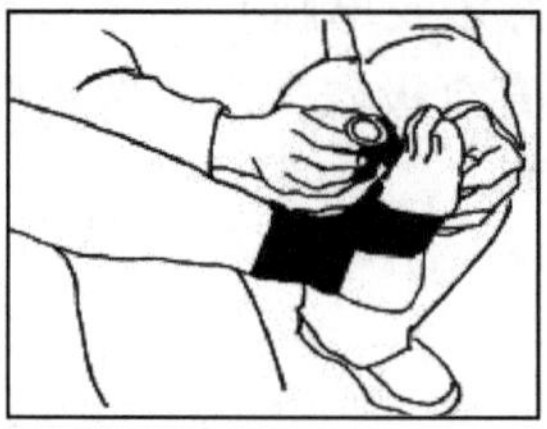

图 1-72　利用运动胶带将踝关节固定于轻度背屈位

（2）跟腱末端病导致跟腱完全断裂者，须立即用石膏或支具固定伤肢，并尽快送医院手术治疗。

二、短跑类训练课目伤病特点及防控

短跑类训练课目（100 米、400 米、往返跑、蛇形跑等），是对官兵下肢爆发力、速度及灵敏素质要求较高的无氧训练项目。在训练过程中容易发生急性臀肌、大腿和小腿肌肉牵拉伤、跟腱断裂或膝、足踝关节韧带损伤。

（一）急性肌肉肌腱损伤

急性肌肉肌腱损伤是容易被忽视的一种软组织损伤，如果诊疗不及时，带伤训练，会引起严重的功能障碍，必须引起高度重视。

1. 预防措施

（1）加强核心肌肉力量和协调性训练，增强关节和肢体的稳定性，是预防肌肉、肌腱和韧带损伤的关键。

（2）训练前进行热身和训练后肌肉放松整理活动。热身和放松活动时间不少于 15 分钟。

（3）训练中注意循序渐进，逐步增加训练量及强度，避免疲劳训练、带伤训练和无准备下的突击训练。

（4）开展大腿内收肌群拉伸（图 1-73）和腘绳肌抗阻力训练（图 1-74），提高肢体稳定性与柔韧性。

图 1-73　大腿内收肌群拉伸

图 1-74　腘绳肌抗阻力练习

（5）加强训练场地设施安全检查，防止因场地、器材原因导致军训伤。

2. 零期诊断

短跑类课目训练中急性肌肉肌腱损伤发生部位较为广泛，训练中出现臀部、大腿、小腿等部位肌肉疼痛或肿胀，经抗阻力试验检查阳性（疼痛加重），即可判定为零期急性肌肉肌腱损伤。在此，以最为常见的小腿三头肌损伤为例。

小腿三头肌损伤的零期判定（抗阻力试验，如图 1-75 所示）：用手握住受检者前足，令患者将踝关节用力跖屈，检查者手掌用力对抗动作，使小腿三头肌牵拉，如小腿后方出现疼痛，视为抗阻力试验阳性。对于局部疼痛、肿胀和经抗阻力试验阳性者，可判定为零期急性肌肉肌腱损伤。

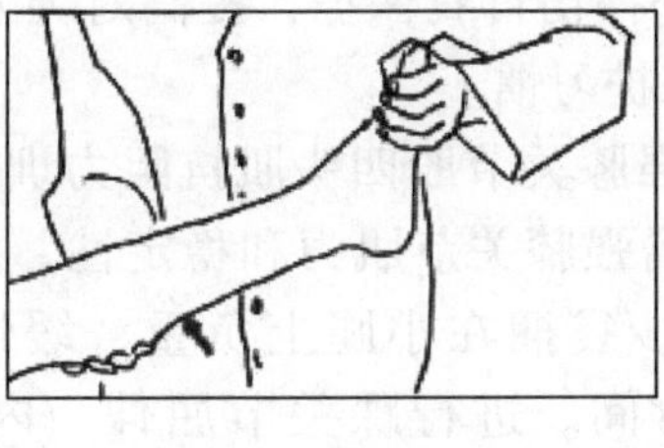

图 1-75　小腿三头肌抗阻力试验

3. 处置措施

（1）被判定为零期急性肌肉肌腱损伤者，按照休息、制动、冷敷、加压包扎和抬高患肢等原则处理，以减轻肿胀和疼痛。

（2）急性期过后（伤后 48 小时），可酌情给予热敷和物理治疗，同时可按计划逐步进行肢体功能康复练习，以股四头肌等长训练（图 1-76）为主。股四头肌等长训练即在肢体保持不动的状态下，大腿前方肌肉主动收缩并维持一段时间，这样既保证肌肉锻炼效果，又避免了因伤后早期肢体运动带来的危险性，是一种安全的抗阻力训练方式。

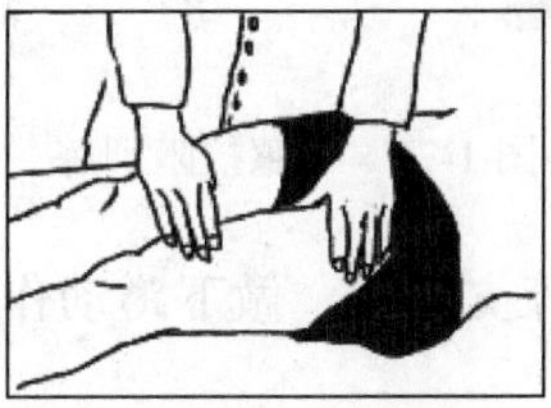

图 1-76　股四头肌等长训练

（3）肌肉肌腱严重损伤甚至完全断裂者，在制动后送医院治疗。

（二）膝、踝关节过劳性损伤

膝关节是人体关节面最大，滑膜组织最多，杠杆作用最强，负重较大且容易损伤的关节，是军事训练伤的多发部位。短跑类训练中，由于膝关节反复屈曲扭转、急停变向等动作，对于半月板、韧带、髌骨关节面等关节周围结构破坏较为明显。常见的损伤有：创伤性滑膜炎、膝关节交叉韧带损伤、内外侧副韧带损伤、半月板损伤和髌骨关节软骨损伤等。

足踝关节在步伐训练、行军、奔袭、通过障碍以及战术技术动作训练过程中，受伤概率较高。多数为踝关节疲劳性损伤和内外翻造成的韧带和软骨损伤。韧带损伤处理不当容易发生踝关节不稳造成的“踝关节习惯性崴脚”。

1. 预防措施

（1）遵循循环训练原则，避免单一课目、单一肢体部位长时间重复训练。

（2）建议训练中穿防护靴（如作战靴），有利于踝关节韧带损伤的防护。

（3）强化膝、踝关节周围和小腿肌肉的力量性和协调性训练，特别是股四头肌、小腿外侧肌群的绝对肌力训练，增强关节的稳定性。

（4）加强跑步训练中的意外摔伤自我保护，提高对突发情况的快速判断、反应能力，如养成摔倒时就地翻滚的自我保护习惯。

（5）加强功能性练习。加强膝关节股四头肌抗阻力训练，可采用靠墙静蹲训练或股四头肌加载等长训练，有利于增强膝关节肌力和稳定性。膝关节抗阻训练方法：坐位或仰卧位，小腿伸直，将适量的沙袋捆在小腿上负重，缓慢做伸膝抬高 30°，持续 15～20 秒，逐渐增加重量和抬举时间。进行踝关节屈伸、内外翻抗阻训练，增强踝关节功能。

1）伸膝抗阻训练：坐位，小腿负重，缓慢做伸膝及屈膝动作（可利用器械或沙袋）（图 1-77）。

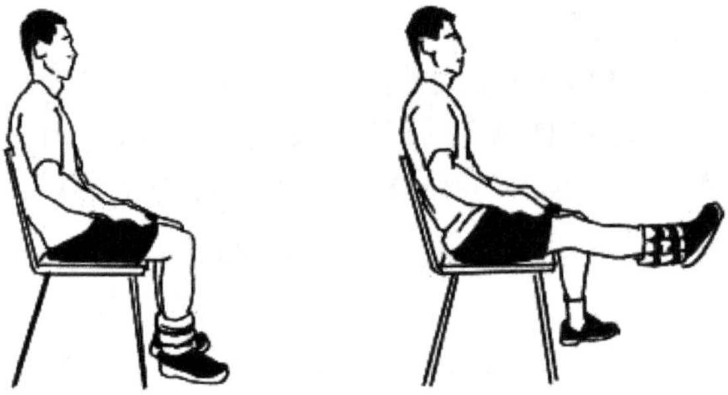

图 1-77　伸膝抗阻训练

2）靠墙静蹲训练：背靠墙壁等支撑物，做下蹲动作，大腿与地面平行，膝盖不要超过足尖，背部挺直（图 1-78）。

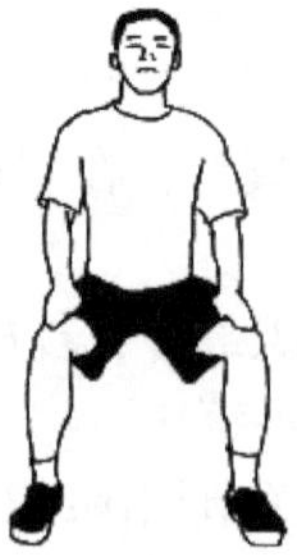

图 1-78　靠墙静蹲训练

2. 零期诊断

膝关节损伤零期判定标准：进行周径测量法（图 1-79），针对无明显外伤史及反复发作出现肿痛者，选择患肢髌骨上缘 10 厘米处平面，测量其周径，并与健侧对称部位进行对比，若萎缩达 1.5 厘米以上，可视之为零期膝关节损伤。

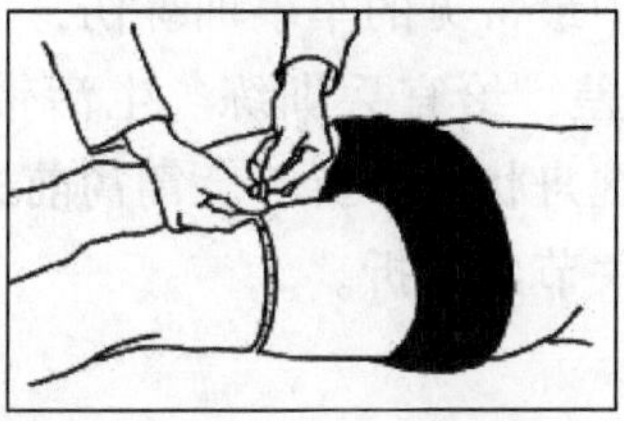

图 1-79　股四头肌周径测量法

踝关节距腓前韧带零期判定标准：进行足跟推压试验，受试者仰卧位，观察者一手扶住小腿下端向后按压，另一手扶持足跟部，以手掌发力将足跟向前推动，观察是否存在跟骨（距骨）前移现象（图 1-80）。另一种方法，受试者俯卧位，小腿垫高，观察者将足跟用力向下压，观察是否存在跟骨（距骨）前移现象（图 1-81）。

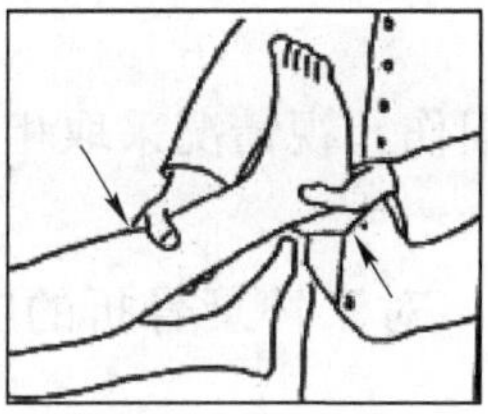

图 1-80　足跟滑移试验①

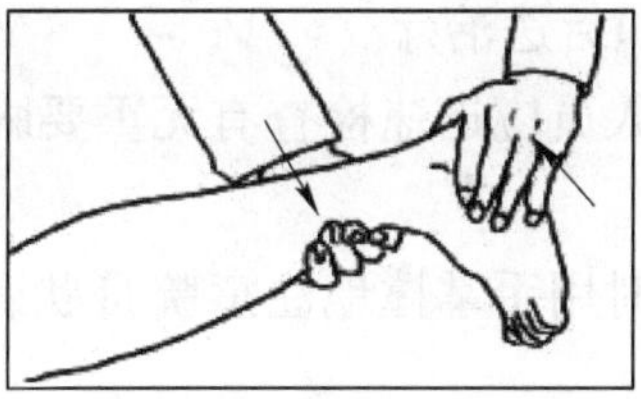

图 1-81　足跟滑移试验②

3. 处置措施

（1）判定为零期膝、踝关节损伤者，采取以下措施：

1）留队休养：视情况予以调整训练课目、减轻训练强度、暂停训练、留队治疗。

2）康复治疗：伤后 48 小时后可以给予热敷和物理治疗，缓解局部疼痛，促进血肿吸收。

3）保护措施：膝、踝关节韧带损伤，采取弹力绷带、运动胶布或石膏、支具予以保护固定 4~6 周。

4）对诊断不明确且有症状未缓解者，送医院进一步检查确诊，骨折或韧带损伤严重者住院治疗。

5）在治疗和康复期关注功能康复练习，以促进肢体功能进一步恢复。

（2）膝、踝关节严重损伤、并发骨折、韧带完全断裂等情况，应立即固定患肢，并后送医院治疗。

三、障碍类课目伤病特点及防控

障碍类课目是对官兵身体素质、军事技能要求较高的一类训练课目，易发生骨、关节、软组织急性损伤，尤以急性骨折、急性关节损伤两种伤病致残率高。

（一）急性骨折

急性骨折是障碍类训练课目中最常见的军事训练伤，多发于通过水平梯、高墙、独木桥等障碍训练中，病程长、预后差，给官兵训练、生活带来极大影响。常见的有股骨骨折、胫腓骨骨折、尺桡骨骨折、腕舟状骨骨折等。匍匐前进训练易出现肩肘关节损伤，高处跃下时易造成膝关节扭伤或踝关节内骨折。

1. 预防措施

（1）检查训练场地和障碍器械设施是否符合标准。

（2）加强人员身体排查，开展自我防护动作练习，避免过度疲劳和带伤训练。

（3）必须充分进行热身活动不少于 20 分钟，在一般性热身基础上，加强核心肌肉与关节韧带拉伸活动。

（4）水平梯、高墙、壕沟等障碍项目易发训练伤，对有受伤史、体质较弱人员，搞好针对性体能强化训练，而后逐渐加强单个障碍适应性练习再进行高强度训练。

2. 处置措施

（1）根据骨折部位，按照战伤救治规则，现场开展止血、包扎、固定、搬运等自救互救，并及时组织后送治疗。

（2）医务人员应迅速检查有无重要脏器、血管神经损伤，视情况采取相应急救措施和安排专人后送。

（3）摔倒时用手掌撑地注意腕舟状骨和桡骨头骨折。对于怀疑骨折的应进行 X 射线检查避免漏诊。

（4）训练中发生关节损伤时，早期处置应遵循休息、冷敷、弹力绷带加压包扎、抬高患肢。必要时石膏或关节支具固定，注意观察肢体末梢循环和感觉运动情况。

（5）关节损伤均应进行 X 射线检查。如发现骨关节骨折脱位，由军医进行手法复位；如不能完成复位或发现合并骨折者，应尽快固定伤肢，后送上级医院进一步处理。

（6）对无骨折、脱位的关节损伤，留队观察治疗。伤后镇痛可口服抗炎镇痛类药物；伤后 48~72 小时后根据情况必要时给予热敷、理疗和康复治疗，促进炎症吸收、组织修复。急性期过后，在军医指导下开展功能性训练。

（7）关节脱位整复应固定制动 4~6 周，防止关节复发性脱位。

（8）肘关节损伤后避免肘关节僵硬，切忌进行暴力拉伸、按摩、推拿、吊杠等活动，以防止发生骨化性肌炎。

3. 注意事项

（1）检查训练场地和障碍器械是否符合标准，在重点部位安排专人保护。

（2）开展自我防伤保护动作练习，避免摔倒时用手腕撑地，学会就地翻滚的自我保护动作，以防止腕舟状骨骨折。

（二）急性关节损伤

障碍类训练项目常发生急性关节损伤，其中匍匐前进训练易出现肩关节脱位，高处跃下时易造成膝关节扭伤，意外摔落易造成肘、踝关节损伤。

1. 预防措施

同急性骨折。

2. 处置措施

（1）现场处置：训练中发生关节损伤时，应遵循休息、冷敷、加压包扎、抬高患肢的原则进行早期处置。加压包扎可选用弹力绷带、运动胶带甚至石膏固定，并注意观察肢体末梢循环及感觉运动情况。

（2）辅助检查：关节损伤者原则上均应行 X 射线检查。如发现关节脱位，由军医进行手法复位；如不能完成复位或发现合并骨折者，应尽快固定伤肢，后送上级医院进一步处理。

（3）留队治疗：对无骨折、脱位的关节损伤，留队观察治疗。疼痛症状严重者，口服抗炎镇痛类药物，用药周期一般不超过 3 天；伤后 48 小时给予热敷、中低频等物理康复治疗，促进炎症吸收、组织修复；伤后 3 周更换运动护具予以保护。

（4）功能性练习：急性炎症期过后，在军医指导下开展功能性训练。

3. 注意事项

（1）关节脱位复位后，应固定、制动 6 周以上，防止出现复发性关节脱位。

（2）肘关节损伤后，切忌过早进行关节活动和热疗，严禁伤后暴力拉伸、按摩、推拿、吊杠等活动，以防止出现肘关节周围软组织骨化性肌炎的发生，避免肘关节僵直。

（3）其他注意事项同急性骨折。

四、力量类训练课目伤病特点及防控

力量类训练课目主要包括徒手、器械两大类，常见有俯卧撑、仰卧起坐、引体向上等项目。该类训练课目用于提高官兵身体力量素质，如俯卧撑主要锻炼上臂伸肌群，仰卧起坐主要锻炼腹肌，引体向上主要锻炼上肢肌群及背阔肌。训练中如果动作要领不规范、过度训练，容易诱发相关伤病，尤以腰背痛、腰椎间盘突出症、臂丛神经损伤多发。力量训练中应避免因训练动作完成不充分、频率过快，造成局部肌群过度运动发生更为严重的损伤。以俯卧撑训练为例，严重者除可造成臂丛神经损伤外，还可能发生运动性横纹肌溶解症。

（一）腰背痛

腰背痛是指腰骶部周围组织慢性损伤所致的，以下背部、腰骶部、臀部疼痛为主要症状的综合征。多发生于大负荷力量训练和长时间坐位训练作业，常见于炮兵、装甲兵、工程兵、舟桥兵和飞行人员、雷达兵等。

主要致伤因素：一是军事训练中缺少针对腰背肌的力量训练项目，而针对腹肌的训练，如仰卧起坐等训练较多，造成脊柱前后肌力不平衡；二是乘坐车辆时机械谐振对下腰部组织带来的伤害；三是在训练和作业过程中搬抬或托举重物时姿势不正确；四是因长时间坐位训练、作业造成腰背部组织结构损伤。

1. 预防措施

（1）加强腰背肌的力量及柔韧性训练，增强核心力量，提高腰部稳定性和平衡性。

（2）车辆行进中，避免长时间同一速度行驶，乘、载人员注意调整坐姿，活动腰部。

（3）高举或搬抬重物时，应强调采取先屈膝再发力的动作，克服直腿弯腰发力的不良习惯。

（4）避免久坐，注意进行腰腿部肌肉的伸展与放松。

（5）功能性训练：根据身体素质条件，采取燕子飞、侧平板、臀桥等训练方式，增强腰背肌力量。

1）燕子飞（图 1-82）：可用双手压下腰部，或双手抱颈后，膝伸直，上半身和下肢同时抬起呈反弓状。每日 2 组，每组 30~50 个。

2）侧平板（图 1-83）：侧躺位，一侧肘与前臂撑地，肘关节呈 90°角，将胸腹部撑起。注意下肢与躯干呈一条直线。每次 3 组，每组 1~3 分钟，每组间隔 10~20 秒。

3）臀桥（图 1-84）：屈髋屈膝，双肘屈曲置于胸侧，双足及肘部作四点支撑，将髋臀部向上抬起。每次 3 组，每组 3~5 分钟或 10~30 个，间隔 10~20 秒。

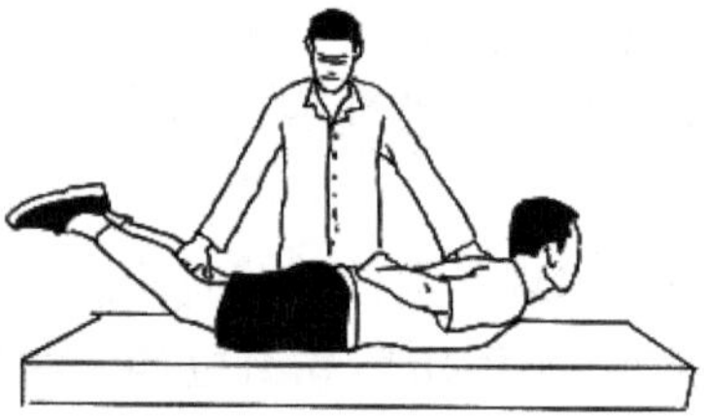

图 1-82 燕子飞

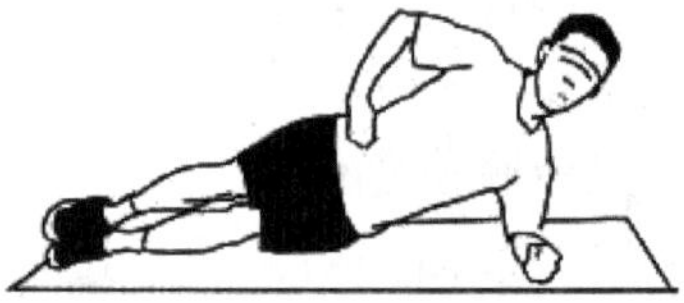

图 1-83 侧平板

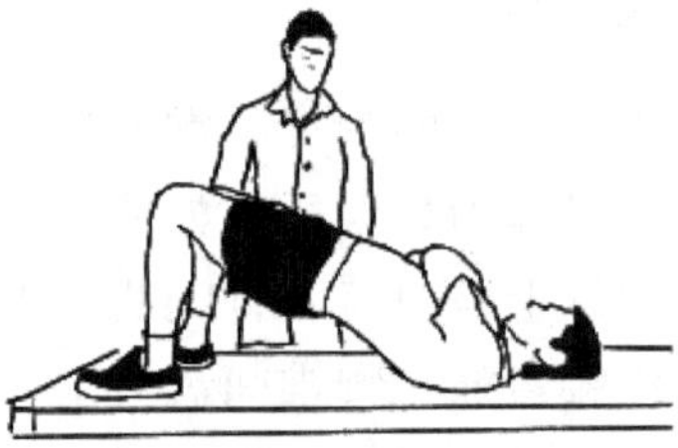

图 1-84 臀桥

2. 零期诊断

结合伤史采集特点，经以下三种腰背痛试验检查阳性者，可相应判定为零期肌源性、骨关节源性和椎间盘源性腰背痛。

肌源性腰背痛抗阻力试验（图 1-85）：受检者做燕子飞动作，检查者向下按压其上背部及腿部，受检者腰背部维持背伸姿势。此过程中出现下腰部疼痛者为阳性。

骨关节源性腰背痛躯干旋转试验（图 1-86）：受检者坐位，双上肢上举屈肘双手交叉，掌面置于头枕部。检查者位于其身后，用双手扳住受检者肘部发力向一个方向旋转（顺时针），同时髋部顶住受检者骨盆使其不随之移动。之后检查另一个方向旋转（逆时针）。此过程中出现下腰部疼痛者为阳性。

椎间盘源性腰背痛叩击试验（图 1-87）：检查者以拇指按压受检者腰椎间隙两侧（从上至下进行），同时以另一只手握拳进行叩击拇指，出现叩击部位疼痛放散至臀部为阳性。

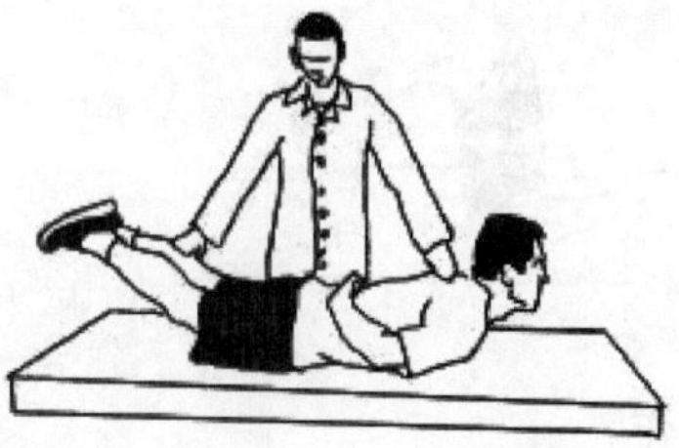

图 1-85　肌源性腰背痛抗阻力试验

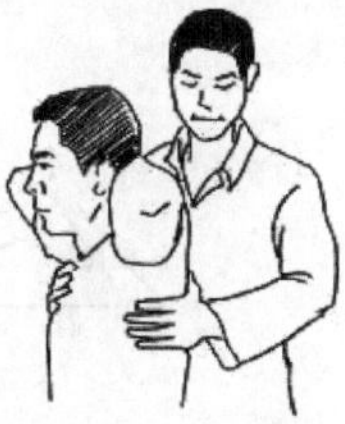

图 1-86　骨关节源性腰背痛躯干旋转试验

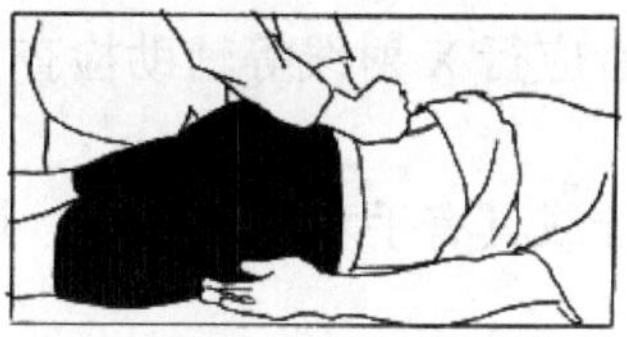

图 1-87　椎间盘源性腰背痛叩击试验

3. 处置措施

（1）凡确诊为零期肌源性、骨关节源性和椎间盘源性腰背痛者均可予以留队治疗。

1）消除致病因素。如纠正不良的工作习惯和体位。

2）休息。特别是急性腰损伤者，应做到卧床休息，至软组织损伤完全恢复为止。

3）理疗。急性腰损伤 48 小时内进行冷敷，48 小时后进行热疗及中低频等物理治疗，消除炎症，增加血液循环及淋巴回流，减轻疼痛。

4）药物治疗。可消炎镇痛类药物口服或外用（如外用扶他林乳胶剂，涂抹患处，3 次/日；口服扶他林片，50 毫克，2 次/日）。

5）推拿按摩。主要针对疼痛点进行手法按摩。

6）运动疗法。肌源性和椎间盘源性腰背痛采取燕子飞、臀桥、侧平板等动作练习，骨关节源性腰背痛采取拱背式以及滚筒式动作练习。

拱背式动作练习（图 1-88）：四肢跪位，腰背部发力向下塌，臀部及头颈部向上抬起；维持数秒后，更换相反动作，即腰背部发力向上拱起，臀部及头颈部向下压。两动作交替进行，做动作时尽量缓慢。

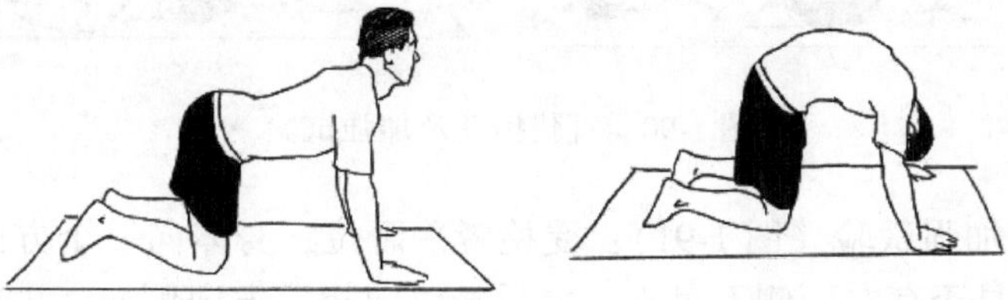

图 1-88　拱背式动作

滚筒式动作练习（图 1-89）：坐位屈膝，双手抱住膝关节，发力向后滚动，直至头颈部触地。之后再向相反方向滚动，恢复初始状态。两动作交替进行，做动作时尽量缓慢。

图 1-89 滚筒式动作

（2）腰背痛急性发作或疼痛严重时，应立即制动、局部冰敷，平躺硬板床后送到医院治疗。

顽固性腰背痛或反复发作患者应行 X 射线等辅助检查，排除腰椎骨性疾患。

4. 注意事项

诊断不明、留队治疗效果不佳或具有手术适应症者，均应送上级医院进一步诊治。

（二）腰椎间盘突出症

腰椎间盘突出症是军事训练中的常见病和多发病，是引起腰腿痛的最常见病因，主要因为腰椎间盘退行性改变后，纤维环破裂，髓核组织突出，导致相邻神经根受刺激或压迫，产生下肢放散痛或麻木，可伴有腰痛，多发生于炮兵、舟桥兵、装甲兵等兵种。

1. 预防措施

（1）一般性预防措施及功能性训练见腰背痛相关内容。

（2）对反复弯腰、搬抬重物等易造成腰椎间盘突出症的训练或作业，可佩戴支撑性腰围进行保护。

2. 零期诊断

（1）结合伤史采集，进行平卧位直腿抬高试验及腰椎侧弯加强试验，出现任何一个试验阳性者，可判定为零期腰椎间盘突出症。

（2）直腿抬高及加强试验（图 1-90）：受检者平卧位，检查者将患侧肢体向上抬高，此时如出现臀部或下肢放散痛，或在踝关节背屈状态下出现上述症状，即为阳性。

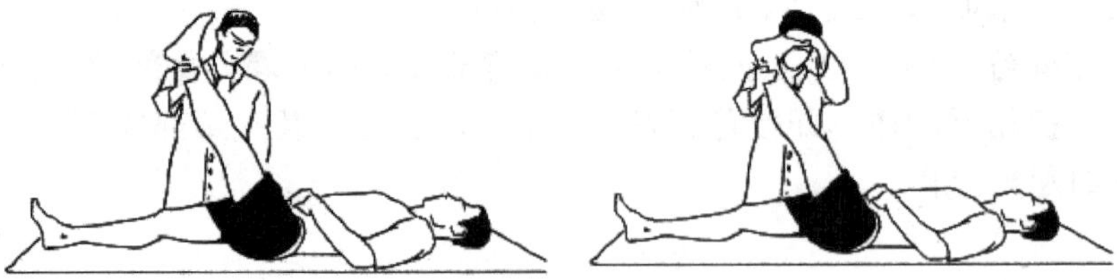

图 1-90 直腿抬高及加强试验

（3）腰椎侧弯加强试验（图 1-91）：受检者平卧位，身体向一个方向尽力侧屈，检查双足拇指背伸力量是否存在两侧不对称。之后身体向相反方向侧屈，再次检查。如出现一侧力量减弱者为阳性。

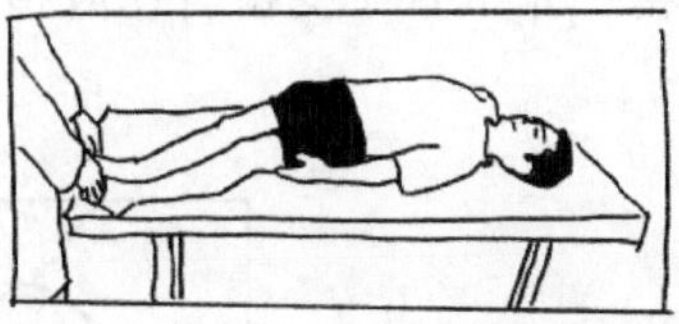

图 1-91　腰椎侧弯加强试验

3. 处置措施

（1）凡判定为零期腰椎间盘突出症者均予以留队治疗，采取以下措施：

1）静卧休息。初次发病者，应严格卧床休息，3 周后可在佩戴腰围保护下起床活动，3 个月内不做弯腰持物动作；缓解后，加强腰背肌锻炼以减少复发。

2）牵引治疗。可采用骨盆或平衡牵引法，减轻对神经根的刺激和压迫，缓解疼痛。

3）物理治疗。采取物理治疗，缓解肌肉痉挛，减轻椎间盘内压力。

4）药物治疗。可外用扶他林乳胶剂，涂抹患处，3 次/日；口服水杨酸制剂，如扶他林片，50 毫克，2 次/日。

5）推拿按摩。主要利用手法按摩进行神经根松解，缓解症状，但需避免因用力不当导致病情加重。

（2）在训练中急性发作时，应立即制动、平躺、局部冷敷，后送到医院治疗。

4. 注意事项

出现以下情况者均需送上级医院进一步诊治：

（1）首次发作，疼痛剧烈，下肢症状明显，难以行动和入眠，处于强迫体位者。

（2）病史超过 3 个月，严格保守治疗无效者；或虽保守治疗有效，但经常复发者。

（3）合并大小便功能障碍等马尾神经受压表现者。

（4）出现单侧神经根麻痹，伴有肌肉萎缩、肌力下降者。

（三）臂丛神经损伤

臂丛神经损伤是俯卧撑训练较为常见的损伤之一，也可发生于单双杠、投弹等训练，过度训练或准备活动不充分容易造成此类损伤，常出现不同程度的上肢放射痛、无力、麻木，肩外展受限，手指活动不灵活等症状，以新兵入伍训练阶段多见。

1. 预防措施

（1）加强身体素质训练，特别是肩关节的柔韧性训练。

（2）训练前应做好充分的热身准备活动。

（3）掌握正确的动作要领，防止俯卧撑练习时肩部及上肢过度外展。

（4）训练和考核中避免为追求次数而导致动作完成不充分、频率过快。

2. 零期诊断

伤者俯卧撑训练后出现不同程度的部分手指感觉运动功能减退，如抬臂耸肩、夹纸试验阳性，即可确诊为零期臂丛神经损伤。

（1）抬臂耸肩试验（图 1-92）：令受检者自主抬起伤肢，由于腋神经支配的三角肌力量减弱，受检者会通过耸肩代偿来使上肢抬高，即抬臂耸肩试验阳性。

（2）夹纸试验（图 1-93）：将一张纸置于受检者伤肢指间，令受检者用力夹紧，如能轻易抽出纸张，即夹纸试验阳性。

图 1-92　抬臂耸肩试验

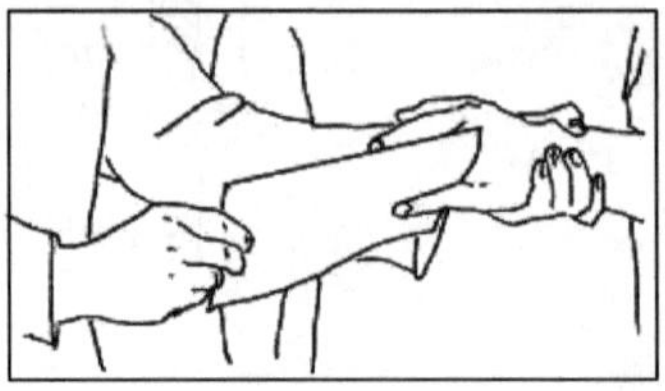

图 1-93　夹纸试验

3. 处置措施

（1）零期臂丛神经损伤者

1）留队治疗：停训休息 3 日，患肢三角巾悬吊固定。

2）物理治疗：针灸治疗并辅以低频电刺激治疗，以促进神经恢复。

3）药物治疗。可应用神经营养类药物（如甲钴胺片，0.5 毫克，口服，3 次/日；谷维素片，20 毫克，口服，3 次/日）。

4）功能训练：进行上肢神经肌肉功能性训练（避免肩关节外展外旋），促进运动功能恢复。

（2）经留队治疗 3 日症状无明显缓解者，或一经发现即有上肢运动感觉功能严重受损者，均应送上级医院进一步治疗。

第二章　军事体育的基础体能训练

第一节　力量训练

一、基础训练

（一）上肢练习

1. 俯卧撑

训练目的：发展肩部肌群、胸大肌和肱三头肌力量。

训练方法：俯卧四点（双手和双脚）支撑，双手置于肩部下方并略宽于肩，手臂伸直，躯干与下肢呈一条直线；屈肘、身体下沉至胸部几乎接触地面；推起身体，恢复起始姿势，如图 2-1 所示。

图 2-1　俯卧撑

次数/组数：每组 8~12 次，4~6 组。

动作要求：动作过程中，始终保持背部平直、脊柱处于中立位，肩、髋、膝、踝关节呈一条直线，不要塌腰或翘起臀部。

2. 俯冲式俯卧撑

训练目的：发展腹部肌群和肩部肌群的力量。

训练方法：呈俯卧撑姿势，抬起臀部；躯干向前俯冲，下落至最低位，动作过程中保持眼睛向前看；反向复原为起始姿势，如图 2-2 所示。

图 2-2　俯冲式俯卧撑

次数/组数：每组 8~12 次，4~6 组。

动作要求：向前和向后的全过程中动作必须连贯完成，向前俯冲时眼睛向前看。

3. 蜘蛛式俯卧撑

训练目的：发展胸大肌、肱三头肌、髋部屈肌及外展肌力量，增强躯干稳定性。

训练方法：呈俯卧撑起始姿势；向下做俯卧撑动作，同时左侧腿向前屈膝上抬至肘关节后侧，然后还原至起始姿势；换对侧练习，如图 2-3 所示。

图 2-3 蜘蛛式俯卧撑

次数/组数：每组 8~12 次，4~6 组。

动作要求：动作过程中保持躯干在一条直线，俯卧撑的同时上抬腿。

4. 爆发式俯卧撑

训练目的：发展上肢肌群、肩部肌群和胸大肌力量，增加上肢爆发力。

训练方法：以俯卧撑姿势推起上身的同时，双手在腾空期间做击掌运动，如图 2-4 所示。

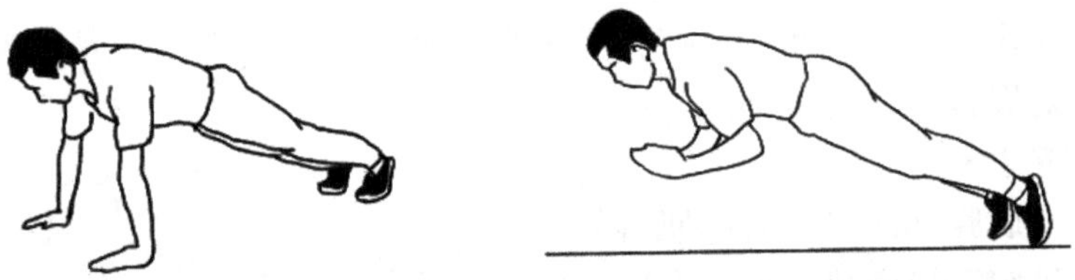

图 2-4 爆发式俯卧撑

次数/组数：每组 8~12 次，4~6 组。

动作要求：运动全程保持脊柱处于中立位。

5. V 型臂屈伸

训练目的：发展肩部肌群、肱三头肌及背部肌群力量。

训练方法：俯卧呈倒“V”字姿势支撑身体，双手间距大于肩宽，两臂做屈伸运动，如图 2-5 所示。

次数/组数：每组 8~12 次，每次 4~6 组。

动作要求：核心收紧，保持稳定。

图 2-5　V 型臂屈伸

6. 窄距俯卧撑

训练目的：发展上肢肌群、肩部肌群及胸大肌力量。

训练方法：双手撑在头盔两侧，身体呈俯卧撑姿势做俯卧撑练习，如图 2-6 所示。

图 2-6　窄距俯卧撑

次数/组数：每组 8~12 次，4~6 组。

动作要求：全程保持脊柱中立位，不要塌腰或翘起臀部。

7. 高低手俯卧撑

训练目的：发展上肢肌群、肩部周围肌群和胸大肌力量。

训练方法：一侧手撑于地面，一侧手撑于头盔正上方，身体呈俯卧撑姿势做高低手俯卧撑；换侧进行，如图 2-7 所示。

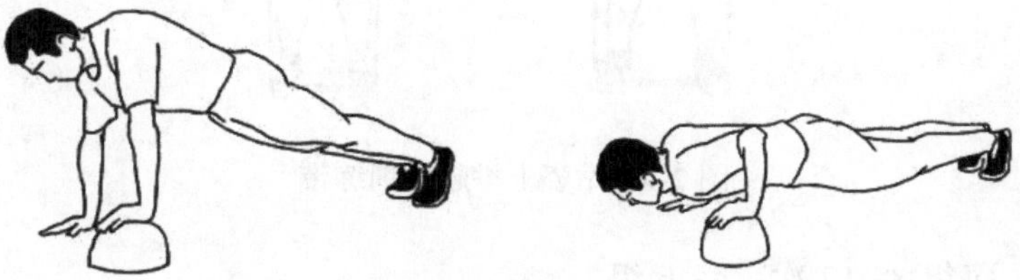

图 2-7　高低手俯卧撑

次数/组数：每组 8~12 次，每侧 4~6 组。

动作要求：运动全程保持脊柱处于中立位，不能塌腰或翘起臀部。

8. 上举弹药箱

训练目的：发展腘绳肌、臀部肌群及上肢力量。

训练方法：两脚与肩同宽站立，屈髋屈膝，保持腰背挺直，脊柱保持中立位；双手抓握弹药箱手柄，上举弹药箱至头顶，手臂伸直；回到起始姿势，如图 2-8 所示。

图 2-8　上举弹药箱

次数/组数：每组 8~12 次，4~6 组。

动作要求：抓握弹药箱之前，必须大幅度屈髋，保持脊柱中立位，通过上下肢肌群的配合举起弹药箱，切忌直接弯腰举起弹药箱，以免引发腰部损伤。

9. 站姿上举超级训练带

训练目的：发展上肢力量。

训练方法：两脚自然开立并踩住超级训练带，双手与肩同宽抓握训练带，上举，如图 2-9 所示。

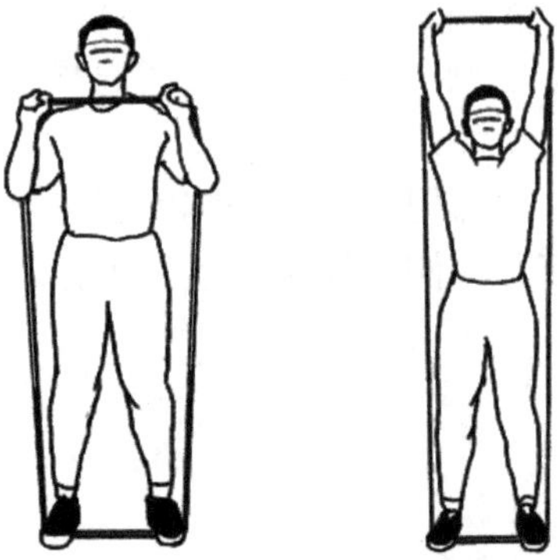

图 2-9　站姿上举超级训练带

次数/组数：每组 8~12 次，4~6 组。

动作要求：双手上举超级训练带至头顶时，应保持肘部不弯曲；全程保持身体中立位，眼睛平视前方。

10. 弓步前推超级训练带

训练目的：发展上肢及下肢肌肉力量。

训练方法：两人配合，练习者在前，辅助者在后。练习者双手抓握超级训练带至胸前，保持弓步姿势，然后向前推训练带；辅助者呈弓步姿势，双手抓握训练带，并固定在胸前，如图 2-10 所示。

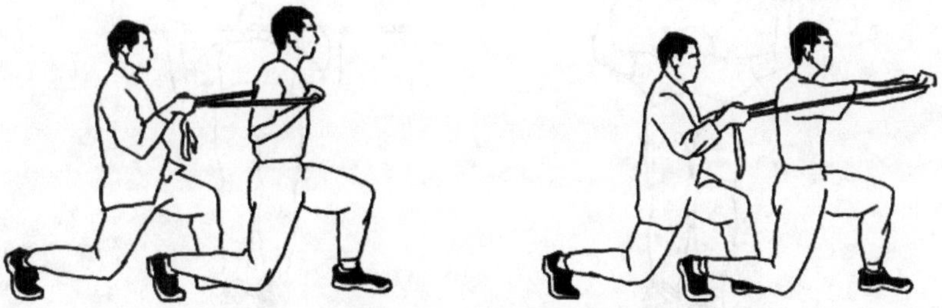

图 2-10　弓步前推超级训练带

次数/组数：每组 8~12 次，4~6 组。

动作要求：练习者呈弓步姿势时，前腿膝盖不超过脚尖；双手向前推时，要保持脊柱中立位。辅助者在锻炼者后方要固定住超级训练带。

11. 引体向上

训练目的：发展手臂及背部肌群力量。

训练方法：双手掌心向前并抓握单杠，保持身体直立，做引体向上动作，如图 2-11 所示。

图 2-11　引体向上

次数/组数：每组 8~12 次，4~6 组。

动作要求：运动中保持身体直立，腹部收紧，眼睛平视前方。

12. 引体向前

训练目的：发展手部、背部及肩袖等肌群力量。

训练方法：身体呈仰卧姿势握住低单杠，向上做引体向上动作，如图 2-12 所示。

次数/组数：每组 8~12 次，4~6 组。

动作要求：运动过程中保持身体平直，眼睛平视前方。

图 2-12 引体向前

13. 坐姿颈后下拉超级训练带

训练目的：发展肩部与背部肌群力量。

训练方法：两人配合。辅助者站在练习者背后，双手在胸前平举紧握训练带帮助练习者进行下拉。练习者采用坐姿，双手抓握训练带，双臂呈“V”字形上举，垂直下拉至颈后，停留 2~3 秒，反向缓慢还原，如图 2-13 所示。

图 2-13 坐姿颈后下拉超级训练带

次数/组数：每组 8~12 次，4~6 组。

动作要求：辅助者要拉紧训练带，练习者下拉时两臂用力要均匀、不能耸肩。

14. 站姿下拉超级训练带

训练目的：发展背阔肌、斜方肌及肱三头肌力量。

训练方法：两人配合。辅助者前后分腿站立，双臂屈肘抓握训练带；练习者面向辅助者前后分腿站立，双手伸直抓握超级训练带，保持躯干直立，向身体后下方拉训练带，如图 2-14 所示。

次数/组数：每组 8~12 次，4~6 组。

动作要求：全程保持躯干直立，眼睛平视前方。

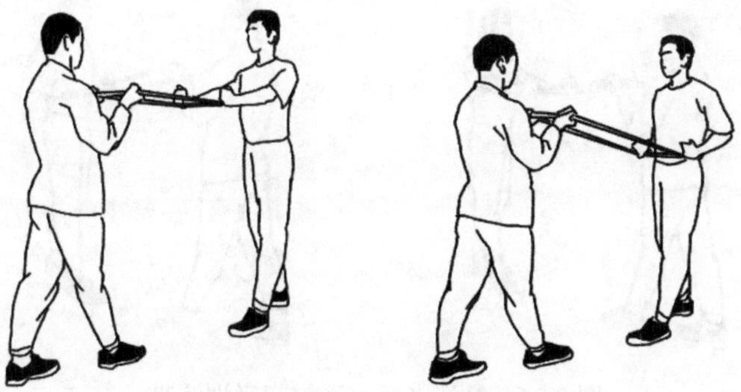

图 2-14　站姿下拉超级训练带

15. 站姿水平拉超级训练带

训练目的：发展肩部肌群力量。

训练方法：两人配合；辅助者前后分腿站立，双臂屈肘抓握超级训练带；练习者面向辅助者，前后分腿站立，双臂伸直抓握训练带，保持躯干直立；双手屈肘、水平后拉训练带，如图 2-15 所示。

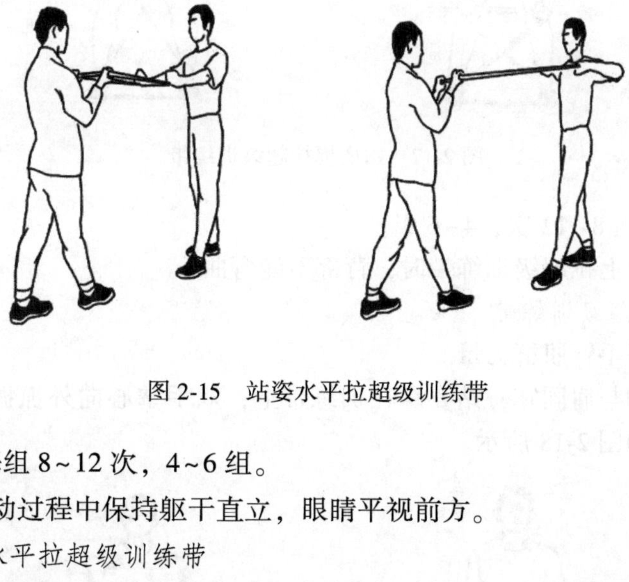

图 2-15　站姿水平拉超级训练带

次数/组数：每组 8~12 次，4~6 组。

动作要求：运动过程中保持躯干直立，眼睛平视前方。

16. 站姿夹臂水平拉超级训练带

训练目的：发展肩部肌群力量。

训练方法：两人配合。辅助者前后分腿站立，双臂屈肘抓握训练带；练习者面向辅助者，两脚前后站立，双臂伸直抓握训练带，保持躯干直立；双手屈肘夹臂的同时，向后拉超级训练带，如图 2-16 所示。

次数/组数：每组 8~12 次，4~6 组。

动作要求：练习者在运动中保持躯干直立，眼睛平视前方，后拉时要屈肘夹臂。

图 2-16　站姿夹臂水平拉超级训练带

17. 站姿提拉超级训练带

训练目的：发展肩部肌群力量。

训练方法：两脚间距大于两肩，站姿踩超级训练带；上体俯身，双臂垂于胸前抓住超级训练带向上拉，然后还原，如图 2-17 所示。

图 2-17　站姿提拉超级训练带

次数/组数：每组 8～12 次，4～6 组。

动作要求：俯身上拉超级训练带时，背部不能弯曲。

18. 站姿屈臂拉超级训练带

训练目的：发展手臂肌群力量。

训练方法：两脚与肩同宽，站姿踩在训练带上；双手掌心向外抓握训练带的另一端，双臂做屈伸运动，如图 2-18 所示。

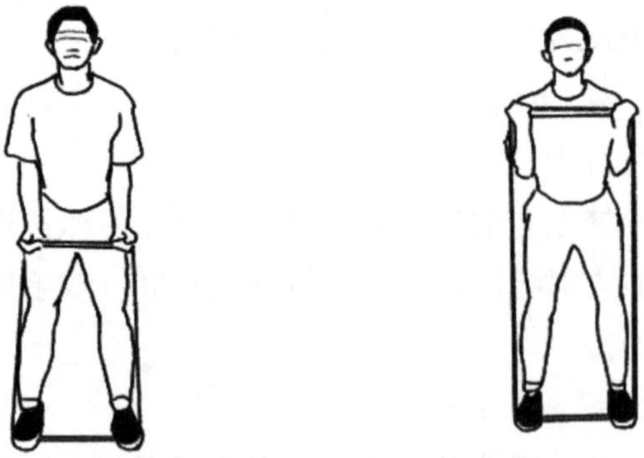

图 2-18　站姿屈臂拉超级训练带

次数/组数：每组 8~12 次，4~6 组。

动作要求：双臂做屈伸动作时，不能耸肩。

19. 站姿俯身提拉弹药箱

训练目的：发展肩部与背部肌群力量。

训练方法：两脚与肩同宽站立，上体俯身，两手臂垂于胸前抓住弹药箱手柄，做提拉动作，如图 2-19 所示。

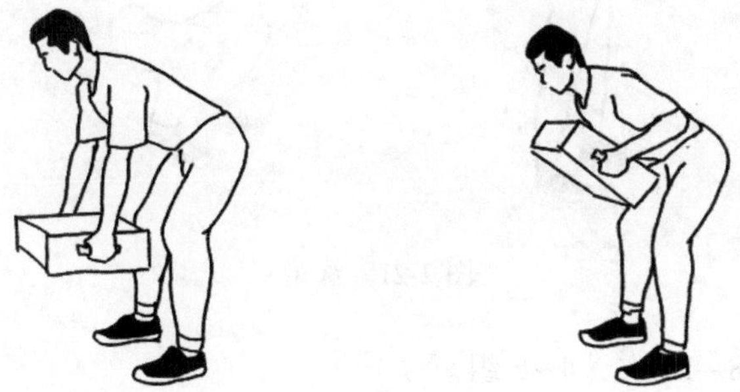

图 2-19　站姿俯身提拉弹药箱

次数/组数：每组 8~12 次，4~6 组。

动作要求：俯身提拉弹药箱时背部挺直。

20. 站姿直臂上举弹药箱

训练目的：发展上肢肌肉力量。

训练方法：两脚与肩同宽站立，双手直臂抓握弹药箱手柄将其置于胸前，向上直举弹药箱，然后还原到起始姿势，如图 2-20 所示。

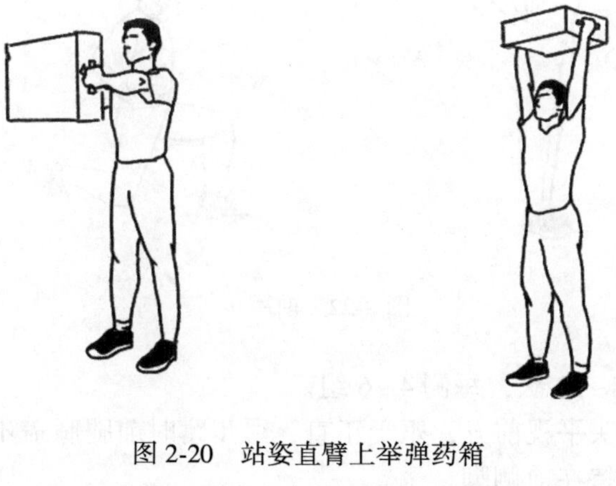

图 2-20　站姿直臂上举弹药箱

次数/组数：每组 8~12 次，4~6 组。

动作要求：上举弹药箱时，肩部要保持稳定，避免晃动。

（二）下肢练习

1. 深蹲

训练目的：发展股四头肌、腘绳肌、臀肌力量。

训练方法：双手轻放于耳侧，两脚开立与肩同宽；屈髋屈膝下蹲至大腿与地面平行高度，快速站起还原至起始姿势，如图 2-21 所示。

图 2-21　深蹲

次数/组数：每组 8~12 次，4~6 组。

动作要求：深蹲过程中，应始终挺胸直背，腹部收紧；脚尖朝前，两脚平行且全脚掌始终接触地面；避免膝盖超过脚尖，保持膝盖与脚尖同向、膝关节不要内扣。

2. 前弓步

训练目的：发展股四头肌、臀大肌及腘绳肌力量。

训练方法：两脚并拢、双手叉腰站立；向前跨步呈弓步下蹲姿势，使后侧腿膝盖尽量接近地面，双腿屈膝呈 90°角；前腿蹬伸站起，还原至起始姿势，如图 2-22 所示。

图 2-22　前弓步

次数/组数：每组 8~12 次，每侧 4~6 组。

动作要求：挺胸抬头平视前方，躯干正直，弓步蹲时前腿膝盖不超过脚尖或内扣，大腿与地面平行，重心保持在前侧脚。

3. 侧弓步

训练目的：发展下肢股四头肌、臀大肌及大腿内收肌力量。

训练方法：双手向前平举，两脚并拢站立；右腿伸直，左脚向左跨一大步，屈髋屈膝下蹲至大腿与地面平行；左脚蹬离地面，还原至起始姿势。换另一侧腿重复同样动作，如图 2-23 所示。

图 2-23　侧弓步

次数/组数：每组 8~12 次，4~6 组。

动作要求：跨步后，两脚始终接触地面，挺胸抬头，支撑腿的膝盖不超过脚尖；躯干保持正直，双手与地面平行；另一侧腿伸直，膝盖不能弯曲。

4. 立位体前屈

训练目的：牵拉双腿后侧肌群。

训练方法：两脚并拢自然站立；双手伸直的同时，向下做体前屈动作，如图 2-24 所示。

图 2-24　立位体前屈

次数/组数：每组 8~12 次，4~6 组。

动作要求：运动中保持双腿伸直，膝盖不能弯曲。

5. 单腿下蹲

训练目的：发展臀大肌、股四头肌及腘绳肌等力量。

训练方法：单脚站在凳上，双臂向前平伸，然后臀部后坐，屈髋屈膝下蹲至大腿与地面平行，站起还原至起始姿势，换另一侧重复同样动作，如图 2-25 所示。

次数/组数：每组 8~12 次，4~6 组。

动作要求：下蹲过程中保持身体的平衡与稳定，支撑腿膝盖不超过脚尖，大腿与地面平行；练习之前，必须针对关节活动度进行充分的热身。

图 2-25　单腿下蹲

注意事项：新学员或下肢力量较弱者，开始练习时下蹲的高度可高于膝部，应由高到低地、循序渐进地增加下蹲高度，切忌超过身体能力。

6. 单腿硬拉

训练目的：发展臀大肌、腘绳肌及背部伸展肌群的力量。

训练方法：单腿直立站位；背部平直、腹部收紧，身体向前俯身；一侧手臂自然下垂，同侧腿向后上方抬起，伸直至躯干与地面平行位置；之后还原到起始姿势。换对侧，重复相同动作，如图 2-26 所示。

图 2-26　单腿硬拉

次数/组数：每组 8~12 次，4~6 组。

动作要求：保持躯干和抬起腿的同步运动，髋关节不能外翻；支撑腿可微弯，对侧腿要伸直。

7. 单腿提踵

训练目的：增强小腿三头肌力量。

训练方法：一侧前脚掌站在凳或台阶上，重复做踮脚后跟动作，如图 2-27 所示。

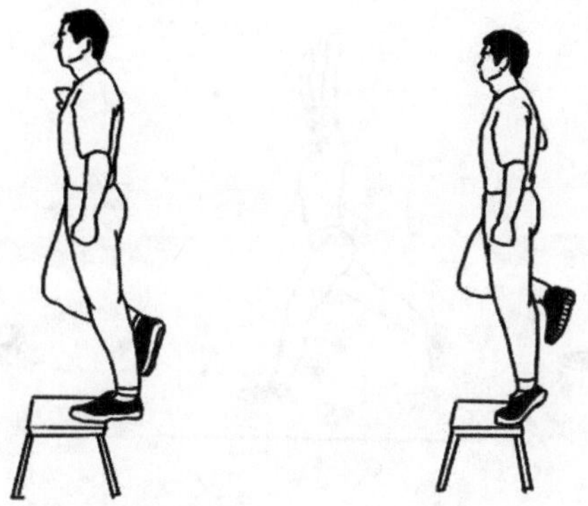

图 2-27 单腿提踵

次数/组数：每组 8~12 次，每侧 4~6 组。

动作要求：保持身体直立；平衡性差者，可扶墙做动作。

8. 深蹲跳

训练目的：发展下肢肌肉力量及其离心缓冲能力。

训练方法：两脚与肩同宽站立，挺胸抬头；屈髋屈膝下蹲至大腿与地面平行位置，双臂伸直放于体侧；双臂快速向上摆动，两脚蹬离地面，充分伸展髋、膝、踝三个关节，向上跳起；落地屈髋屈膝缓冲，同时双臂下摆至身体两侧，如图 2-28 所示。

图 2-28 深蹲跳

次数/组数：每组 8~12 次，4~6 组。

动作要求：动作过程中，要腰背挺直、核心收紧；起跳和落地时，膝盖不要超过脚尖或发生内扣；落地时，应屈髋、屈膝和注意缓冲，保持胸部在膝盖正上方。

9. 弓步换腿跳

训练目的：发展下肢肌肉力量，提高纵向爆发力。

训练方法：呈弓步蹲姿势，后腿膝盖接近地面，双膝屈曲呈 90°角；两臂快速向上摆动的同时，带动身体向上跳起，跳起过程中两腿前后交换位置，落地还原至起始姿势；重复相同动作，如图 2-29 所示。

次数/组数：每组 8~12 次，4~6 组。

动作要求：躯干直立，目光平视前方，腹部收紧；起跳和落地时，前腿膝盖不要超过脚尖或发生内扣。

图 2-29 弓步换腿跳

10. X 伸展跳

训练目的：提高神经兴奋性，发展下肢肌肉力量和爆发力。

训练方法：双手环抱膝盖呈下蹲位；起跳时，双手快速向上摆动，两脚蹬离地面，充分伸展髋、膝、踝三个关节；屈髋、屈膝落地并注意缓冲。还原至起始姿势，如图 2-30 所示。

图 2-30 X 伸展跳

次数/组数：每组 8~12 次，4~6 组。

动作要求：跳起过程中要保持身体直立，身体各关节绷直，眼睛始终平视前方；落地时应前脚掌着地，并注意落地时的缓冲。

11. 俯撑收腹跳

训练目的：发展腹部肌群力量和上下肢的配合能力。

训练方法：呈俯卧撑姿势，两脚并拢；在双手支撑身体的同时，双腿依次在左下方、中间、右下方三个方向做收腿运动，如图 2-31 所示。

次数/组数：每组 8~12 次，4~6 组。

动作要求：动作过程中保持腰背挺直、核心收紧，不能塌腰和翘起臀部。

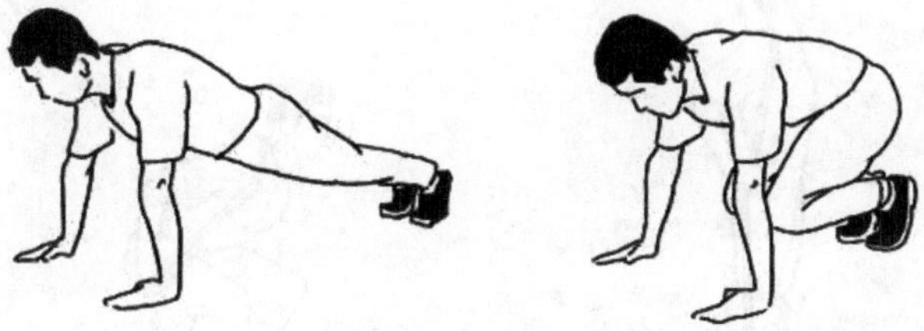

图 2-31　俯撑收腹跳

12. 连续蛙跳

训练目的：发展下肢力量和爆发力。

训练方法：两脚与肩同宽，下蹲至大腿与地面平行位置，两臂伸直放于体侧并保持脊柱中立；双手快速向上摆动的同时，双腿蹬伸、跳向前上方；落地瞬间，紧接着再次向前上方跳出，如图 2-32 所示。

图 2-32　连续蛙跳

次数/组数：一组连续跳 8~12 个，4~6 组。

动作要求：下肢蹬伸跳跃时，双手应置于体侧并协同上摆，身体要充分伸展；下蹲时，大腿应平行于地面，膝盖不超过脚尖或发生内扣；应多个跳跃连续进行，避免单个蛙跳。

13. 超级训练带深蹲

训练目的：发展下肢和臀部肌肉力量。

训练方法：将超级训练带的一端从后方套在颈部，双手从躯干两侧握住训练带的一端，两脚与肩同宽踩住另一端，挺胸直背、自然站立；屈髋、屈膝，下蹲至大腿与地面平行高度，快速站起，还原到起始姿势。重复相同动作，如图 2-33 所示。

次数/组数：每组 8~12 次，4~6 组。

动作要求：深蹲过程中，脚掌始终接触地面，挺胸直背，膝盖不超过脚尖或出现内扣。

图 2-33　超级训练带深蹲

14. 超级训练带辅助硬拉

训练目的：通过闭链运动，发展臀部肌群力量。

训练方法：将超级训练带一端套在肩颈部位，两脚踩住另一端，与肩同宽，挺胸直背站立；微屈膝、大幅度屈髋，做髋部后顶动作，如图 2-34 所示。

图 2-34　超级训练带辅助硬拉

次数/组数：每组 8~12 次，4~6 组。

动作要求：脊柱始终保持中立位，屈膝幅度不能过大，屈髋后顶时臀肌主动发力。

15. 超级训练带体前屈

训练目的：发展下肢力量。

训练方法：将超级训练带一端套在肩颈部并双手紧握，两脚踩住另一端自然开立，躯干尽最大能力俯身，如图 2-35 所示。

次数/组数：每组 8~12 次，4~6 组。

动作要求：俯身时保持腰背挺直，避免膝盖弯曲。

（三）核心区练习

1. 动态俯桥

训练目的：激活核心躯干的肌群。

训练方法：双臂屈肘 90° 角呈俯卧撑姿势撑起身体，双腿做开合运动，如图 2-36 所示。

图 2-35 超级训练带体前屈

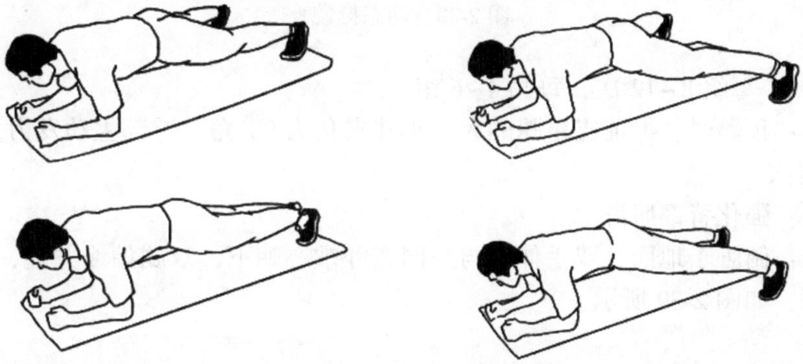

图 2-36 动态俯桥

次数/组数：每组 8~12 次，4~6 组。

动作要求：保持肩、髋、膝、踝关节成一条直线，身体移动过程中核心收紧。

2. 动态侧桥

训练目的：激活躯干侧向肌群。

训练方法：呈侧桥姿势，两脚并拢，下侧前臂支撑起身体，髋部做上下运动，如图2-37所示。

图 2-37 动态侧桥

次数/组数：每组 8~12 次，每侧 4~6 组。

动作要求：侧桥时，保持同侧肩、髋、膝、踝成一条直线。

3. 动态挺髋

训练目的：快速激活臀部肌群。

训练方法：呈单脚背桥姿势，保持前腿屈膝 90°角，做挺髋运动，如图 2-38 所示。

图 2-38　动态挺髋

次数/组数：每组 8~12 次，每侧 4~6 组。

动作要求：顶髋时，保证支撑腿的大、小腿夹角为 90°角，臀部主动发力。

4. 俯卧超人

训练目的：强化背部肌群。

训练方法：俯卧于地面，双手伸直与肩同宽并掌心朝下，双腿始终并拢，四肢尽可能高地抬离地面，如图 2-39 所示。

图 2-39　俯卧超人

次数/组数：每组 8~12 次，4~6 组。

动作要求：四肢抬离地面时，双手、双脚尽量向两端伸展。

5. 俯卧游泳

训练目的：强化背部肌群。

训练方法：俯卧于地面，双手向前平伸与肩同宽并掌心朝下，双脚则与髋同宽；四肢抬离地面，在原地做同侧或异侧的交替打水动作，如图 2-40 所示。

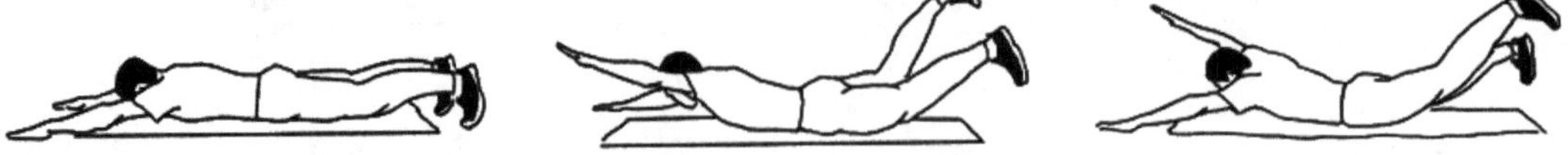

图 2-40　俯卧游泳

次数/组数：每组 8~12 次，4~6 组。

动作要求：双臂、双腿抬离地面时，应臀肌收紧、腰背挺直。

6. 仰卧单车

训练目的：强化腹部肌群。

训练方法：仰卧于地面，双手抱头，双腿屈膝，保持小腿与地面平行；保持躯干不动的同时，双腿做蹬踏自行车的动作，如图 2-41 所示。

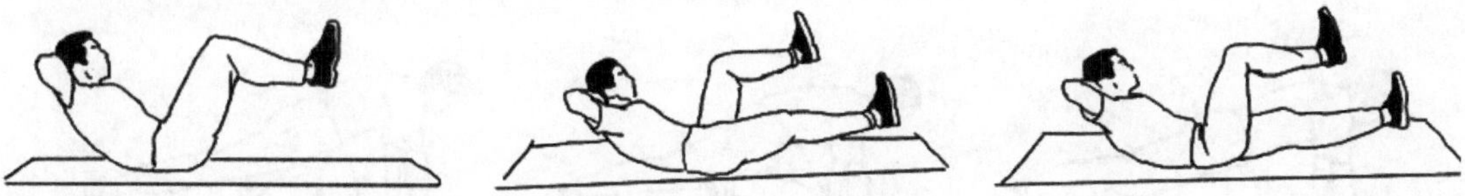

图 2-41 仰卧单车

次数/组数：每组 8~12 次，4~6 组。

动作要求：运动中要收紧腹部肌群，两脚的蹬伸幅度要大。

7. 跪撑对侧举臂抬腿

训练目的：增强躯干稳定性及对侧肌肉链协同能力。

训练方法：呈俯卧跪撑姿势，对侧的上、下肢分别向两端伸直；屈膝屈肘，使对侧肘关节与膝关节触碰，然后再向两端伸直。完成一侧后，换另外一侧，如图 2-42 所示。

图 2-42 跪撑对侧举臂抬腿

次数/组数：每组 8~12 次，4~6 组。

动作要求：运动过程中保持躯干稳定和身体平衡。

8. 俯撑屈膝收腹

训练目的：发展躯干核心力量、下肢力量。

训练方法：呈俯卧撑姿势，双手撑地，双腿同时屈膝上抬至髋部正下方，如图 2-43 所示。

图 2-43 俯撑屈膝收腹

次数/组数：每组 8~12 次，4~6 组。
动作要求：双腿屈膝上抬过程中，应保持躯干稳定。
9. 俯撑交替提膝
训练目的：增强肩关节稳定性与腹部肌群力量。
训练方法：呈俯卧撑姿势，双腿交替上抬至髋部正下方，如图 2-44 所示。

图 2-44　俯撑交替提膝

次数/组数：每组 8~12 次，4~6 组。
动作要求：保持躯干稳定，不要塌腰或翘起臀部。

二、专项训练：引体向上

（一）辅助器械练习

1. 负重弯举
训练目的：发展肱二头肌、肱肌和肱桡肌力量。
训练方法：两腿分开，与肩同宽，上身正直，两手持哑铃放于体侧，掌心向前；然后大臂不动，屈肘弯举至胸前，再慢慢还原至起始姿势，如图 2-45 所示。

图 2-45　负重弯举

动作要求：挺胸直背，腹部收紧，保持身体稳定；屈肘弯举时，肘关节贴紧身体并保持不动；伸肘时，应双肘微屈，不可过度伸直。
2. 俯身提铃
训练目的：发展斜方肌、背阔肌、三角肌和肱二头肌力量。
训练方法：两腿分开，与肩同宽，俯身站立。两臂下垂于体侧，背部平直，两手正握杠铃。两臂同时用力向上提拉杠铃至最大限度，如图 2-46 所示。
动作要求：挺胸直背，腹部收紧，保持身体稳定，提拉时保持肘贴近身体。

图 2-46　俯身提铃

3. 小杠铃颈后推举

训练目的：发展斜方肌、三角肌、冈下肌、背阔肌、大小圆肌及上背部肌肉力量。

训练方法：挺胸直立，腹部收紧，两手抓握杠铃屈臂置于颈后肩上，握距为 2 倍肩宽，吸气，双手向上推起至头顶正上方，两臂伸直，保持 2~3 秒，慢慢恢复至起始姿势，如图 2-47 所示。

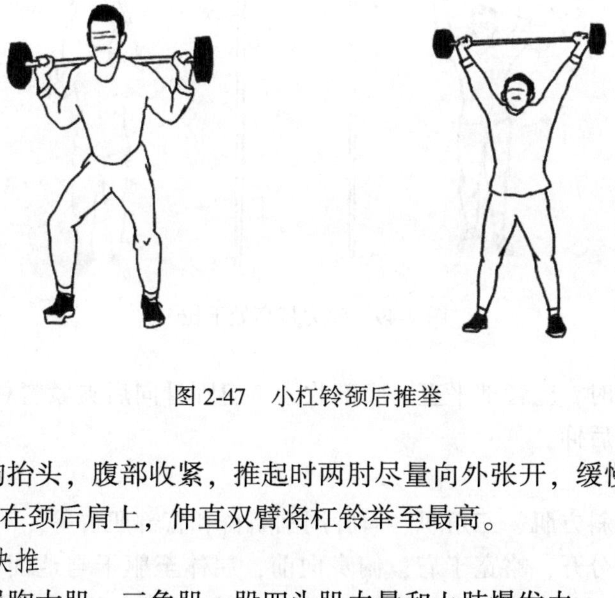

图 2-47　小杠铃颈后推举

动作要求：挺胸抬头，腹部收紧，推起时两肘尽量向外张开，缓慢落下。两手距离约 2 倍肩宽，将杠铃放在颈后肩上，伸直双臂将杠铃举至最高。

4. 小杠铃胸前快推

训练目的：发展胸大肌、三角肌、股四头肌力量和上肢爆发力。

训练方法：两脚前后站立，双手正握杠铃于胸前，两手稍比肩宽，双腿微屈；下肢蹬地伸直，双臂伸直将杠铃朝前上方快速推出，两脚快速交换，还原至起始姿势（提杠铃于胸锁关节处，两手稍比肩宽，成立正姿势。在向前上方推出杠铃的同时，两腿前后分开大半步，然后迅速收回杠铃，两腿还原），如图 2-48 所示。

动作要求：杠铃重量不宜过大，动作连贯，下肢充分蹬伸，使力量从下肢传递到上肢，快速推出杠铃，还原时注意控制速度，避免受伤。

5. 弹力带高处下拉

训练目的：发展背阔肌、大圆肌和肱二头肌力量。

训练方法：把弹力带一端固定在肋木、单杠或牢固的树杈上，长度根据练习者的身高

图 2-48 小杠铃胸前快推

臂长而定。练习者站于弹力带下方，两臂伸直后抓住弹力带两端，手心向外；两臂下拉弹力带至胸前高度，保持肘在体侧，然后慢慢还原至起始姿势。根据练习者的力量情况，调整弹力带的磅数和根数，如图 2-49 所示。

图 2-49 弹力带高处下拉

动作要求：下拉时，应背部平直，腹部收紧，肩胛骨向后夹紧脊柱；动作过程中，身体保持稳定、上身不后仰。

6. 俯身飞鸟

训练目的：发展斜方肌、三角肌、肩胛周围肌群和背部肌群等。

训练方法：两脚分开，略宽于肩，俯身向前，屈体至躯干与地面平行。两拳眼向前，哑铃持于膝盖前侧。吸气，持哑铃向两侧举起，至与肩平齐位置时停顿 2～3 秒；呼气，将哑铃慢慢还原至两臂下垂姿势，如图 2-50 所示。

图 2-50 俯身飞鸟

动作要求：向上平举哑铃时，应背部平直、腹部收紧、肩胛骨夹紧脊柱和身体稳定。

（二）专项能力练习

1. 跳起引体

训练目的：发展背阔肌、大圆肌和肱二头肌等肌群力量。

训练方法：两脚分开，稍宽于肩；蹬地跳起，双手抓杠；两臂迅速向上拉起，至下颌过杠后稍停 6~8 秒，跳下还原至开始姿势，如图 2-51 所示。

图 2-51 跳起引体

动作要求：保持身体稳定，不要晃动。

2. 静力计时屈臂悬垂

训练目的：发展斜方肌、三角肌、背阔肌和肱三头肌等肌群力量。

训练方法：蹬地跳起，双手正握杠，肩胛内旋带动屈臂上拉身体至下颌过杠，保持静止至力竭，如图 2-51 所示。

动作要求：腹部收紧，身体保持稳定，下颌过杠。

3. 爬杆爬绳

训练目的：发展小臂肌肉群。

训练方法：利用组合练习器上的垂直爬杆或爬绳进行练习，如图 2-52 所示。

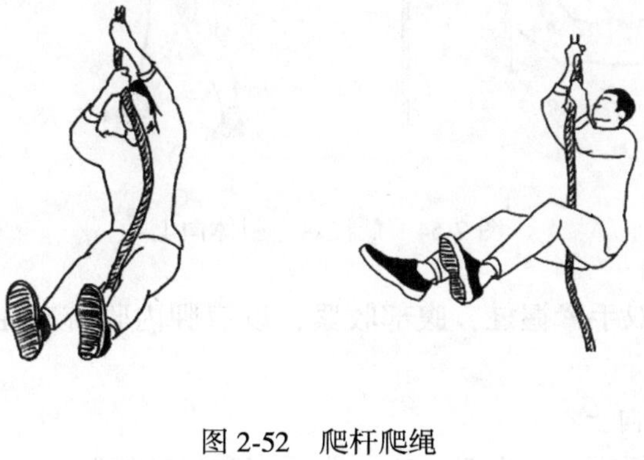

图 2-52 爬杆爬绳

动作要求：练习时，身体应保持自然垂直位，不要有摆动、蹬腿等动作。向上爬时只用两手而不用腿，双手交替上拉。

4. 弹力绳助力引体向上

训练目的：发展斜方肌、背阔肌和大圆肌等肌群力量。

训练方法：将弹力绳两端系于杠上，双手正握单杠，双脚踩住弹力绳中间并使身体悬垂，借助弹力绳的弹力体会双臂用力，如图 2-53 所示。

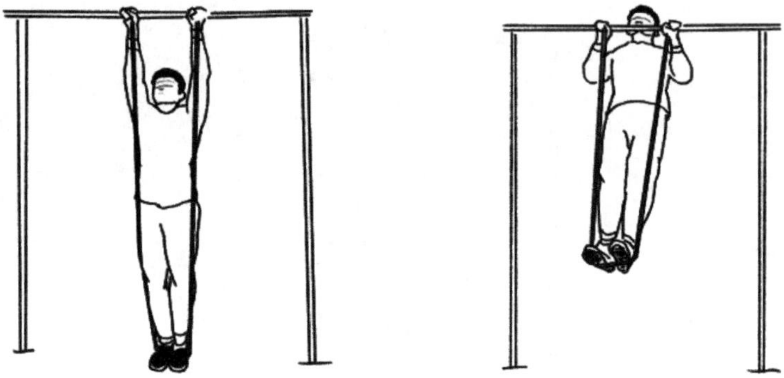

图 2-53　弹力绳助力引体向上

动作要求：先肩胛内旋带动屈臂，然后借力完成动作。

5. 低杠悬空引体向上

训练目的：发展背阔肌、斜方肌和大圆肌等肌群力量。

训练方法：练习者双手正握低单杠，协助者两臂夹住练习者双腿，将其身体向后拉伸至两臂伸直状态；练习者可借助挺髋用力，向前屈肘，胸部贴杠面，将头部移至单杠前，体会双臂用力，如图 2-54 所示。

图 2-54　低杠悬空引体向上

动作要求：练习者双手紧握杠，腹部收紧，以肩胛内收带动屈臂；协助者注意保护，避免受伤。

6. 低单杠斜体引体向上

训练目的：发展背阔肌、斜方肌、三角肌后束和肩袖等肌群力量。

训练方法：利用低单杠做徒手或负重力量练习。练习时，双手正握单杠与肩同宽，两脚并拢前伸，身体呈挺直位，两臂呈垂直位，屈肘上拉身体，使身体拉近杠面，循环往复，如图 2-55 所示。

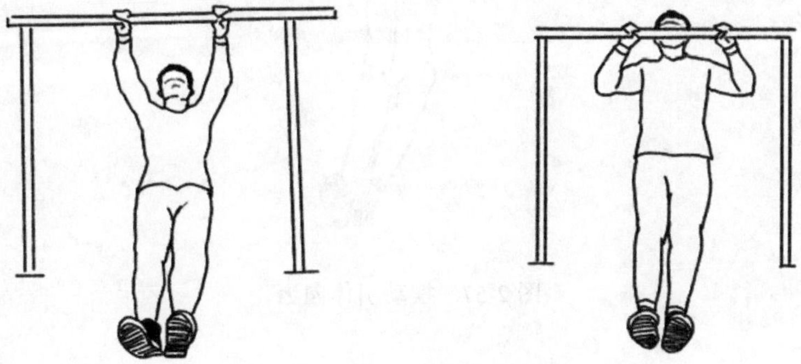

图 2-55 低单杠斜体引体向上

动作要求：肩胛内旋带动屈臂，保持身体稳定，腹部收紧。

7. 握脚腕助引体向上

训练目的：发展背阔肌、斜方肌和大圆肌等肌群力量。

训练方法：练习者正握杠后，协助者用双手握住练习者双脚踝关节，适当助力；练习者肩胛内旋带动屈臂，向上拉动身体至下颌过杠。重复体会用力，如图 2-56 所示。

图 2-56 握脚腕助引体向上

动作要求：练习者要腹部收紧，以肩胛内收带动屈臂；协助者应注意加强保护，避免受伤。

8. 摆动引体向上

训练目的：发展背阔肌、斜方肌、腹肌和大圆肌等肌群力量，提高动力链传递效率。

训练方法：两手握杠后，稍屈髋前摆，然后迅速展髋向后打开，在两腿向前回摆瞬间，髋部制动，两腿稍向前上举腿，同时两臂迅速屈肘用力，至下颌超过杠面，如图 2-57 所示。

动作要求：摆动幅度不宜过大，头部不要过度后仰，避免出现脱手而受伤。

图 2-57　摆动引体向上

第二节　速度与灵敏性训练

一、基础训练

（一）前后连续跳跃

训练目的：准备活动中可快速激活神经，训练中可提高下肢的灵敏性。

训练方法：屈髋站立，双手叉腰，两脚在前后方向做连续的跳跃运动，如图 2-58 所示。

图 2-58　前后连续跳跃

次数/组数：每组持续 30 秒，2~3 组。

动作要求：运动中保持躯干直立，腰背挺直，脚下移动速度要快。

（二）侧向连续跳跃

训练目的：发展下肢侧向移动速度、爆发力和力量。

训练方法：两脚略宽于肩，呈屈髋屈膝位，双臂微屈于体侧。双臂带动身体快速上摆，伸髋伸膝；两脚同时向侧方蹬离地面；屈髋屈膝缓冲落地，还原至起始姿势，如图2-59所示。

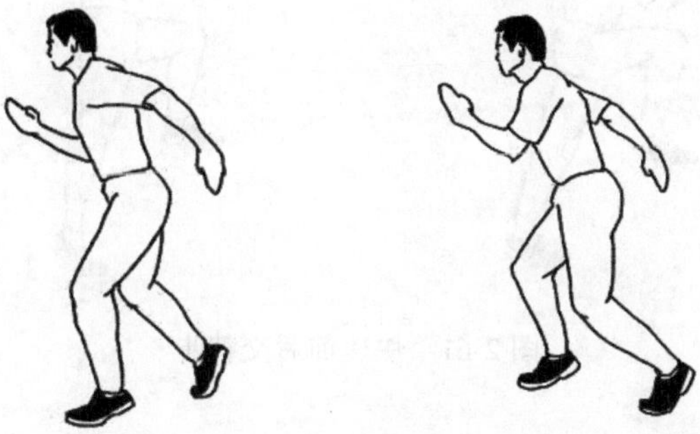

图 2-59 侧向连续跳跃

次数/组数：每组往返跳跃 20~30 次，4~6 组。

动作要求：下肢蹬伸跳跃时双手置于体侧协同配合上摆，腹部收紧，腰背挺直。

（三）快速踏蹬步

训练目的：准备活动中用于快速激活神经，训练中可提高下肢的灵敏性。

训练方法：屈髋屈膝半蹲姿势，双手呈前后摆臂状，脚每次离地距离不超过踝关节，两脚交替做快速踮步，如图 2-60 所示。

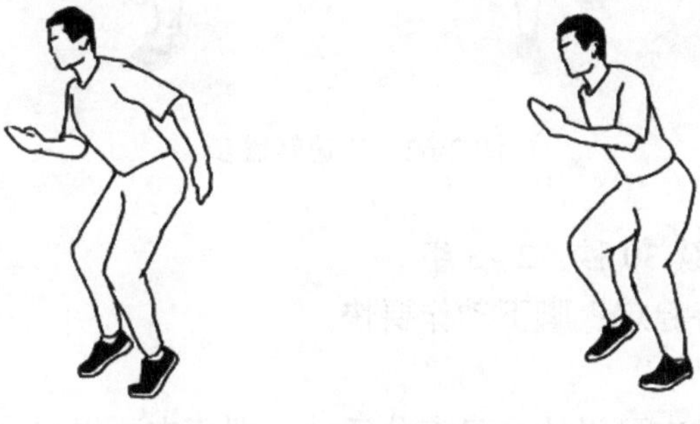

图 2-60 快速踏蹬步

次数/组数：每组持续 30 秒，2~3 组。

动作要求：腹部收紧，腰背挺直，始终保持半蹲姿势；完成动作时，以髋、膝、踝三个关节发力；脚下移动速度要快。

（四）快速前后交替步

训练目的：准备活动中可用于快速激活神经，训练中可提高下肢的灵敏性。

训练方法：两脚前后分开站立呈半蹲姿，双臂呈前后摆臂状；两脚在前后方向做快速交换步动作，如图 2-61 所示。

次数/组数：每组持续 30 秒，2~3 组。

动作要求：腹部收紧，腰背挺直；脚下动作要快。

图 2-61 快速前后交替步

（五）快速转髋步

训练目的：准备活动中可用于快速激活神经，训练中可提高髋关节的灵活性。

训练方法：练习者一脚在前，一脚在后做快速转髋运动，如图 2-62 所示。

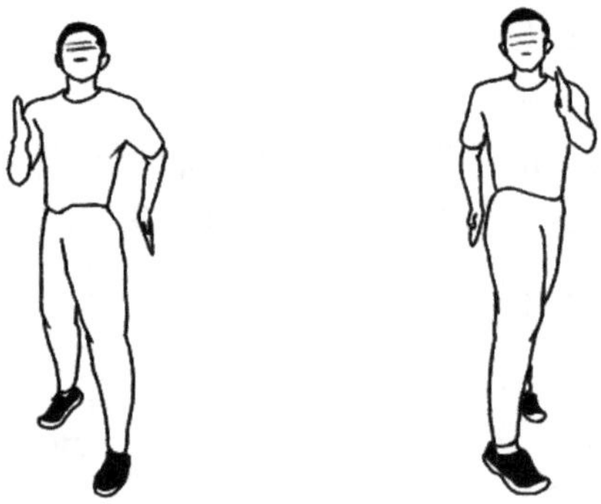

图 2-62 快速转髋步

次数/组数：每组持续 30 秒，2~3 组。

动作要求：躯干保持稳定；脚下动作要快。

（六）高抬腿跑

训练目的：准备活动中可以让全身充分活动，训练中可以提高下肢灵敏性。

训练方法：自然站立。左侧大腿抬至与地面平行，勾脚尖，双臂自然摆动，左脚前脚掌落地的同时快速抬起右腿，两腿交替，如图 2-63 所示。

图 2-63 高抬腿跑

次数/组数：每组往返 20~30 米，2 组。

动作要求：大腿抬起与地面平行，腹部收紧，腰背挺直，腿下落时髋部充分伸展，身体重心微前倾。

（七）手足触摸练习

训练目的：准备活动中充分活动全身，训练中提高身体协调性。

训练方法：自然站立；右脚支撑，抬左脚、伸右手，在身体前方快速对角触碰；迅速换对侧肢体，重复触碰动作。随后，右脚支撑，抬左脚、伸右手、在身体后方快速触碰；迅速换对侧肢体，重复触碰动作，如图 2-64 所示。

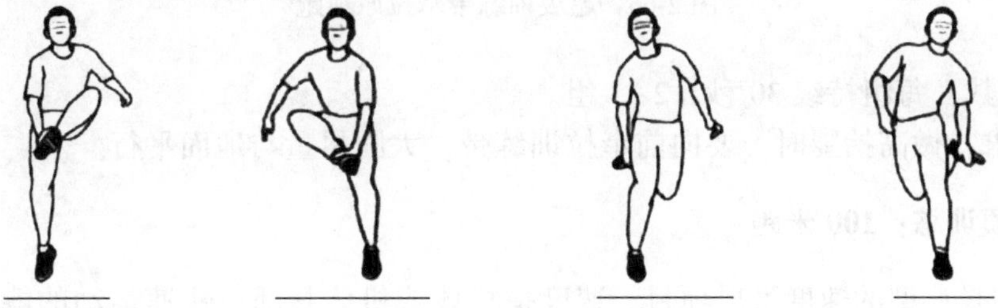

图 2-64　手足触摸练习

次数/组数：每组持续 30 秒，1~2 组。

动作要求：对角触碰时，要四肢协调配合；速度要快。

（八）5-0-5 灵敏跑

训练目的：增强下肢移动速度，全身协调性。

训练方法：三个标志桶间距 5 米，横向直线放置；练习者站在中间标志桶处，两脚略宽于肩、俯身屈膝屈髋，眼睛平视前方；全力向右侧滑步，右手触碰右侧标志桶；再全力向左侧滑步，左手触碰最左侧标志桶；最后，向右侧滑步至中间标志桶位置，但不触碰标志桶。换方向，重复练习，如图 2-65 所示。

图 2-65　5-0-5 灵敏跑

次数/组数：每组 2 个来回，6~8 组。

动作要求：保持身体侧向移动；移动速度要快。

（九）超级训练带牵拉原地跑

训练目的：发展下肢爆发力与速度。

训练方法：两人配合。辅助者站在练习者的后方，双手拉紧训练带一端；练习者将训练带的另一端套在髋部，在原地牵拉训练带的同时，快速进行交替高抬腿动作，如图 2-66 所示。

图 2-66 超级训练带牵拉原地跑

次数/组数：每组持续 30 秒，2~3 组。

动作要求：做高抬腿时，要向前牵拉训练带，大腿尽量与地面平行。

二、专项训练：100 米跑

100 米跑是典型的速度素质项目。速度指机体或机体某部位快速运动的能力。速度素质包括反应速度、动作速度和移动速度。反应速度是指人体对各种信号刺激（声、光、触摸等）快速应答的能力，反应速度训练可提高神经系统的快速反应能力；动作速度是指人体快速完成动作的能力；移动速度是指单位时间内人体快速移动的能力。

（一）反应速度练习

1. 两人拍击

训练目的：发展神经快速反应能力。

训练方法：两人面向站立，听到开始口令后，设法拍击对方肩部，又要避免被对方拍中自己，在规定时间内（每次 1 分钟左右），拍击对手多者为胜。

动作要求：拍击动作力度适中，不可大力拍击，拍击速度要快，躲避要迅速。

2. 伙伴组合

训练目的：发展神经快速反应能力。

训练方法：练习者绕圈跑，组训者站于圆圈中心。组训者下达数字口令后，练习者按下达的数字迅速抱团成组，不符合组合人数者为失败。失败者，可给予加练 5 个俯卧撑的“惩罚”。

动作要求：听到口令后的抱团动作要快，并能快速分辨抱团人数。

3. 追逐游戏

训练目的：发展神经快速反应能力及短距离启动速度。

训练方法：练习者分成两队，相距 2 米面向前站立，预先规定两队人数分别为单数和双数，当听到组训者下达的单数或双数口令时，按事先的规定，一队跑一队追，在 20 米左右距离内追上者为胜，追不上者为败。

动作要求：不要面对面站立，要保持一定的间隔距离，避免口令判断失误出现碰撞。

4. 启动追拍

训练目的：发展神经快速反应、短距离加速及急停急转能力。

训练方法：练习者两人一组前后相距 2~3 米慢跑，听到信号开始加速跑，后者追前者，20 米内追上并触及背部为合格。也可在追赶时，组训者发出第二个信号，让其后转身互换追赶。

动作要求：信号开始前保持距离，信号发出后迅速加速，注意二次信号发出后，急停急转注意安全，避免出现损伤。

5. 听口令做相反动作

训练目的：发展神经快速反应能力。

训练方法：组训者下达“立正”口令，练习者做“稍息”动作；“向左转”，练习者做“向右转”动作等。

动作要求：口令的动令部分可根据训练情况适当延长或缩短，练习者听到口令后，迅速做出相反动作。

6. 小步跑、高抬腿跑接加速跑

训练目的：发展脚踝和大腿肌肉力量、发展快速反应及短距离加速能力。

训练方法：做原地或行进间的小步跑或高抬腿跑，听到信号后突然加速冲刺 10~20 米。反复练习，如图 2-67 所示。

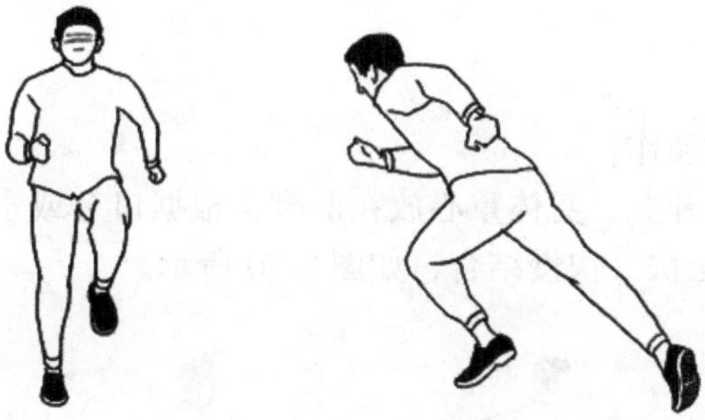

图 2-67　小步跑、高抬腿跑接加速跑

动作要求：身体重心前倾或躯干垂直地面，上体不要后仰，小步跑时体会前脚掌积极趴地，高抬腿体会积极提膝上抬大腿至与地面平行，然后主动积极下压。

7. 俯撑起跑

训练目的：发展神经快速反应能力及短距离加速能力。

训练方法：从俯卧撑开始，听信号后迅速收腿起跑 10~20 米，如图 2-68 所示。

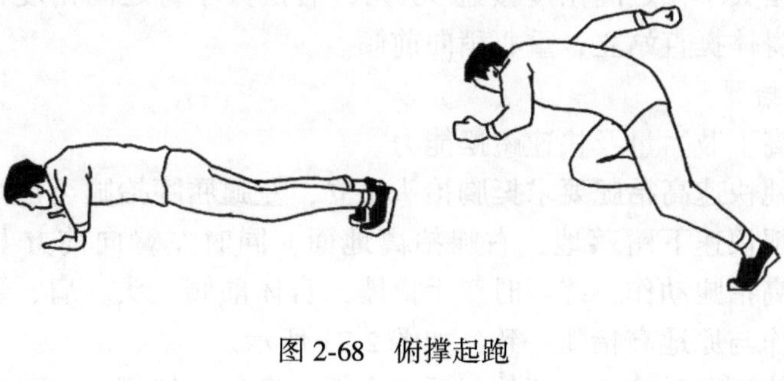

图 2-68　俯撑起跑

动作要求：俯卧撑时不要塌腰，听到口令后，快速启动跑出。

8. 转身起跑

训练目的：发展神经快速反应能力及短距离加速能力。

训练方法：背对前进方向站立，听信号后迅速转体 180°，起动加速跑 20 米，如图 2-69 所示。

图 2-69　转身起跑

动作要求：信号发出后，迅速转体，加速跑出。

（二）动作速度练习

1. 听口令或击掌摆臂

训练目的：练习摆臂动作。

训练方法：两脚前后开立，身体重心放在前脚，根据口令或击掌，做快速前后摆臂练习 20 秒左右，节奏由慢至快，快慢结合，如图 2-70 所示。

图 2-70　听口令或击掌摆臂

动作要求：前摆大小臂之间角度接近 90°角；后摆大小臂之间角度在 120°～135°之间并于身后露出手。身体挺直站立，重心稍向前倾。

2. 原地快速高抬腿

训练目的：提高下肢力量及快速蹬摆能力。

训练方法：原地快速高抬腿要求挺胸抬头站立，左腿屈膝抬腿至与地面平行，同时右臂向前方上摆；左腿快速下蹬落地，右腿抬离地面，同时左臂向前方上摆；两腿交替进行。也可采用支撑高抬腿动作，练习时双手撑墙，身体前倾，头、肩、髋、膝、踝关节呈一条直线，下肢动作与原地高抬腿一致，如图 2-71 所示。

动作要求：上体不要后仰，大腿抬起后与小腿呈直角，勾脚尖，落地时大腿积极下压用力蹬地。

图 2-71　原地快速高抬腿

3. 快速小步跑

训练目的：提高步频及前脚掌扒地动作。

训练方法：挺胸直立站立，向身体前方跑，每步间距不宜太大，每只脚抬起的高度超过对侧踝关节即可，两脚快速交替进行，如图 2-72 所示。

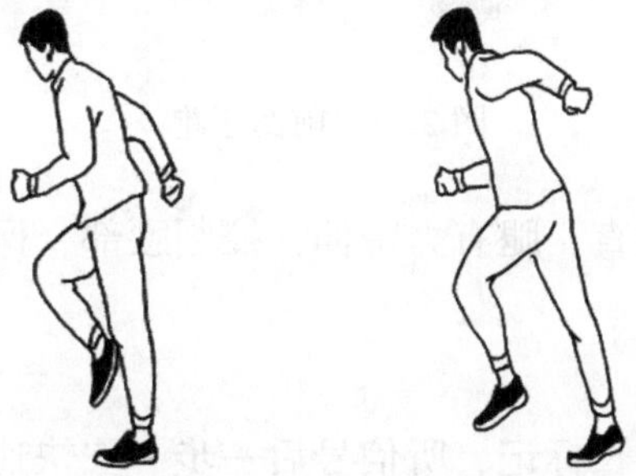

图 2-72　快速小步跑

动作要求：两腿频率越快越好。要求大腿工作，小腿放松，膝、踝关节放松，脚落地做“扒地”动作。

4. 高抬腿跑变快速车轮跑

训练目的：发展下肢力量及跑动过程中下肢蹬摆折叠的能力。

训练方法：原地快速高抬腿 5~10 秒，然后大腿抬高，小腿折叠尽量贴近大腿，随后小腿前伸画圆，大腿积极下压，体会前脚掌落地扒地，双腿交替进行，整个过程犹如蹬骑自行车，如图 2-73 所示。

图 2-73　高抬腿跑变快速车轮跑

动作要求：身体不要后仰，重心尽量前移，车轮跑时大腿主动积极上抬下压，落地时前脚掌积极扒地。

5. 前倒起跑

训练目的：提高身体反应能力及加速起跑技术。

训练方法：身体直立，挺胸直背，腹部和臀部收紧，身体挺直逐渐前倾，至重心前倒即将失去控制时，快速抬起左腿前摆，右腿向后下方蹬伸，双臂充分摆动，跑出一定距离，如图 2-74 所示。

图 2-74　前倒起跑

动作要求：前倾时身体挺直，腿有力蹬伸，控制腰部，保持躯干稳定。

6. 踏标记高频快跑

训练目的：提高步频。

训练方法：跑道上划出步长标记，听信号后一步一空快速跑完全程。步长标记一般比正常步长稍短。也可用绳梯平铺于地面上进行练习，如图 2-75 所示。

图 2-75　踏标记高频快跑

动作要求：快速一步一空跑完全程。

7. 跨步跳接跑台阶

训练目的：提高步频。

训练方法：前后分腿站立，前脚踏在台阶上，后腿撑于地面，双腿交替跨步跳，听信号后变快速跑台阶，如图 2-76 所示。

动作要求：逐个台阶跑，不许跨越，速度越快越好。如台阶数目固定可以计时跑。

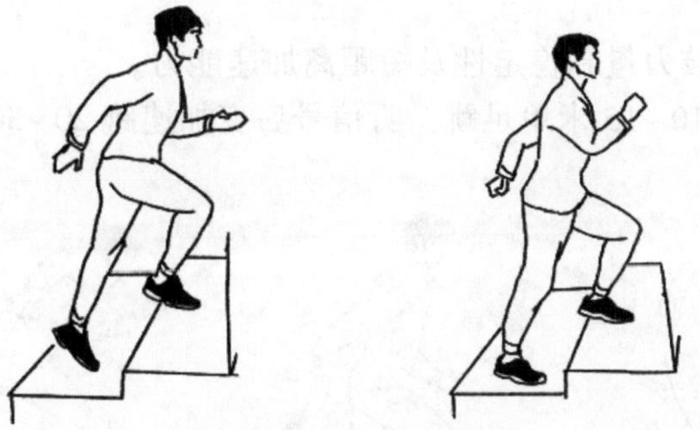

图 2-76　跨步跳接跑台阶

8. 交叉跨步跳

训练目的：提高髋关节活动度及身体灵活性。

训练方法：在标记线（或绳梯）一侧站立，沿着线两腿向左、右两侧方向做交叉跳 20~30 米，如图 2-77 所示。

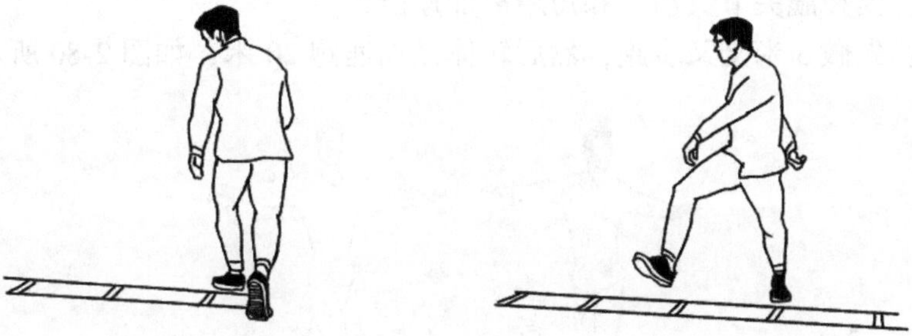

图 2-77　交叉跨步跳

动作要求：交叉跳时大腿高抬，快速转髋，动作速度越快越好。

(三) 位移速度练习

1. 快速后蹬跑

训练目的：提高下肢向后蹬地能力及臀部和下肢肌肉力量。

训练方法：慢跑 5~7 步后，做行进间快速后蹬跑 20~30 米，如图 2-78 所示。

图 2-78　快速后蹬跑

动作要求：蹬摆协调，后蹬充分向前。

2. 单足跳换加速跑

训练目的：提高下肢力量和稳定性及短距离加速能力。

训练方法：开始做 10~15 米单足跳，听信号后变加速跑 20~30 米，如图 2-79 所示。

图 2-79　单足跳换加速跑

动作要求：以左右脚各做一次练习后变换，加速跑要达到最快速度。

3. 交叉步换加速跑

训练目的：提高髋关节灵活性和短距离加速能力。

训练方法：先做 5 米交叉步跑，然后转体做加速跑 20 米，如图 2-80 所示。

图 2-80　交叉步换加速跑

动作要求：交叉步符合技术规格，动作协调，加速跑要发挥速度。

4. 倒退跑换加速跑

训练目的：提高神经快速反应及短距离加速能力。

训练方法：向后做倒退跑，听信号后急停向前加速跑，如图 2-81 所示。

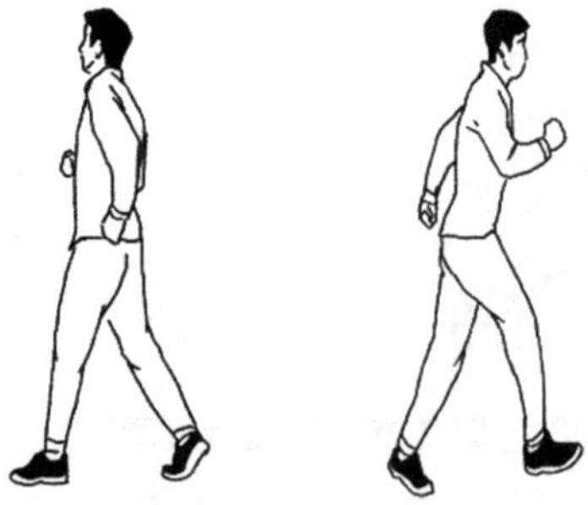

图 2-81　倒退跑换加速跑

动作要求：加速跑要发挥高速度，也可计时进行。

5. 行进间跑

训练目的：提高加速能力。

训练方法：加速跑10~20米，在到达规定行进间的距离前达最高速度，在规定距离内保持最高速度跑，跑出规定距离后随惯性放松至慢跑，行进间距离可20米、30米、50米等。

动作要求：加速启动要快，减速不可急停。

6. 变向起跑

训练目的：提高神经快速反应和起跑及短距离加速能力。

训练方法：背向站立或背向蹲立，听信号后迅速转体180°成半蹲式起跑，加速跑20~30米。

动作要求：转体动作迅速，起跑及加速跑速度要快。

7. 重复高速跑

训练目的：提高磷酸原系统供能能力及短距离加速能力。

训练方法：以95%或以上的速度，重复多次高速跑30米、50米、80米等。

动作要求：加速要快，间歇时间要充足，以更好地进行下一组训练。

8. 变速跑

训练目的：提高无氧耐力及短距离加速能力。

训练方法：加速快跑30米、50米或80米，然后放松慢跑30米、50米或80米。或直道加速快跑弯道慢跑，或弯道快跑直道慢跑等，改变跑的速度。

动作要求：快、慢跑结合。

9. 上坡跑

训练目的：提高下肢力量、速度耐力。

训练方法：站立式起跑后上坡加速跑30米、50米、80米。在坡度为7°~10°的斜坡跑道上进行。

动作要求：大腿高抬加强后蹬力量。

10. 起跑下坡跑

训练目的：提高步频。

训练方法：站立式或蹲式起跑沿7°~10°的斜坡跑道下坡跑30~60米。

动作要求：随下坡惯性积极加快频率及速度。

11. 上下坡跑

训练目的：提高下肢力量和步频。

训练方法：听信号起跑后沿7°~10°的斜坡跑道全速上坡跑30米，接转身下坡跑30米返回为一组。

动作要求：上坡大腿高抬加强后蹬力量，下坡随惯性积极加快频率及速度。

12. 阻力跑

训练目的：提高下肢蹬地力量。

训练方法：折叠背包绳，绳中间部分套在练习者腰部，辅助者稍用力拽住绳的两头，两人一起做30米跑练习，如图2-82所示。

图 2-82 阻力跑

动作要求：注意速度要符合练习者水平。

13. 固定步数跑

训练目的：增加步长及短距离加速能力。

训练方法：用事先规定的步数跑 30~50 米加速跑。

动作要求：步点准确，动作幅度大而快，可计时进行。

第三节 有氧耐力训练

一、基础训练

（一）匀速跑

训练目的：发展有氧耐力。

训练方法：时间应持续 40 分钟左右，可根据需要延长时间或距离。确定训练强度时，体能较弱者以 50%的心率储备进行训练，大部分学员以 60%心率储备训练。随着训练水平的提高，可以 70%~90%的心率储备训练，强度加大时，训练时间应缩短。

训练要求：匀速持续跑。

（二）定时跑

训练目的：发展有氧耐力。

训练方法：有两种形式，一是规定跑的时间，不要求跑的距离，适用于不同体能水平的人员；二是要求在规定的时间内完成一定的距离。

训练要求：根据个体水平适当安排训练时间。

（三）超越跑

训练目的：发展有氧耐力。

训练方法：以班为单位成一路纵队，长度约 20 米，整个队伍以中等速度跑进，队伍的最后一名练习者，快速冲刺到队伍的前面，成为领跑者，恢复为与全队一样的中速跑。然后下一名处于末尾的练习者，以相同的方法完成。为把握训练强度，心率水平始终保持在心率储备的 60%~90%之间，在田径场训练时，规定好固定的时间完成一圈，训练量可在 3000 米左右。

训练要求：在相对松软、有弹性的地面进行练习。

（四）变速跑

训练目的：发展有氧耐力。

训练方法：可采用多种训练形式。

（1）等距变速跑：跑进的距离相等，一般在可精确计算距离的场地进行训练。如可采用50米慢跑+50米快跑、100米慢跑+100米快跑等；在400米标准田径场练习时，可以直道快跑、弯道慢跑交替进行，练习强度可以循序渐进地递增，最多跑4000米。

（2）不等距变速跑：如50米快跑+100米慢跑、100米快跑+50米慢跑。也可不同跑距、跑速组合进行，如按下列顺序进行500米慢跑+400米快跑+300米慢跑+180米快跑+150米慢跑+120米快跑+90米慢跑+60米快跑+30米慢跑，也可反过来由短距离跑到长距离跑。

注意事项：快跑的距离越长，次数越多，要求就越高，难度、运动量就越大。对同一个受训群体，可分为几组，根据不同的水平提出不同的要求。采用变速跑进行训练时，可采用持续训练法，如规定好总量3000米；或重复训练法如进行不等距变速跑时，总距离6000米，分三组进行变速跑训练。快速跑时心率达到180次/分左右，慢速跑时心率恢复到130次/分左右，再进行快速跑，多次重复。

训练要求：根据个体能力控制距离和速度。

（五）间歇跑

训练目的：发展有氧耐力。

训练方法：通过心率控制训练进程。跑进的段落以100~400米为宜，强度练习后心率达到180次/分左右为宜，当心率恢复到120~140次/分，开始第二次练习。

通过时间控制训练进程。如练习者3000米成绩为15分钟，则每400米的平均时间为120秒，以400米进行间歇跑训练时，每组时间可缩短1~4秒，训练时每圈时间要求为1分59秒~1分56秒，照此要求进行6~8组训练，间歇时间是练习时间的2倍。

注意事项：根据不同的体能水平，应严格控制训练时间和间歇时间，此方法的运用是在受训人员的心肺功能达到良好水平之后，渐进地引入训练计划中来。开始时，应该每周练习1次。若反应良好，可以增加到每周至多2次，而且中间至少安排1天恢复时间。在恢复日内也可以安排放松跑练习。建议在体能测验前的几周进行每周2次的间歇训练。

训练要求：训练时间至少持续30分钟以上，练习间采用积极性休息，如慢跑或放松走。

（六）重复跑

训练目的：发展有氧、无氧训练耐力。

训练方法：重复完成400米、800米、1000米、1500米、2000米等。

训练要求：跑进时，动作要求放松，用50%或70%的力量。掌握每次跑后的休息时间，既要充分休息，又不可休息时间过长，以免影响训练效果。

（七）越野跑

训练目的：发展有氧耐力。

训练方法：一般多在旷野、田野和草地上进行，尽量避免横穿公路和交通要道，也不宜通过难度很大的障碍物。也可沿环形路，起点和终点设在同一地点或在田径运动场内进行。还可以作为积极性休息、身体训练和发展一般耐力的训练方法。

训练要求（注意事项）：由于跑的时间长、途中地形复杂，体力消耗大，跑进中动作应放松协调，保持良好的呼吸节奏，掌握合理的跑速，注意安全。应根据不同的地形调整相应的跑进技术。

（八）能力分组跑

训练目的：根据不同个体水平发展有氧耐力。

训练方法：分组时应以时间而不是以距离作为标准。如 5000 米跑，分为 20 分钟组、21 分钟组、22 分钟组等若干组训练。这样安排可以使能力强的组比能力差的组在相同的时间里跑更长的距离，从而使每个学员的能力都得到提高。按照最近一次的中长跑成绩分组，数量取决于训练时的人数多少，如一个学员队最好分成 4~6 组，每组配备一名体能训练骨干，按相应规定的训练负荷进行。因为每个人能力提高的速度是不同的，当学员能力提高后，应当加入更快的一组。对在组中训练吃力的，应该安排到速度更慢的一组。随着整体训练水平的提高，每组的训练强度也应相应地增大。能力分组跑最好是以合适的强度每周训练 3~4 次。

分组跑形式多样，例如，可以先进行集体列队跑，然后在某个预定的地点处开始分组跑；也可以先分组跑，然后在集合点处再集中进行集体跑；还可以各组在同一路线上以一定的间隔先后起跑进行分组跑，最慢的组最先跑。当快的组逐一追上慢的组时，最后就可以集合起来一起跑。

训练要求：根据训练者水平分组，根据分组安排训练强度和训练量。

二、专项训练：进阶跑

进阶跑能有效增强耐力素质，提高最大有氧供能能力。

（一）场地器材

长度不少于 20 米，表面平整且不光滑的场地；进阶跑音乐；音乐节拍播放器。

（二）动作要领

在平整地面上相距 20 米划两条平行直线作为标志线（起点线和折返线）。

准备姿势：练习者听到“进阶跑测试 4 秒后开始，准备”的提示音后，两脚站立于起点线后。

动作练习：听到“嘀”声信号后跑向并用脚触及折返线，然后跑回并用脚触及起点线，依次循环往返跑进。

动作要求：在节拍“嘀”声前到达标志线（起点线或折返线），且必须在节拍“嘀”声后离开标志线（起点线或折返线）。开始跑第 1 级 1 时，只需以每公里约 7. 25 分钟的速度匀速跑进，即可在“嘀”声信号时到达标志线，之后在第 1 级 2 至第 1 级 7 以同样速度跑进，即可顺利完成第 1 级训练或测试。然后在“嘀”声信号后开始第 2 级 1，此时只需以每公里约 6. 6 分钟的速度匀速跑进，即可在“嘀”声信号时到达标志线……之后每次进级，跑速都逐渐提升。每一级在两条标志线间跑动的次数详见表 2-1。

表 2-1 进阶跑每级跑动次数详表

级数	跑动次数															
1	1	2	3	4	5	6	7									
2	1	2	3	4	5	6	7	8								
3	1	2	3	4	5	6	7	8								
4	1	2	3	4	5	6	7	8	9							
5	1	2	3	4	5	6	7	8	9							
6	1	2	3	4	5	6	7	8	9	10						
7	1	2	3	4	5	6	7	8	9	10						
8	1	2	3	4	5	6	7	8	9	10	11					
9	1	2	3	4	5	6	7	8	9	10	11					
10	1	2	3	4	5	6	7	8	9	10	11					
11	1	2	3	4	5	6	7	8	9	10	11	12				
12	1	2	3	4	5	6	7	8	9	10	11	12				
13	1	2	3	4	5	6	7	8	9	10	11	12	13			
14	1	2	3	4	5	6	7	8	9	10	11	12	13			
15	1	2	3	4	5	6	7	8	9	10	11	12	13			
16	1	2	3	4	5	6	7	8	9	10	11	12	13	14		
17	1	2	3	4	5	6	7	8	9	10	11	12	13	14		
18	1	2	3	4	5	6	7	8	9	10	11	12	13	14		
19	1	2	3	4	5	6	7	8	9	10	11	12	13	14	15	
20	1	2	3	4	5	6	7	8	9	10	11	12	13	14	15	16
21	1	2	3	4	5	6	7	8	9	10	11	12	13	14	15	16

（三）练习方法

1. 持续匀速跑训练法

持续跑 2000~4000 米，平均心率控制在 130~170 次/分之间。此方法一般用于训练的初级阶段。

2. 变速跑训练法

变速跑 2000~4000 米。可采用标准 400 米跑道，直道加速，弯道减速的跑法。也可采用在营区或野外不规则路线上持续采用加速与减速交替跑进的方法。此方法一般用于训练的中、高级阶段。

3. 减难训练法

使用进阶跑音乐辅助，采用比进阶跑标准场地更近一些的距离（小于 20 米）进行训练。此方法一般用于训练的初级阶段。

4. 加难训练法

使用进阶跑音乐辅助，采用比进阶跑标准场地更远一些的距离（大于 20 米）进行训练。此方法一般用于训练的中、高级阶段。

（四）常见错误与纠正方法

1. 常见错误

（1）未按要求的节奏逐级加速跑，加速跑提前到达标志线处等待“嘀”声，形成加速跑后在标志线处静止等待，然后再加速跑的跑法。

（2）在“嘀”声前离开标志线。

2. 纠正方法

（1）从第一级开始，以每公里约 7.25 分钟的速度匀速跑进，即可在“嘀”声响时到达标志线，之后每次升级都适当加快一点速度，在每级内保持匀速跑即可。

（2）提醒练习者必须严格执行在“嘀”声后离开标志线的跑动规定。

（五）保护与帮助

在教学训练中要加强对膝、踝关节的活动，要在身体充分活动后，再进行练习，防止扭伤膝、踝关节。

（六）考核要求

（1）受试者须在听到正式开始测试的“嘀”声信号后起跑，违者为抢跑犯规。抢跑犯规应立即召回，并重新组织起跑。

（2）受试者必须佩带号码布或穿号码衣。

（3）未能在节拍“嘀”声前到达标志线，或者在节拍“嘀”声前离开标志线均属犯规，前两次此类犯规给予口头警告纠正，如出现第三次此类犯规，自动结束测试。

（4）从“嘀”声起跑信号后，至受试者按要求完成的最高级数为其考核成绩。比如，在音乐信号提示“开始第 8 级 5”后，受试者依规则继续跑进，但未能在音乐信号提示“开始第 8 级 6”的“嘀”前到达标志线，且受试者自动结束测试或考核员责令其依据规则必须结束测试，则其最终成绩登记为 8.4 级。

第三章 体能训练的身体准备

身体准备，也称“热身活动”或“准备活动”，是指在各类体能训练或体育运动开始前，为克服人体内脏器官的生理惰性、提高身体机能和神经肌肉兴奋性、缩短进入主项运动状态的时间等所进行的身体活动。身体准备重在使人体尽快适应高强度的运动状态，对于预防运动损伤具有重要意义。

有效的热身活动，应产生以下积极作用：

（1）升高体温、提高心率，提高心肺机能，增加氧的摄入量；

（2）加快全身血液循环，增加骨骼肌血流量，降低其黏滞性和损伤风险；

（3）增强神经兴奋性、促进肌肉快速收缩与放松，提高发力速度；

（4）增加肌肉力量和爆发力；

（5）增加关节活动幅度和身体的柔韧性；

（6）加强代谢和加大能量消耗；

（7）改善动作的平衡性和协调性；

（8）将注意力集中在即将开始的训练上，并增加训练的氛围，使人从心理上和生理上为主项训练做好准备。

规范的热身活动，通常包括一般热身、动态拉伸、神经激活、肌肉（核心）激活，以及针对主项训练的动作技能整合等五个方面的内容。如果训练前存在肌肉紧张和肌肉酸痛，可先进行按摩放松或泡沫轴松解，以松弛肌筋膜和恢复肌肉弹性。

第一节 一般热身

通常采用慢跑、原地跑等中低运动量心肺活动练习方法，强调体温的升高和心率的增加。

一般热身的理想效果，应在热身后心率水平达到最大运动心率的50%~60%，身体应微微出汗。

最大运动心率=220-年龄。

热身目标心率=最大运动心率×60%。

以某20岁学员为例，其热身的目标心率应达到120次/分。

一、原地跑

训练目的：初步活动全身。

训练方法：在原地跑步时，注意摆动双臂，如图3-1所示。

动作时间：30~60秒。

动作要求：跑的过程中保持身体直立、腰背挺直。

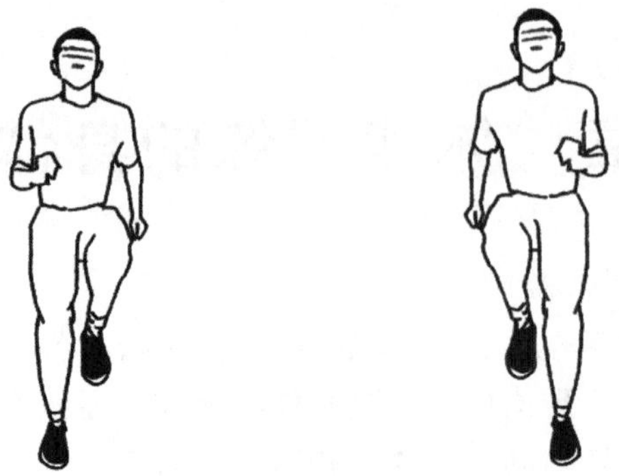

图 3-1 原地跑

二、伸展跳 1

训练目的：提高肩关节的灵活性和神经兴奋性。

训练方法：两脚自然站立，两脚开立的同时双臂快速自然上举，如图 3-2 所示。

图 3-2 伸展跳 1

次数/组数：每组 16 次，2 组。

动作要求：全程保持身体直立，两臂各关节绷直，眼睛始终平视前方。

三、伸展跳 2

训练目的：提高肩关节灵活性和神经兴奋性。

训练方法：两脚并拢，自然站立，向两侧展开双臂；两脚开立的同时，双手在水平面快速移动至与肩同宽的位置，掌心相对，如图 3-3 所示。

次数/组数：每组 16 次，2 组。

动作要求：全程保持身体直立，两臂各关节绷直。眼睛始终平视前方，跳起时前脚掌着地。

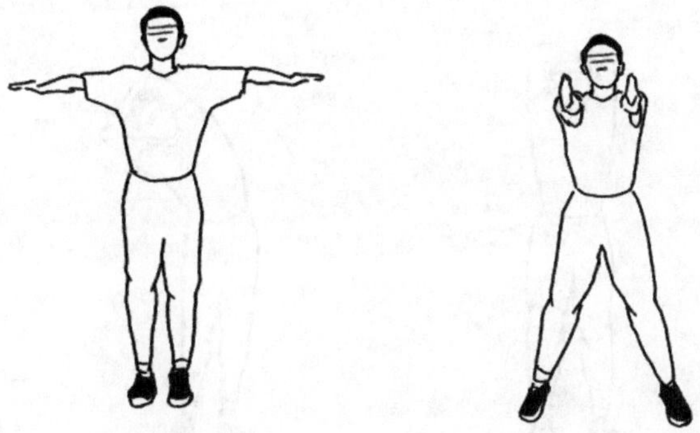

图 3-3　伸展跳 2

四、原地高抬腿跑

训练目的：进一步活动全身。

训练方法：原地高抬腿跑的同时摆动双臂，如图 3-4 所示。

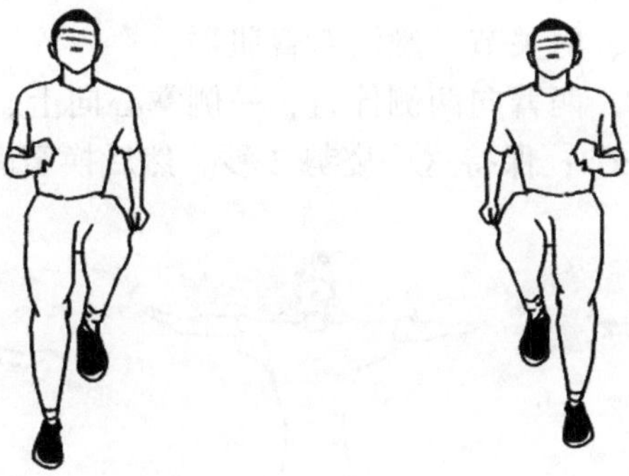

图 3-4　原地高抬腿跑

次数/组数：每组 30~60 秒，2~3 组。

动作要求：膝盖抬至与髋同高的位置。

第二节　动态拉伸

动态拉伸是训练前很好的热身方式。通过多关节、多肌肉群、多平面肌肉的较为快速的拉伸动作，使肌肉反射性地收缩与伸展，在增加动作幅度的同时提高功能动作能力。动态拉伸可增强身体的力量、爆发力和灵敏性，有助于降低肌肉拉伤和关节扭伤等急性损伤风险。

一、屈臂体侧屈

训练目的：激活并拉伸肱三头肌、腰方肌和躯干侧链肌群。

训练方法：自然站立，两脚与肩同宽，左手在脑后握住右侧肘关节。上肢缓慢向左侧弯曲的同时，左手拉动右臂肘部，至右侧躯干后方肌肉有牵拉感，保持 5~10 秒，放松，还原至起始状态；换另一侧，如图 3-5 所示。

图 3-5　屈臂体侧屈

次数/组数：每侧各做 3～4 次。
动作要求：保持躯干不前倾或后倾，膝关节不能弯曲。

二、肩关节左右反向旋转

训练目的：活动肩关节、肘关节，激活双臂肌群。
训练方法：呈站立姿势，两臂向两侧伸直，一侧掌心向上，另一侧向下；同时反向转动双臂，至两侧掌心翻转 180°；保持这一姿势 2 秒。然后换至另一侧，如图 3-6 所示。

图 3-6　肩关节左右反向旋转

次数/组数：每组 10 次，1～2 组。
动作要求：两臂转动时避免屈臂，身体不能侧屈。

三、俯身转体

训练目的：激活上肢、背部及躯干两侧肌群。
训练方法：呈站立姿势，两脚分开、稍宽于肩；上体向前俯身，两臂平伸；以腰为轴，左手向下转动触碰右脚尖时，右手向上转动；双臂上下交替转动，如图 3-7 所示。
次数/组数：每组 10 次，1～2 组。
动作要求：避免膝盖弯曲，两臂转动时要在可控范围内，避免过度转动。

图 3-7　俯身转体

四、最伟大拉伸

训练目的：全身性拉伸练习，主要激活腹股沟肌群、股四头肌、腘绳肌、肩部肌群和小腿肌群。

训练方法：保持身体直立，双脚略窄于肩；右脚抬高，向前跨步成弓箭步，俯身，左手支撑地面，右肘抵在右脚内侧，保持牵拉姿势 1~2 秒；右手从右腿内侧向后上方打开，眼睛看向指尖方向，两臂呈直线，保持 1~2 秒；双手撑地，右腿从屈膝状态伸直，脚跟支撑，脚尖勾起，保持 1~2 秒；最后回到起始站立姿态。换对侧身体重复相同的动作，交替进行，如图 3-8 所示。

图 3-8　最伟大拉伸

次数/组数：每侧 2~3 次，共 4~6 组。

动作要求：手臂向上打开时应尽量伸直，勾脚尖时尽量伸直膝关节。

五、动态扩胸

训练目的：激活胸肌、上肢及肩关节区域的肌肉。

训练方法：自然站立，双手放于体侧，两臂屈肘向体后做扩胸运动，随后再展开双肘做一次大幅度的扩胸运动，如图 3-9 所示。

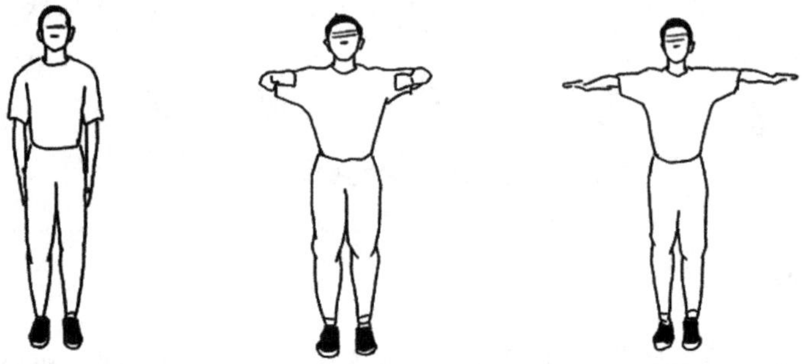

图 3-9　动态扩胸

次数/组数：每组 30 次或 4 个八拍，1～2 组。

动作要求：全程保持躯干正直，目视前方，速度不宜过快。

六、肩部动态伸展

训练目的：激活上肢及肩关节区域的肌肉。

训练方法：自然站立，两臂侧平举；以躯干为轴，右臂内收与左手击掌，然后还原至两臂侧平举；换侧进行，如图 3-10 所示。

图 3-10　肩部动态伸展

次数/组数：每组 15 次或两个八拍，1～2 组。

动作要求：全程保持躯干正直，目视前方，速度不宜过快。

七、髋部动态伸展

训练目的：激活下背部、腘绳肌及臀部肌群。

训练方法：仰卧成臀桥姿势，脚跟着地、脚尖勾起，做髋部上顶运动，如图 3-11 所示。

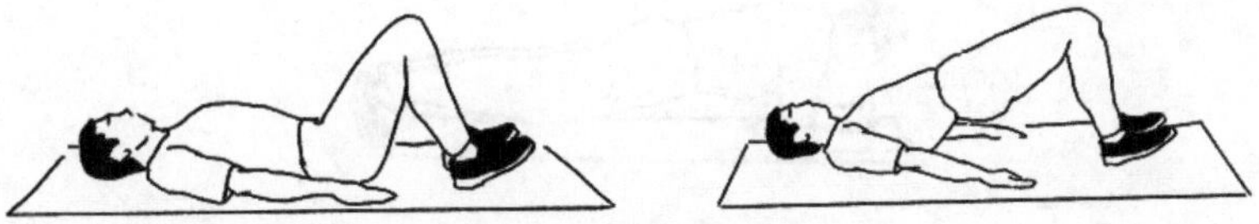

图 3-11　髋部动态伸展

次数/组数：每组 15 次或两个八拍，1~2 组。

动作要求：髋部上顶时，大腿与小腿的夹角为 90°，用臀部主动发力，动作速度要慢。

八、俯撑爬行伸展

训练目的：激活腹部肌群、腘绳肌、小腿肌群。

训练方法：双臂伸直，撑起躯干，呈俯卧撑起始姿势；两脚向前交替爬行至双手位置，双手再向前爬行至起始姿势，如图 3-12 所示。

图 3-12　俯撑爬行伸展

次数/组数：每组 10 次，1~2 组。

动作要求：两脚爬行时，膝关节尽量伸直。

第三节　肌肉激活

一、核心激活

（一）俯桥（平板支撑）

训练目的：激活躯干深层肌群，提高核心稳定性。

训练方法：身体俯卧于地面，双臂屈肘呈 90°角，双脚尖勾起，双肘和双脚趾同时用力撑起身体，如图 3-13 所示。

次数/组数：每组 1 分钟，2~3 组。

动作要求：保持腹部和臀部肌肉收紧，肩、髋、膝、踝关节成一条直线；当出现腰部塌陷、臀部上翘或肌肉明显震颤时，应停止重做。

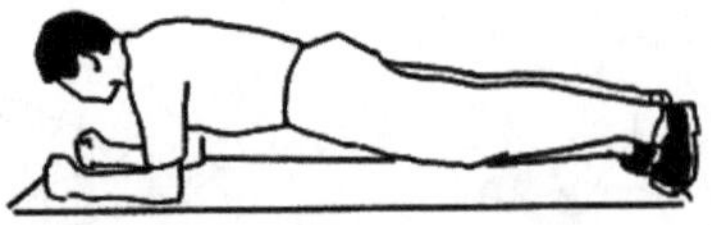

图 3-13 俯桥（平板支撑）

（二）侧桥

训练目的：激活肩部肌群、躯干侧向肌群及下肢肌群。

训练方法：侧撑于地面，两脚并拢，用一侧前臂和双脚支撑起身体，保持躯干与双腿在一个平面，如图 3-14 所示。

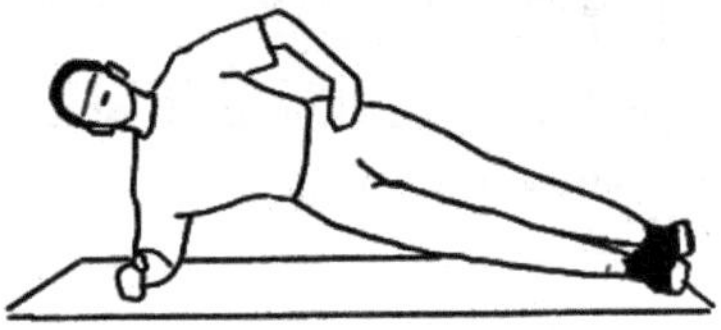

图 3-14 侧桥

次数/组数：每组 30 秒，每侧 2~3 组。

动作要求：上侧身体的肩、髋、膝、踝关节成一条直线；核心收紧，背部和颈部伸直；当身体出现变形、失去平衡或肌肉明显震颤时，停止重做。

（三）臀桥

训练目的：激活下背部、臀部及腘绳肌肌群。

训练方法：屈膝仰卧于地面，头、背部贴地，脚尖勾起；通过挤压臀大肌和股四头肌方式顶起髋关节，屈膝呈 90°角，保持此姿势 3 秒，如图 3-15 所示。

图 3-15 臀桥

次数/组数：每组 20~30 个，1~2 组。

动作要求：顶髋时，应臀部收紧，大腿与躯干在一个平面，双腿不向外张开；动作过程中应保持身体平衡，当身体变形或肌肉震颤时即可停止。

（四）俯身举臂

训练目的：激活肩部及背部肌群。

训练方法：两脚与肩同宽开立，屈髋俯身 45°，双臂向头上方直举，保持该姿势 2 秒，然后双臂由上方下落至下方，保持此姿势 3 秒，如图 3-16 所示。

图 3-16 俯身举臂

次数/组数：每组 8 次，1~2 组。

动作要求：要求双臂上举、下落时不能屈肘，肩胛骨内收、背部平直。

二、肩部肌肉激活

（一）T 型动作

训练目的：激活肩部及上背部肌群。

训练方法：两脚与肩同宽开立，俯身呈半蹲姿势，保持背部平直，双手放于身体两侧；双侧肩胛骨向内收紧，双臂侧向抬起，与躯干形成“T”字形，保持此姿势 3 秒；回复至起始姿势，如图 3-17 所示。

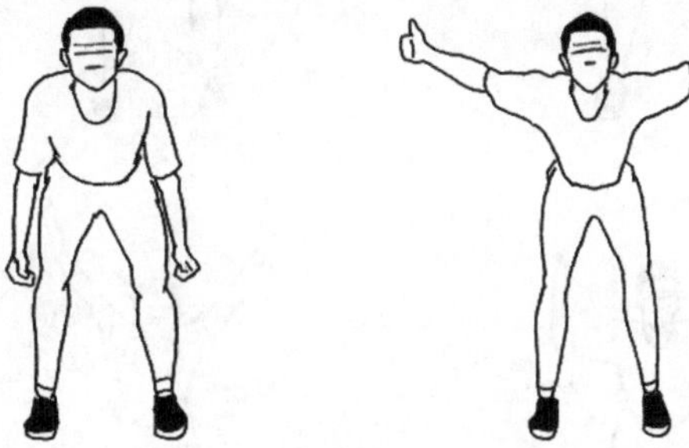

图 3-17 T 型动作

次数/组数：每组 8~12 次，1~2 组。

动作要求：在背部平直、拇指向上和肩胛骨向内收紧后，再开始抬起手臂。

（二）Y 型动作

训练目的：激活肩部及肩胛骨周围肌群。

训练方法：两脚与肩同宽开立，俯身呈半蹲姿势，保持背部平直，双手放于身体两侧；双侧肩胛骨向内收紧，双手抬起、举过头顶与躯干形成“Y”字形，保持此姿势 3 秒；回复至起始姿势，如图 3-18 所示。

次数/组数：每组 8~12 次，1~2 组。

动作要求：背部平直、拇指向上和肩胛骨收紧后，再开始抬起手臂。

图 3-18 Y 型动作

(三) W 型动作

训练目的：激活肩部及肩胛骨周围肌群。

训练方法：两脚与肩同宽开立，俯身呈半蹲姿势，保持背部平直，双手掌并拢放于身体两侧；双侧肩胛骨向内收紧，双臂侧向抬起并向下屈肘呈 90°角，然后双臂反向转动 180°角，使双侧手臂与头颈部呈“W”形状，保持 3 秒，最后向上伸直双臂；回复至起始姿势，如图 3-19 所示。

图 3-19 W 型动作

次数/组数：每组 8~12 次，1~2 组。

动作要求：全程保持背部平直。

三、臀部肌肉激活

(一) 单腿挺髋

训练目的：激活腰部、臀部及腘绳肌等肌群。

训练方法：起始呈臀桥姿势；一侧腿单脚支撑，脚跟着地、脚尖勾起；另侧腿抬起、屈膝呈 90°角，保持此姿势的同时做挺髋运动，如图 3-20 所示。

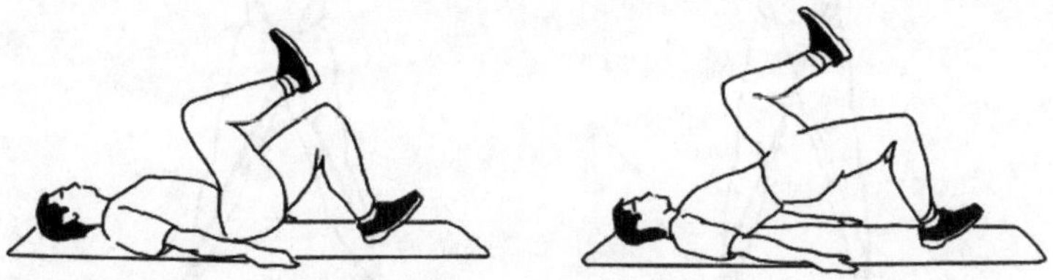

图 3-20 单腿挺髋

次数/组数：每组 15 次或两个八拍，每侧 2～3 组。

动作要求：顶髋时，应保证支撑侧大、小腿夹角为 90°角，臀部主动发力。

（二）侧卧举腿

训练目的：激活肩关节周围肌群、髋外展肌群、躯干侧链肌群及下肢肌群。

训练方法：侧撑于地面，两脚并拢，用一侧前臂支撑起身体呈侧桥姿势，保持身体成一条直线；上面腿以髋关节为轴做抬腿运动，如图 3-21 所示。

图 3-21 侧卧举腿

次数/组数：每组 15 次，两侧各 3 组。

动作要求：侧桥时核心收紧，肩、髋、膝、踝关节成一条直线，支撑腿膝盖不能弯曲。

（三）超级训练带 X 侧移

训练目的：快速激活臀部肌群，发展全身肌肉协调配合能力。

训练方法：将弹力绳交叉成 X 形状，练习者的两脚与肩同宽，同时踩住弹力绳一侧的两端，双手抓握另外一侧对应端；直立身体，保持两脚与肩同宽做侧向移动 20～30 厘米；之后，反向侧移至起始点位置，如图 3-22 所示。

次数/组数：每组 20 米，4 组。

动作要求：侧向移动过程中始终保持身体直立，双手拉紧弹力绳。

图 3-22　超级训练带 X 侧移

第四章　体能训练的放松与恢复

第一节　静态拉伸

静态拉伸，是将肌肉缓慢伸展到极点、静止不动并维持一定时间的肌肉伸展方法。静态拉伸可明显促进关节的活动幅度、恢复肌肉长度与弹性、增加柔韧性，还可预防运动损伤，在传统体能训练中被广泛采用。但近年来的研究发现，静态拉伸在一定程度上会降低力量、爆发力和灵敏性，限制相关运动能力的提高，影响竞技运动表现，因而现在更多将其作为运动后恢复肌肉弹性、提高柔韧性的放松恢复措施。

一、臀肌拉伸

动作目的：牵拉臀部外侧肌肉。

动作方法：仰卧位，左腿放于右脚膝盖上方，双手抱住右侧大腿，保持20~30秒，同时做深呼吸。然后换另一侧，如图4-1所示。

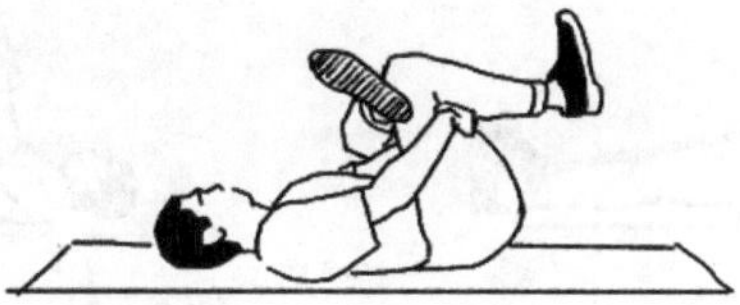

图4-1　臀肌拉伸

动作要求：牵拉的全程做深呼吸。

二、髂腰肌拉伸

训练目的：牵拉髂腰肌。

训练方法：右脚在前，左脚在后成半跪地姿势，双手放于前腿的膝盖上方，保持该姿势20~30秒，同时做深呼吸。然后换另一侧，如图4-2所示。

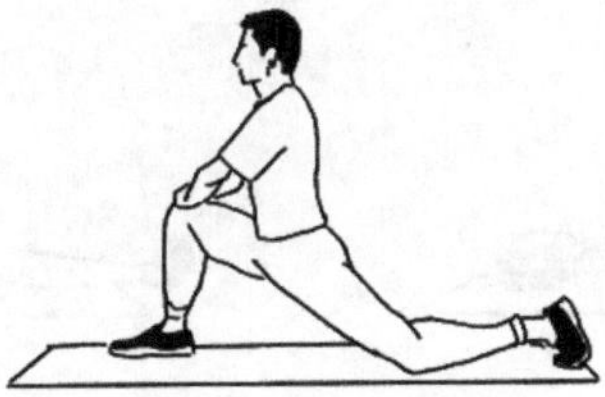

图4-2　髂腰肌拉伸

动作要求：牵拉的全程做深呼吸。

三、超级训练带辅助大腿前侧拉伸

训练目的：牵拉大腿前群肌肉。

训练方法：俯卧位。将超级训练带的一端套在脚踝处，另一端双手抓握，从背后拉训练带至头顶正上方。保持该姿势 20~30 秒，同时做深呼吸。然后换另一侧，如图 4-3 所示。

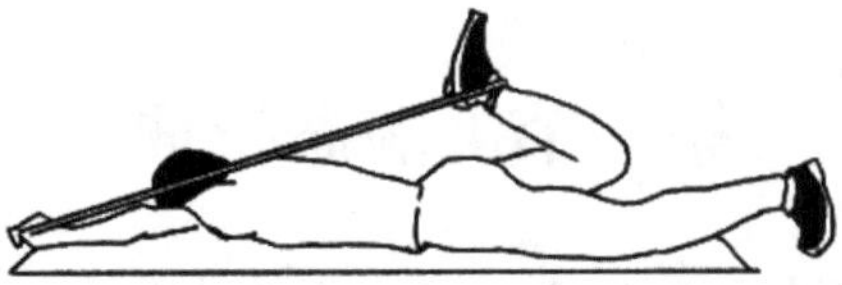

图 4-3　超级训练带辅助大腿前侧拉伸

动作要求：牵拉的全程做深呼吸。

四、超级训练带辅助大腿后侧拉伸

训练目的：牵拉大腿后群肌肉。

训练方法：仰卧位。双手握持超级训练带的一端，将另一端套住脚底，拉右腿上抬至脚底朝天花板。保持该姿势 20~30 秒，同时做深呼吸。然后换另一侧，如图 4-4 所示。

图 4-4　超级训练带辅助大腿后侧拉伸

动作要求：牵拉的全程做深呼吸。

五、超级训练带辅助大腿外侧拉伸

训练目的：牵拉大腿外侧肌肉。

训练方法：仰卧位。左腿伸直不动，双手握持超级训练带的一端，另一端套在右腿脚底，牵拉训练带使右腿向对侧拉伸，保持该姿势 20~30 秒，同时做深呼吸。然后换另一侧，如图 4-5 所示。

图 4-5　超级训练带辅助大腿外侧拉伸

动作要求：拉伸时避免膝关节弯曲，牵拉的全程做深呼吸。

六、超级训练带辅助大腿内侧拉伸

训练目的：牵拉大腿内侧肌群。

训练方法：仰卧位。左腿伸直不动，双手握持超级训练带一端，另一端套在右腿脚底；牵拉训练带使右腿向外侧拉伸，保持该姿势 20~30 秒，同时做深呼吸。然后换另一侧，如图 4-6 所示。

图 4-6 超级训练带辅助大腿内侧拉伸

动作要求：拉伸时避免膝关节弯曲，牵拉的全程做深呼吸。

七、躯干背侧旋转拉伸

训练目的：牵拉躯干侧向肌群。

训练方法：仰卧，两臂侧向平伸贴于地面，左腿伸直不动，右腿屈膝向左侧转动保持该姿势 20~30 秒，同时做深呼吸。然后换另一侧，如图 4-7 所示。

图 4-7 躯干背侧旋转拉伸

动作要求：拉伸时两臂不能离开地面，牵拉的全程做深呼吸。

八、躯干前侧旋转拉伸

训练目的：牵拉躯干前侧肌群。

训练方法：俯卧，两臂侧向平伸贴于地面，左腿伸直不动，右腿屈膝向左侧转动保持该姿势 20~30 秒，同时做深呼吸。然后换另一侧，如图 4-8 所示。

图 4-8 躯干前侧旋转拉伸

动作要求：拉伸时两臂不能离开地面，牵拉的全程做深呼吸。

九、腹部拉伸

训练目的：牵拉腹肌。

训练方法：俯卧，用双手支撑起上身，双肩下沉，保持该姿势 20～30 秒，同时做深呼吸，如图 4-9 所示。

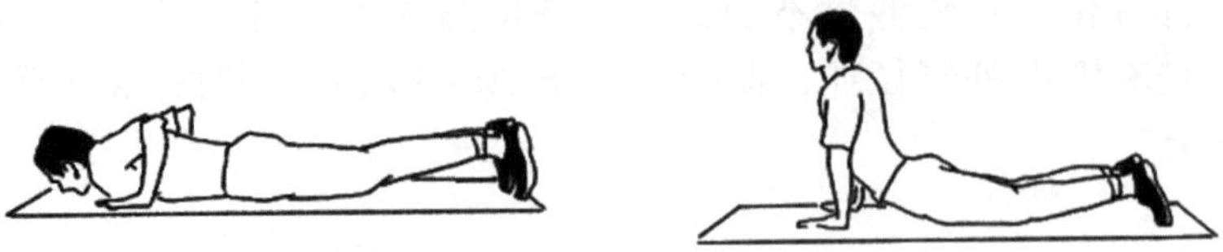

图 4-9　腹部拉伸

动作要求：牵拉的全程做深呼吸。

十、下背部拉伸

训练目的：牵拉背肌。

训练方法：双膝跪地，俯卧时双手前伸，同时让臀部向脚跟靠近。保持该姿势 20～30 秒，同时做深呼吸，如图 4-10 所示。

图 4-10　下背部拉伸

动作要求：牵拉的全程做深呼吸，保持躯干挺直。

十一、胸部拉伸

训练目的：牵拉胸大肌。

训练方法：双手抱头，坐于垫子上。两手向后伸展。保持该姿势 20～30 秒，同时做深呼吸，如图 4-11 所示。

图 4-11　胸部拉伸

动作要求：牵拉的全程做深呼吸，上身直立。

十二、上背部拉伸

训练目的：牵拉背部肌群。

训练方法：双膝跪地，右手向左斜上方伸展，重心向后靠。保持该姿势 20~30 秒，同时做深呼吸。然后换另一侧，如图 4-12 所示。

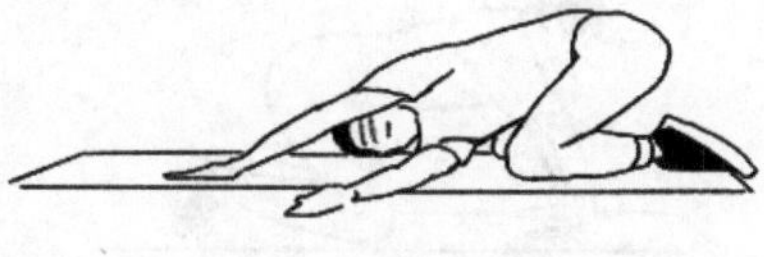

图 4-12　上背部拉伸

动作要求：牵拉的全程做深呼吸。

十三、上臂屈肌拉伸

训练目的：牵拉上屈肌肉。

训练方法：练习者坐于垫子上，右手屈肘放于头后，左手握住右手肘关节，向左侧做牵拉，牵拉时左手将右手肘关节向后上方推。保持该姿势 20~30 秒，同时做深呼吸。然后换另一侧，如图 4-13 所示。

图 4-13　上臂屈肌拉伸

动作要求：牵拉的全程做深呼吸，上身直立。

十四、上臂伸肌拉伸

训练目的：牵拉上臂伸肌。

训练方法：练习者坐于垫子上，双手交叉，放于背后，向上提双手。保持该姿势 20~30 秒，同时做深呼吸，如图 4-14 所示。

图 4-14　上臂伸肌拉伸

动作要求：牵拉的全程做深呼吸，上身直立。

十五、前臂拉伸

训练目的：牵拉前臂肌群。

训练方法：练习者屈膝跪地，双手反向支撑起身体。保持该姿势 20~30 秒，同时做深呼吸，如图 4-15 所示。

图 4-15　前臂拉伸

动作要求：牵拉的全程做深呼吸，保持躯干挺直。

第二节　软组织泡沫轴松解

一、肱二头肌放松

训练目的：激活、放松肱二头肌。

训练方法：练习者呈俯卧位，单侧手臂伸直并将肱二头肌置于泡沫轴上。对侧手推地移动身体，使泡沫轴的滚动范围从肘关节到肩关节，在酸痛点着力滚动。完成后换另一侧重复上述动作，如图 4-16 所示。

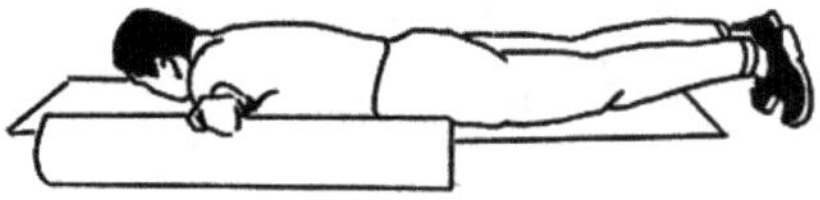

图 4-16　肱二头肌放松

动作要求：滚压时，伸直泡沫轴上的手臂。

二、肱三头肌放松

训练目的：激活、放松肱三头肌。

训练方法：练习者呈侧卧姿，将泡沫轴放在一侧大臂下方。对侧腿屈膝屈髋，同侧腿伸直。以对侧腿带动身体移动，使泡沫轴在肘关节到肩关节范围内滚动。换另一侧重复上述动作，如图 4-17 所示。

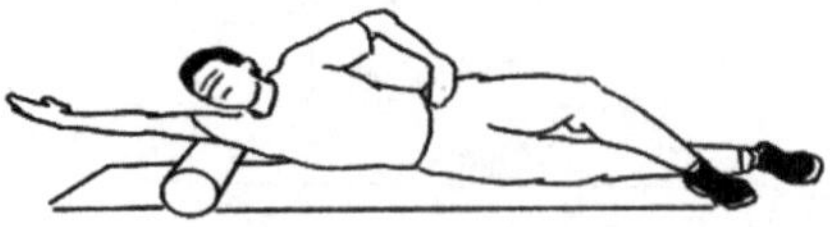

图 4-17　肱三头肌放松

动作要求：滚压时，伸直泡沫轴上的手臂。

三、背阔肌放松

训练目的：激活、放松背阔肌。

训练方法：练习者仰卧姿身体转向一侧，将泡沫轴放在一侧腋下，此侧手臂伸直于头顶方向。一侧腿屈膝，脚掌支持地面，腰部抬离地面，一侧腿蹬地带动身体移动，泡沫轴滚动范围从下背部到腋下。当有酸痛点时可着力滚动。完成后换另一侧重复上述动作，如图 4-18 所示。

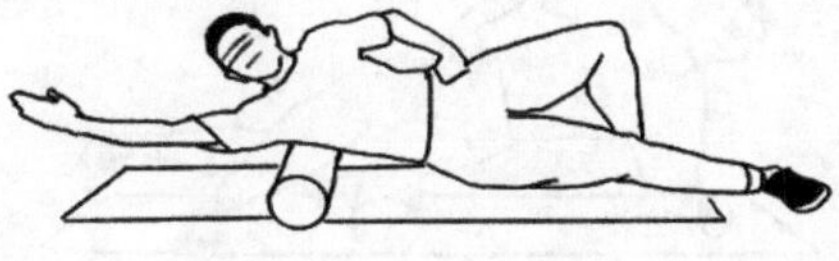

图 4-18　背阔肌放松

动作要求：在可以忍受的范围内尽量将身体重量放于泡沫轴之上（下同）。

四、上背部放松

训练目的：激活、放松上背部。

训练方法：练习者仰卧姿双腿屈膝，将泡沫轴放在上背部，腹部收紧。双腿蹬地带动身体移动，泡沫轴滚动范围从中背到肩关节。当有酸痛点时可着力滚动，如图 4-19 所示。

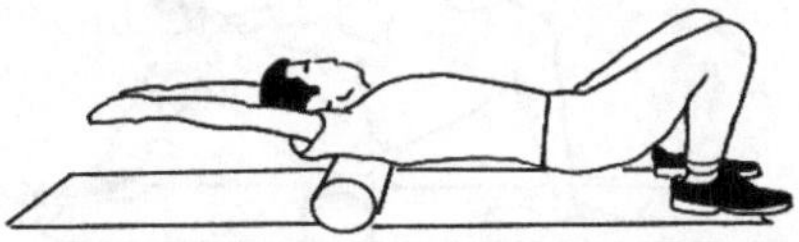

图 4-19　上背部放松

五、下背部放松

训练目的：激活、放松腰部。

训练方法：练习者仰卧姿双腿屈膝，将泡沫轴放在中背部下方，腹部收紧。双腿蹬地带动身体移动，泡沫轴滚动范围从中背到腰骶部。当有酸痛点时可着力滚动，如图 4-20 所示。

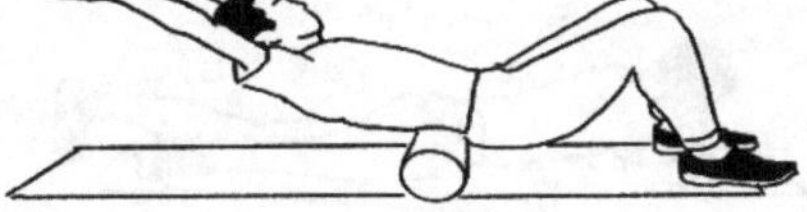

图 4-20　下背部放松

六、髂胫束放松

训练目的：激活、放松髂胫束。

训练方法：侧卧，将泡沫轴置于髋关节外侧下方，同侧屈肘小臂支撑于地面，对侧手放腰间。对侧腿屈髋屈膝，使脚置于身体前方。对侧腿蹬地移动身体，使泡沫轴在髋关节至膝关节外侧间滚动。当有酸痛点时可着力滚动。完成后换另一侧重复上述动作，如图 4-21 所示。

图 4-21　髂胫束放松

七、臀部肌群放松

训练目的：激活、放松臀部肌群。

训练方法：练习者坐姿将泡沫轴置于臀部下方，一侧手臂在身体后侧支撑，背部平直，腹部收紧。单手推地带动身体移动，使泡沫轴在坐骨结节至下腰背间滚动。当有酸痛点时可着力滚动。完成后换另一侧重复上述动作，如图 4-22 所示。

图 4-22　臀部肌群放松

八、大腿内侧肌群放松

训练目的：激活、放松大腿内侧肌群。

训练方法：练习者俯卧姿单腿外展，将大腿置于泡沫轴上，屈肘小臂支撑地面。对侧腿伸直，脚尖支撑地面，身体离开地面。双臂和单脚推地带动身体移动，使泡沫轴在骨盆和膝关节间滚动。当有酸痛点时可着力滚动。完成后换另一侧重复上述动作，如图 4-23 所示。

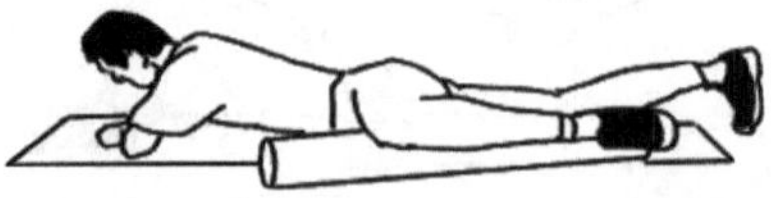

图 4-23　大腿内侧肌群放松

九、腘绳肌放松

训练目的：激活和放松腘绳肌。

训练方法：练习者坐姿，双腿伸直，将泡沫轴置于大腿后侧的下方，双臂撑于身体后方，背部平直，腹肌收紧。双手推地带动身体移动，泡沫轴从坐骨结节至腘窝间来回滚动。当有酸痛点时可着力滚动，如图 4-24 所示。

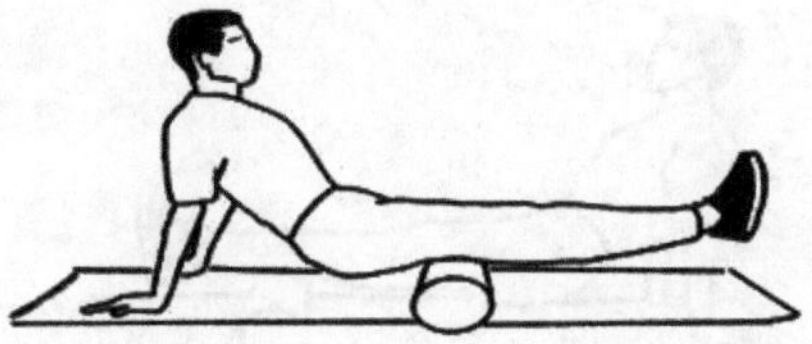

图 4-24　腘绳肌放松

十、股四头肌放松

训练目的：激活、放松股四头肌。

训练方法：练习者呈俯卧姿，双腿伸直将泡沫轴放在大腿前侧的下方，双臂屈肘支撑于地面。双肘屈伸带动身体移动，泡沫轴从骨盆至膝关节上方之间来回滚动。当有酸痛点时可着力滚动，如图 4-25 所示。

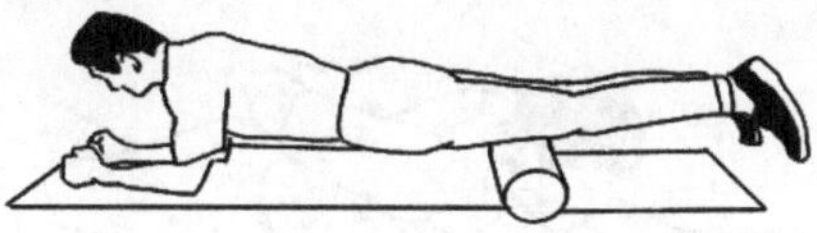

图 4-25　股四头肌放松

十一、胫骨前肌放松

训练目的：激活、放松胫骨前肌。

训练方法：练习者呈单腿跪姿，将泡沫轴置于小腿靠近踝关节位置的下方，双臂伸直支撑于肩部下方。单腿屈髋屈膝，坐于小腿上。双手推地带动身体移动，使泡沫轴从膝关节至踝关节来回滚动。当有酸痛点时可着力滚动。完成后换另一侧重复上述动作，如图4-26所示。

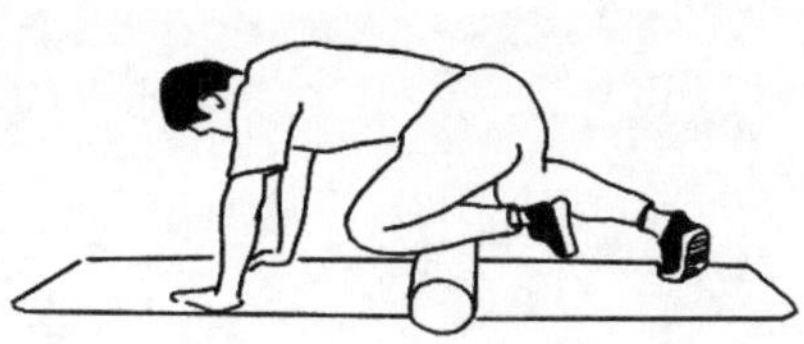

图 4-26　胫骨前肌放松

十二、小腿后侧肌群放松

训练目的：激活、放松小腿肌群。

训练方法：练习者呈坐姿，将泡沫轴置于右小腿靠近踝关节的下方，左腿搭在右腿上方，双臂撑于身体的后方，背部平直，腹肌收紧。双腿推地带动身体移动，泡沫轴从小腿踝关节至腘窝间来回滚动。当有酸痛点时可着力滚动，如图 4-27 所示。

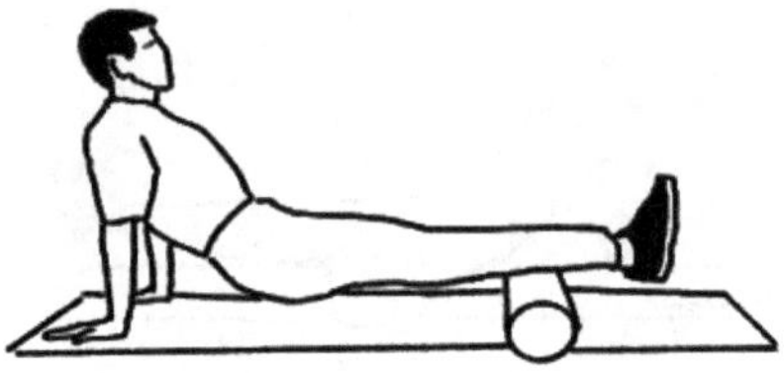

图 4-27　小腿后侧肌群放松

十三、胸大肌放松

训练目的：激活、放松小腿肌群。

训练方法：练习者呈俯卧姿，将按摩球至于左侧胸大肌肌腱下方，正好在腋窝之上。调整位置直至找到酸痛点，通过左臂摆动带动按摩球加压滚动。当有酸痛点时可着力滚动。完成后换另一侧重复上述动作，如图 4-28 所示。

图 4-28　胸大肌放松

动作要求：在按压过程中要始终保持对按摩球的压力。

第五章　障碍训练

第一节　400 米障碍

400 米障碍是为适应战时可能遇到的类似的天然障碍物，在军事训练中专门模拟制作的一套由不同规格障碍组成的障碍群，它是各种障碍训练的基础。通过 400 米障碍训练，可提高军人翻越各种障碍的技能和技巧，提高部队战斗力。

一、训练条件

（一）障碍场设置

400 米障碍场由 8 组障碍物和一条 100 米跑道构成。障碍物依次为：跨桩、壕沟、矮墙、高板跳台、水平梯、独木桥、高墙、低桩网。场地长 100 米，宽 3.5 米；各障碍物之间距离如图 5-1 所示。训练及考核时着迷彩服（帽）、制式胶鞋，扎编织外腰带。

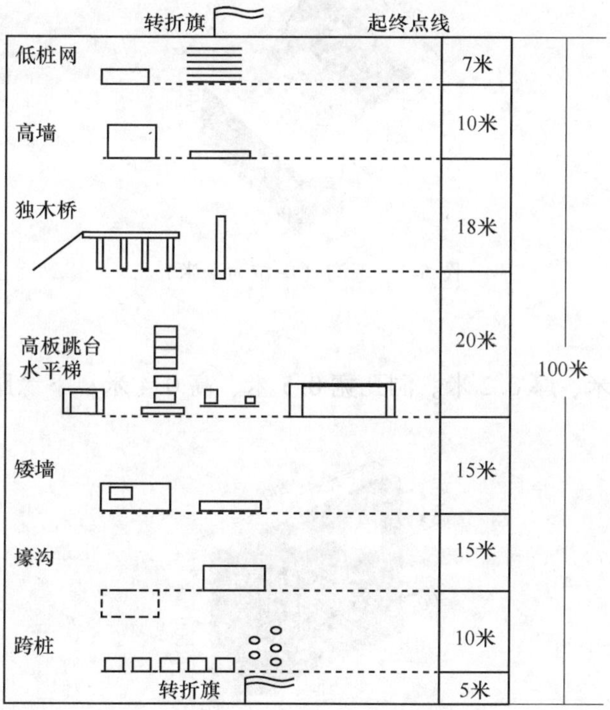

图 5-1　400 米障碍场示意图

（二）障碍物规格

1. 跨桩

跨桩由 5 个直径 0. 3 米、高出地面 0. 1 米的圆形桩柱组成。右边三个跨桩的中点相距 2. 3 米，距离跑道中线 0. 3 米，第一跨桩中点距端线 5 米。

左边两个跨桩的中点相距 2. 3 米，距离跑道中线 0. 6 米，第一跨桩中点距离端线 6. 15 米（图 5-2）。

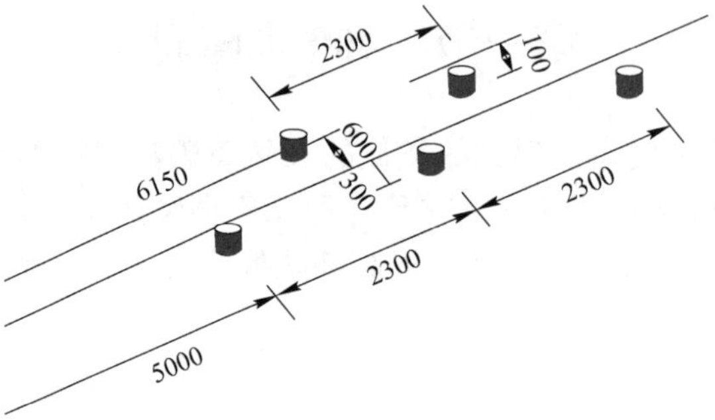

图 5-2　跨桩（单位为毫米）

2. 壕沟

长、宽、深均为 2 米，沟壁为垂直面（图 5-3）。

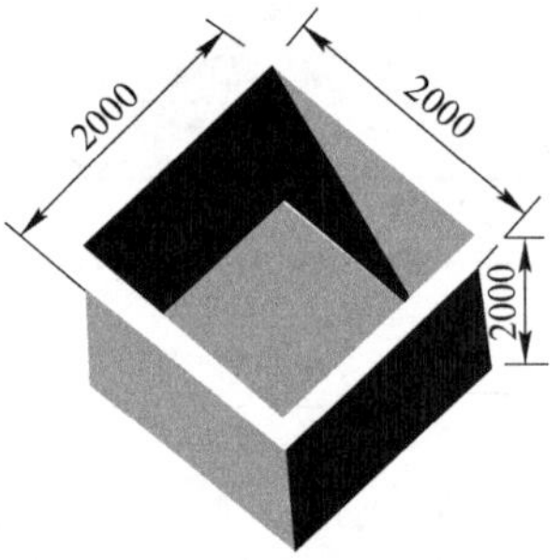

图 5-3　壕沟（单位为毫米）

3. 矮墙

高 1. 1 米、宽 2 米、厚 0. 2 米。洞孔宽 0. 5 米、高 0. 4 米，下缘距地面 0. 6 米，设于矮墙左侧（图 5-4）。

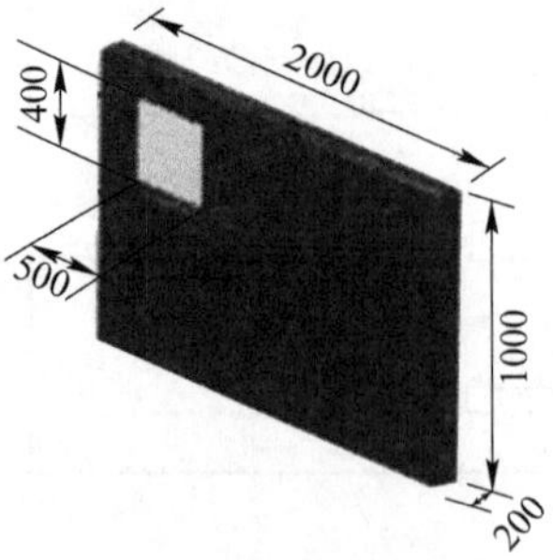

图 5-4　矮墙（单位为毫米）

4. 高板跳台

高板高1.8米、长2米、宽0.5米、厚0.05~0.08米；高台高1.5米，长、宽均1米；低台高、长、宽均1米；高板、高台、低台间隔均1米（图5-5）。

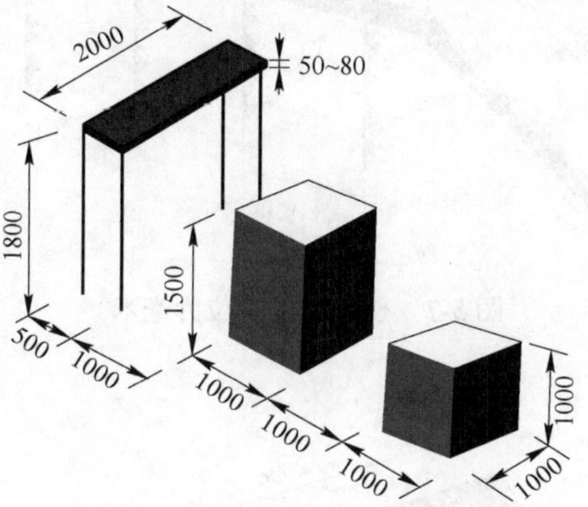

图5-5 高板跳台（单位为毫米）

5. 水平梯

长5.1米、宽0.59米、高2.4米，水平梯横杠直径0.03~0.04米，横杠间跨度0.5米，距高板跳台低台0.3米（图5-6）。

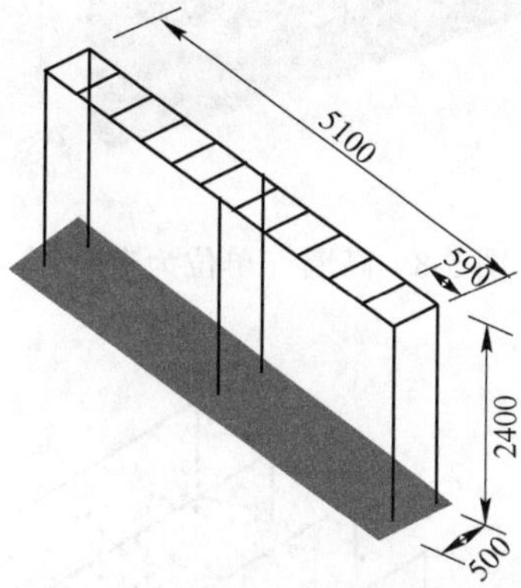

图5-6 水平梯（单位为毫米）

6. 独木桥

高1.3米、长5米，直径0.2~0.5米，桥平面宽0.1米，斜板长2米、宽0.2米。桥下立柱间隔1~1.3米，柱上漆红白相间的颜色条（图5-7）。

7. 高墙

高、宽均2米，厚0.2米（图5-8）。

8. 低桩网

由12根立桩对应分列两行，行距2米，间距1米，桩高出地面0.5米，每对立桩间用弹性材料拉直成横线构成桩网，网下地面为松软的沙层（图5-9）。

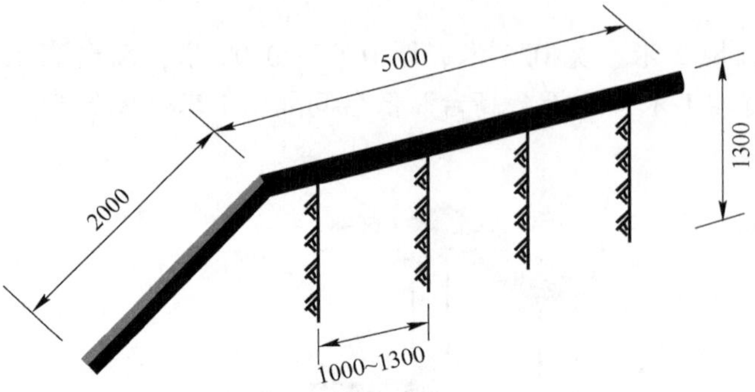

图 5-7　独木桥（单位为毫米）

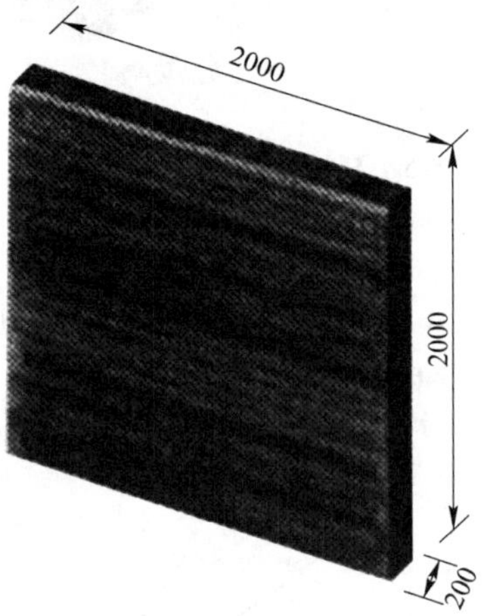

图 5-8　高墙（单位为毫米）

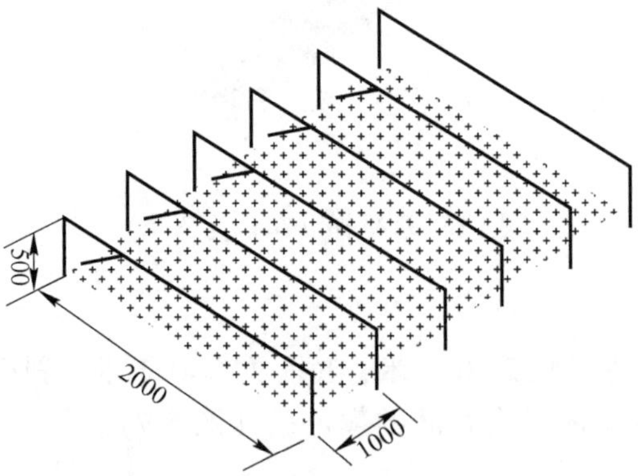

图 5-9　低桩网（单位为毫米）

9. 转折旗

旗杆高 1.5 米，直径约为 0.05 米，旗面规格 0.3 米×0.4 米。

二、技术动作

障碍物的通过顺序：从起点出发→平地跑 100 米→绕过转折旗→三步通过跨桩→跨越壕沟→跳越矮墙→攀上跳下高板跳台→爬越水平梯→通过独木桥→攀越高墙→匍匐通过低桩网→绕过转折旗→跨越低桩网→攀越高墙→绕行桥柱→吊越水平梯→蹬越跳台高板→钻越洞孔→跳下攀上壕沟→五步通过跨桩→绕过转折旗→平地跑 100 米→到达终点。因此，通过 400 米障碍的动作要领，由平地跑和通过障碍物两大部分组成。

（一）平地跑的动作要领

平地跑可分为出发跑、转弯跑和终点跑。

1. 出发跑

出发跑是指从起点出发到第一个障碍物前的 100 米跑。起跑，可采用站立式起跑或半蹲踞式起跑。起跑后奔跑的动作与短跑途中跑动作基本相同。因全程距离较长，所以，跑时后蹬角度略大于短跑（55°～60°），前摆腿摆动的幅度稍小，两臂摆动的力量和幅度比短跑略小，动作应放松，步幅稍大，节奏明显。

2. 转弯跑

400 米障碍全程要经过三次转弯，在进入转弯跑时，身体应有意识地向内倾斜，加大外侧腿的后蹬力量和摆动幅度，并用脚掌内侧着地，外侧臂相应地加大摆动的力量和幅度。内侧腿向内转，脚向内沿转并用脚掌外侧着地，内侧臂摆动幅度略小于外侧臂，转弯后身体逐渐恢复成直道跑。

3. 终点跑

终点跑是指从最后一个障碍物到终点的 100 米跑。跑的动作要领与短跑的途中跑和终点撞线的动作基本相同，跑时应竭尽全力，冲刺过终点。

（二）通过障碍物的动作要领

1. 三步通过跨桩

（1）动作要领：跑至起跨线前缘，一只脚蹬地，另一只脚向前跨出一步，用前脚掌踏在第一桩面上；蹬地脚再向前跨出一步，踏在第 2 桩面上，起跨脚再踏在第 3 桩面上，而后蹬地脚蹬离桩面向前迈出一步着地。跨进时，上体略前倾，两臂稍外张，并配合腿部动作，前后有力摆动（图 5-10）。

图 5-10　三步通过跨桩

（2）保护方法：清除桩上沙土，以免滑倒。保护者 1～2 名，分别站在沙坑两侧，两臂张开，目视受训者。当受训者动作失误时，迅速扶其两臂防摔伤（凡测验、考核或比赛时，除因动作失误给予保护外，不得给予帮助，下同）。

（3）常见错误与纠正方法：

错误动作：踏桩不准，踏桩前滑。

纠正方法：1）体会用适当的跑速从容踏桩；2）提高腿部力量，掌握蹬跨节奏；3）平地用粉笔画大小间隔相同的圆圈进行平地模拟练习；4）清除桩面杂物；5）加长助跑距离和速度，蹬跨时尽量向前上跃，体会脚下踏动作。

（4）辅助训练方法：

1）跨越两步桩。

方法：跑至桩柱前约 50 厘米处时，用有力腿的前脚掌用力蹬踏第一根桩面，使身体向前跃起，对侧腿迅速屈腿向前跨出一大步，踏在第二根桩面上。后脚继续向前踏在第三根桩一侧或其后侧地面，另一腿顺势向前迈出一步，向前跑出。

2）后蹬跑：在平整的地面上，练习连续后蹬跑。

方法：向后蹬地时，应充分伸展髋关节，而后再伸展膝和踝关节，蹬地力量要大且重心要前移；向前跨步时，摆动腿用力向前上方摆动至水平位，带动同侧髋向前，放松膝关节，大腿积极下压，前脚掌着地缓冲，然后进入后蹬阶段（图 5-11）。

图 5-11 后蹬跑

3）单腿跳：在平整的地面上，练习连续单腿跳。

方法：单腿站立，背部平直，腹部收紧；双臂快速向前上方摆起，手臂带动身体快速伸髋伸膝，起跳脚蹬离地面向前方跳起，落地时应屈髋屈膝缓冲；连续重复以上动作（图 5-12）。

图 5-12 单腿跳

2. 跨越壕沟

（1）动作要领：跑至壕沟前缘约 0. 3 米处，一只脚蹬地起跳，身体向前上方跃起，另一只脚前摆并跨过壕沟着地。跨越时，身体稍前倾，两臂自然前后摆动（图 5-13）。

图 5-13 跨越壕沟

（2）保护方法：平整壕沟前后沿地面，清除沙土，以免滑倒或扭伤脚踝，在远端两侧站 1~2 人，以防受训者动作失误掉入壕沟。

（3）常见错误与纠正方法：

错误动作：害怕跳不过，不敢起跳；跳过壕沟后双脚着地。

纠正方法：平地划线模拟练习，反复练习消除心理障碍，有意识地控制单脚着地，反复体会。

（4）辅助训练方法：在平整的地面上，模拟相同壕沟距离，练习跨步跳。

方法：两脚与肩同宽站立，双臂后伸，屈髋稍屈膝；快速向身体前上方摆动双臂，一腿用力蹬伸，另一腿屈膝前顶、送髋、跨步，落地时小腿用力后拉，脚掌扒地，手臂上提摆至肩部高度、制动（图 5-14）。

图 5-14 跨步跳

要求：跨步时，要有明显的腾空，动作应协调连贯。

3. 跳越矮墙

（1）动作要领：

1）一手一脚支撑跳越。跑至矮墙前约 1 米处，一只脚蹬地起跳，使身体跃上矮墙。同时，用起跳脚同侧手（手指向前）支撑于矮墙上缘，另一只脚向侧上方摆，并以前脚掌踏于矮墙上缘，体重主要落在支撑臂上。然后起跳脚迅速上提收于胯下（脚尖向前，脚掌外侧朝下），并越过矮墙着地，同时支撑手推墙、支撑脚蹬墙并前摆着地，继续跑进（图5-15）。

图 5-15　一手一脚支撑跳越

2）一手支撑跳越。跑至矮墙前约 1.5 米处，一只脚蹬地起跳，身体向前上方跃起，另一只脚向侧前上方摆起，起跳侧手臂（手指向前）支撑于矮墙上缘，身体跃至矮墙上方时，略收腹含胸，起跳腿迅速屈膝提腿，小腿收于胯下（脚尖向前，脚掌外侧朝下），并越过矮墙着地。同时，支撑手推离矮墙，身体前倾，摆动脚前摆着地，继续跑进（图5-16）。

图 5-16　一手支撑跳越

3）踏蹬跳越。跑至矮墙前约 1 米处，一只脚蹬地起跳，身体向前上方跃起，另一只脚用前脚掌踏蹬矮墙上缘，上体前倾，身体重心稍降低，蹬地腿随即屈膝上提，并越过矮墙着地，继续跑进（图 5-17）。

（2）保护方法：保护者位于矮墙后支撑手一侧，当受训者失误时，扶其大臂或上体，防止摔伤。

（3）常见错误与纠正方法：

错误动作：动作犹豫，不敢起跳，怕摔伤；跳不起来，身体后仰，起跳腿提收不及时。

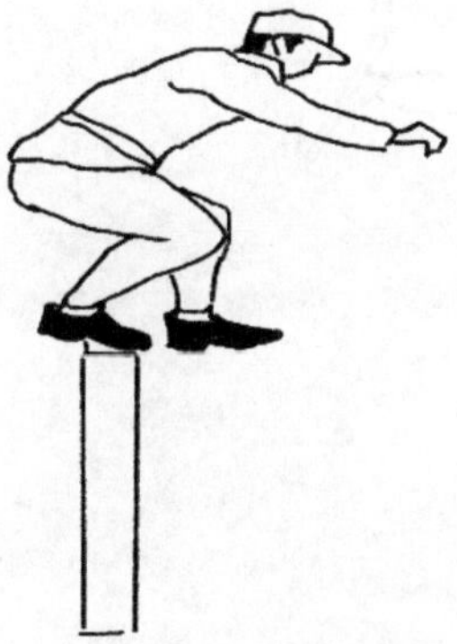

图 5-17　踏蹬跳越

纠正方法：降低动作难度，借助木马反复练习。练习用前脚掌蹬地起跳，起跳后收腹、含胸、上体稍向前倾；用口令诱导起跳后收腿。

（4）辅助训练方法：

1）侧撑屈伸腿：在平整的地面上，侧撑模拟跳下壕沟动作（图 5-18）。

图 5-18　侧撑屈伸腿

2）模拟跳越矮墙：可用皮筋等物品模拟跳跃矮墙练习（图 5-19）。

图 5-19　模拟跳越矮墙

3）三步上篮摸高：可在篮球场或平整的地面上练习三步上篮摸高（图 5-20）。

图 5-20 三步上篮摸高

4）跳山羊：在平整的地面上练习跳山羊（图 5-21）。

图 5-21 跳山羊

4. 攀上跳下高板跳台

（1）动作要领：

1）攀上高板方法。

①挂臂攀上高板。跑至高板前约 0.5 米处，一只脚蹬地起跳，使身体向上跃起，同侧手前伸并攀住高板上缘远端，另一只手撑于或小臂挂于高板的上缘近端，随即另一条腿屈膝上抬，用脚跟或小腿挂于高板上缘，身体借两臂和腿的合力翻上高板。随后一手和异侧脚撑起身体，起跳腿迅速上提前迈（图 5-22）。

②立臂撑上高板。跑至高板前约 0.4 米处，两脚同时蹬地起跳，使身体向上跃起，同时两臂或两手挂撑于高板上，借身体向上的惯性力和两臂撑力将身体撑上高板。随后一腿屈膝从体侧提起，并踏在高板上，成一手一脚支撑（图 5-23）。

2）跳下高台和低台。一手和异侧腿撑起身体后，上体前倾，一只脚向前下迈步，脚掌踏于高台中部，另一只脚再向前下迈步，脚掌踏于低台中部（图 5-24）。

图 5-22　挂臂攀上高板

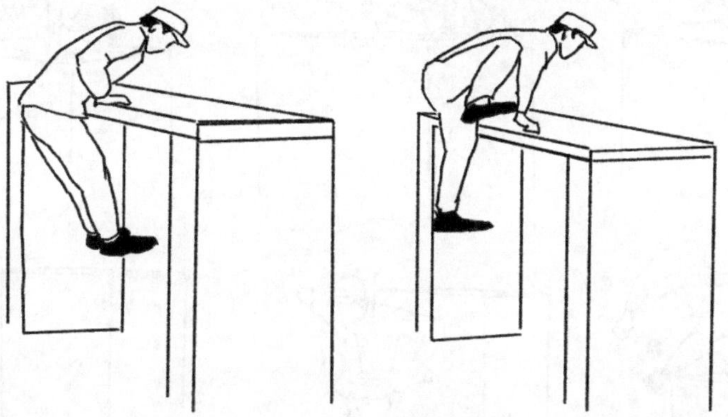

图 5-23　立臂撑上高板

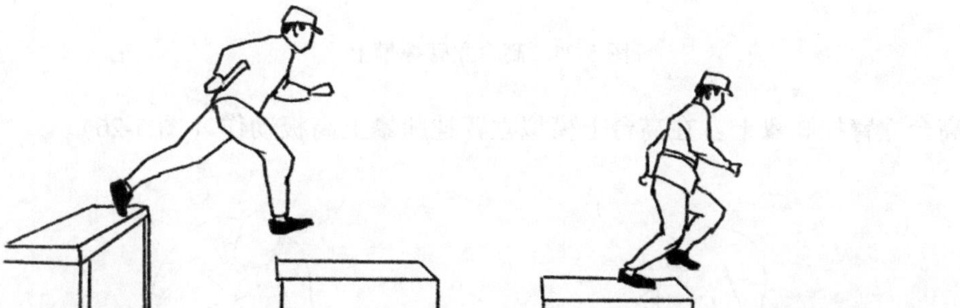

图 5-24　跳下高台和低台

（2）保护方法：保护者站在高板前受训者起跳脚的一侧，受训者起跳抓板时，保护者双手扶其腰或臀部，防其后仰摔倒。

（3）常见错误与纠正方法：

错误动作：起跳距离过远或近，身体跃不起，挂臂后上不了板；跳、挂、摆、翻、撑动作不连贯。

纠正方法：练习向前上方跳起挂臂摆腿动作；加强臂力、腿力和腰腹力量练习。上板练习时给予帮助，体会上板翻撑动作；利用踏板练习。

（4）辅助训练方法：

1）高台立臂撑攀上：在高台上模拟立臂撑攀上高板动作（图5-25）。

图5-25 高台立臂撑攀上

2）高台立臂挂腿攀上：在高台上模拟立臂挂腿攀上高板动作（图5-26）。

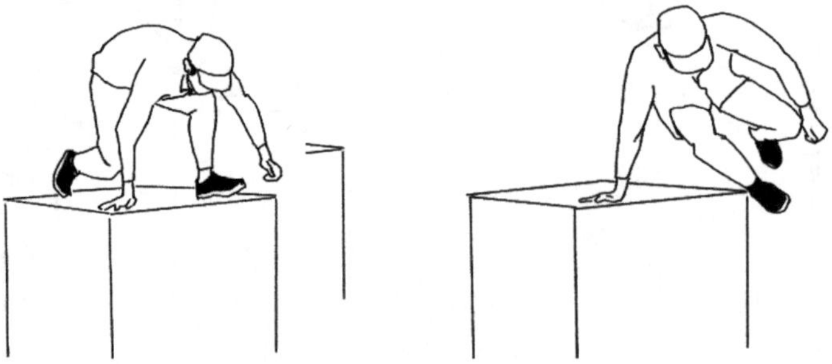

图5-26 高台立臂挂腿攀上

3）低双杠挂臂攀上：在低双杠上模拟挂臂攀上高板动作（图5-27）。

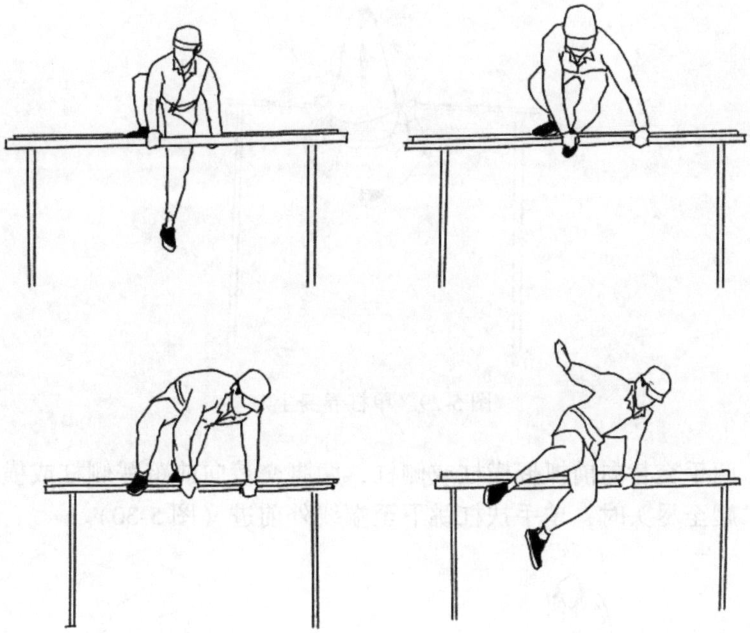

图 5-27 低双杠挂臂攀上

4）在平整的地面上或篮球场上，练习助跑起跳，提高跳跃能力（图 5-28）。

图 5-28 助跑起跳

5）单杠卷身上：在单杠上练习卷身上，提高身体素质（图 5-29）。

要求：双手与肩同宽，正握单杠，身体放松垂直于地面；腹部肌肉主动积极收缩发力，同时屈髋，脚尖绷直向上带动身体翻过单杠并双臂伸直撑于杠上，循环练习。注意安全保护，避免出现受伤。

5. 爬越水平梯

（1）动作要领：

1）爬行通过。一只脚踏上低台后，踏高台脚前迈的同时，双手抓住水平梯横杠，顺

图 5-29 单杠卷身上

势攀上水平梯，两手交替向前抓握横杠或侧杠，两脚交替向前蹬踩侧杠或横杠与侧杠连接处，爬行通过。爬至尽头时，单手扶杠跳下至端线外前进（图 5-30）。

图 5-30 爬行通过水平梯

2）下法：练习者的手抓水平梯最后一根横杠时，双手握横杠，脚向前移动，到达水平梯最后一格时，脚穿过水平梯，贴支柱向下滑，直到身体自然伸直后向前跳下，继续跑进（图 5-31）。

图 5-31 滑下水平梯

（2）保护方法：保护者站在水平梯远端，受训者跳下时扶其腰部，防止摔倒。

（3）常见错误与纠正方法：

错误动作：上梯时，膝盖碰杠；跳下时双腿无缓冲。

纠正方法：练习向前上方跳，撑起时注意屈膝上收，同时含胸收腹；跳下时两脚前后着地，上体前倾，双膝弯曲缓冲。

（4）辅助训练方法：

1）单杠前摆跳下：在单杠上前摆跳下模拟水平梯跳下动作（图 5-32）。

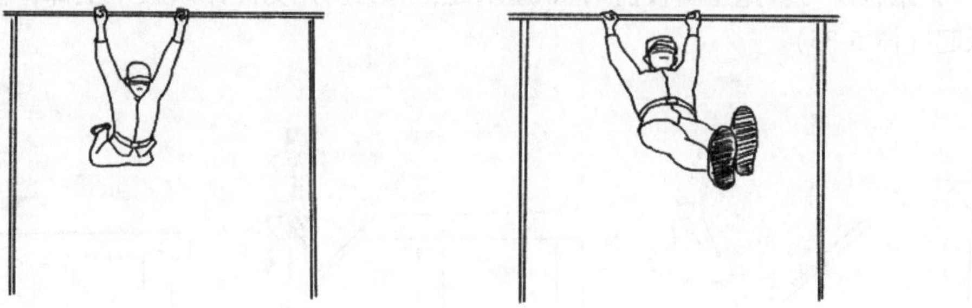

图 5-32　单杠前摆跳下

2）四肢着地爬行：在平整地面上练习四肢着地爬行模拟水平梯爬行动作（图 5-33）。要求：背部平直，腹部收紧，四肢着地爬行。

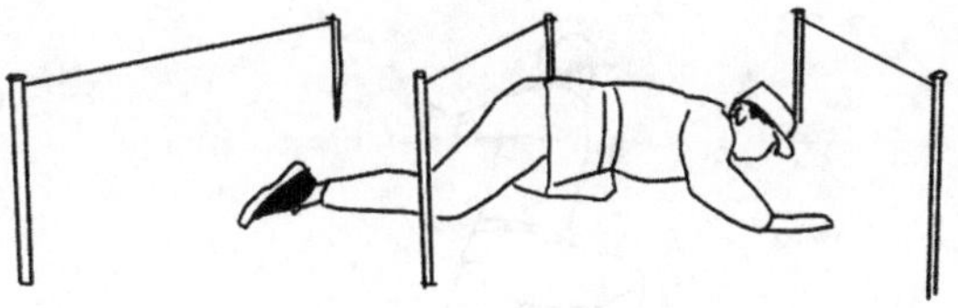

图 5-33　四肢着地爬行

6. 通过独木桥

（1）动作要领：跑至斜板前约 0.3 米处，一只脚蹬地，身体向前上方跃起，另一只脚以前脚掌踏蹬斜板中上部，蹬地脚迅速踏上桥面。跑或走过正桥时，目视前方，上体略前倾，两腿微屈，身体重心稍降低，两脚稍外张，两臂自然张开，保持身体平衡。跑或走至桥端或接近桥端时，一只脚向前下摆，并着地缓冲，另一只脚从桥端或两侧下桥，并迈步向前跑进（图 5-34）。

图 5-34　通过独木桥

（2）保护方法：训练前清扫桥面。采用自我保护，练习时身体若失去平衡即主动跳下，并做好缓冲动作。

（3）常见错误与纠正方法：

错误动作：通过时动作不稳，踩空失误。

纠正方法：身体自然放松，上体前倾，两臂张开，自然摆动，保持平衡；通过时适当降低身体重心；平地上画一条直线，练习踏线跑。

（4）辅助训练方法：

1）踏板练习：跑至斜板前约 30 厘米处，有力脚用力蹬踏斜板中上部，使身体向前上方跃起（图 5-35）。

图 5-35　踏板练习

2）后蹬跑：在平整的地面上，练习连续后蹬跑（图 5-36）。

图 5-36　后蹬跑

3）单腿跳直线：在平整的地面上，练习连续单腿跳直线，提高力量和身体平衡能力（图 5-37）。

图 5-37　单腿跳直线

4）高抬腿垫步跑：在平整的地面上，练习垫步跑，模拟下桥动作。

要求：挺胸直立，右大腿抬起至与地面平行，勾脚尖，同时对侧臂前摆；右前脚掌用力蹬地，并快速做一个垫步跳，继续蹬地，身体重心前移，同时抬起左腿，两腿交替进行（图 5-38）。

图 5-38　高抬腿垫步跑

7. 攀越高墙

（1）动作要领：

1）臂撑攀越。跑至高墙前约 1 米处，一只脚蹬地起跳，另一条腿屈膝上抬，以前脚掌向前下蹬踏墙中部，借向上的冲力两手攀住高墙上缘，将身体撑上高墙。同时起跳腿迅速屈膝上抬，用膝部或小腿内侧挂于高墙上缘，身体迅速上翻，上体随即下潜，起跳腿异侧手换握（手指向后）高墙上缘，同侧手下移并推墙壁，两腿翻过高墙上缘，两脚先后着地，使身体转向跑进方向，继续跑进（图 5-39）。

图 5-39　臂撑攀越

2）一手一脚支撑攀越。跑至高墙前约 1 米处，一只脚蹬地起跳，另一条腿屈膝上抬，以前脚掌向前下蹬踏墙中部，身体向前上方腾起，两手攀、撑于高墙上缘，用力下压撑起身体，起跳腿屈膝上摆，脚踏高墙上缘，身体成一手一脚支撑于高墙上缘。随后蹬墙腿屈膝上提收于支撑腿胯下，并越过高墙前伸，手推、脚蹬高墙跳下，两脚前后着地，继续跑进（图 5-40）。

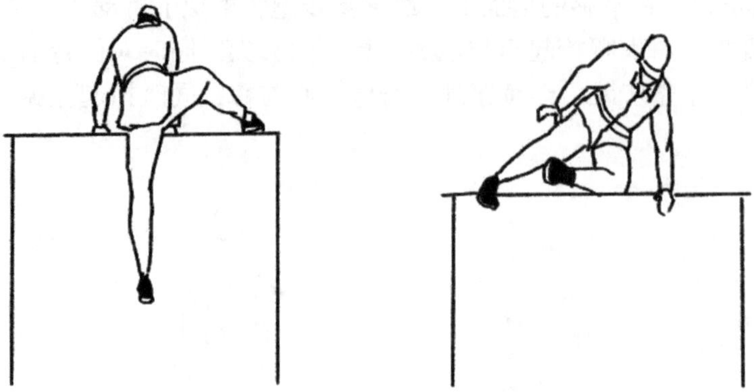

图 5-40 一手一脚支撑攀越

3）立臂攀越。跑至高墙前约 0.4 米处，两脚蹬地起跳，使身体向上跃起；同时两臂或两手挂撑于高墙上缘，借身体向上的冲力和两臂撑力撑上高墙；然后一条腿屈膝由体侧提起，并踏于高墙上缘，使身体成一手一脚支撑，另一条腿上提内收前伸跳下，继续跑进（图 5-41）。

图 5-41 立臂攀越

（2）保护方法：保护者位于高墙后一侧，当受训者跳下失去平衡时，扶其身体防摔伤。

（3）常见错误与纠正方法：

错误动作：蹬墙脚下滑，起跳后身体上不去，落地后仍面向墙。

纠正方法：蹬墙时加大向前的力量；反复练习，调整好起跳距离。借蹬墙的冲力，双手攀、拉墙上缘并下压撑起身体，用力协调一致；用口令诱导挂腿要领；蹬墙腿要抬高，蹬在墙的中部。跳下时上体及时下潜，手推墙适当用力，推墙、转体要协调，保持身体平衡。

（4）辅助训练方法：

1）三步上篮摸高（图 5-42）。

2）单杠引体向上：提高上肢力量（图 5-43）。

8. 匍匐通过低桩网

（1）动作要领：跑至网前约 1.5 米处，一条腿向前跨一步，同时屈膝弯腰，上体向前下俯冲，两臂前伸，手、膝着地，顺势钻入网下，两手、两膝交替用力匍匐前进。出网

图 5-42　三步上篮摸高

图 5-43　单杠引体向上

时，两臂撑起上体，一条腿屈膝上抬，脚蹬地，使身体向前上方跃起，另一条腿迅速前迈，继续跑进（图 5-44）。

（2）保护方法：采用自我保护，注意卧倒时按照膝、手的顺序，防止肘部、肩部直接着地摔伤。

（3）常见错误与纠正方法：

错误动作：入网时受阻，头碰网；网线刮头或背部。

纠正方法：在网前约 2 米处，向前一大步，身体前倾，上体下塌，两臂向前下伸，低头钻入网下，反复练习；前进时大臂、大腿稍外张，低头看侧前方。

（4）辅助训练方法：

1）平板支撑：提高腰腹力量。

2）俯卧撑：提高上肢力量。

3）推小车：提高上肢和腰腹力量（图 5-45）。

要求：腹部收紧、身体呈一条直线，不要出现塌腰。

9. 跨越低桩网

（1）动作要领：跑至网前约 1 米处，一只脚跨过第 1 条网线着地，另一只脚蹬离地面

图 5-44　匍匐通过低桩网

图 5-45　推小车

后，小腿稍向外向上翻，绕过第 1 条网线，并向前跨过第 2 条网线着地，两脚交替跨过第 3、4、5、6 条网线，继续跑进（图 5-46）。

（2）保护方法：采用自我保护，防止脚绊、勾网线摔倒。

（3）常见错误与纠正方法：

错误动作：后脚绊、勾网线。

纠正方法：后蹬过渡到前摆时，注意小腿外翻并上抬。

（4）辅助训练方法：

1）跳绳：在平整地面上做双脚交替跳绳练习。

2）外摆腿跑：在平整的地面上练习外摆腿跑（图 5-47）。

要求：后踢小腿时尽量使脚后跟碰触臀部，碰触时脚背绷直、尽量外摆。

3）同距离模拟跨网跑：在平整的地面上练习相同间隔距离无网跑，提高身体协调性（图 5-48）。

图 5-46 跨越低桩网

图 5-47 外摆腿跑

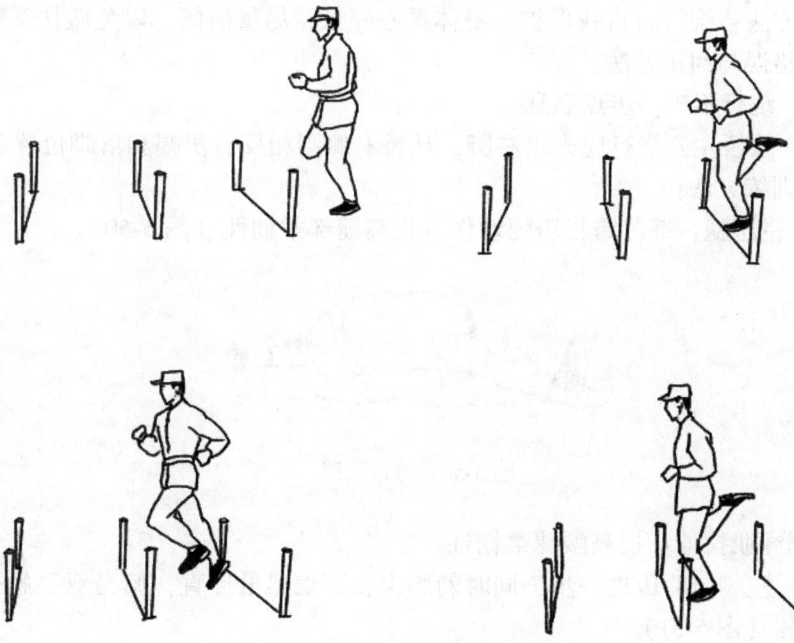

图 5-48 同距离模拟跨网跑

10. 攀越高墙

内容同 7. 攀越高墙。

11. 绕行桥柱

（1）动作要领：跑至桥下第一桥柱左（右）侧，屈膝弯腰，右（左）脚向第二桥柱右（左）侧迈出一步，左（右）手抱第二桥柱，身体内倾，左（右）脚绕过第二桥柱后向第三桥柱左（右）侧迈出一步，然后右（左）手抱第三桥柱，身体向第三桥柱内倾，右（左）脚绕过第三桥柱后向右（左）前迈出一步，身体随之钻出桥下继续跑进（图 5-49）。

图 5-49 绕行桥柱

（2）保护方法：绕行时自我保护，身体重心降低，尽量前倾，以免碰伤头部。

（3）常见错误与纠正方法：

错误动作：绕行不顺，步点混乱。

纠正方法：从桥左侧绕行应先出右脚，从桥右侧则相反，步幅和落脚位置要适当。

（4）辅助训练方法：

1）模拟跨栏压腿：练习跨栏压腿动作，提高腿部柔韧性（图 5-50）。

图 5-50 跨栏压腿

2）立位腘绳肌拉伸：提高腰腿柔韧性。

训练方法：左脚向前迈进一步，同时勾脚尖，膝盖尽量伸直；俯身双手触摸脚尖保持一定时间，换腿（图 5-51）。

12. 吊越水平梯

（1）动作要领：跑至水平梯前跃起，双手抓握第二横杠，借身体前冲的惯性，两手交

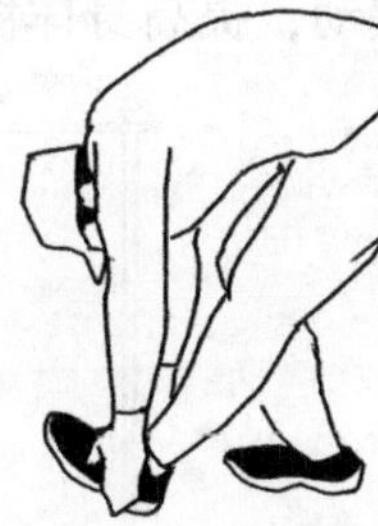

图 5-51　立位腘绳肌拉伸

替向前移握横杠，从梯下通过；至另一端时，两脚踏上低台，两手向后推横杠，连接上低台动作（图 5-52）。

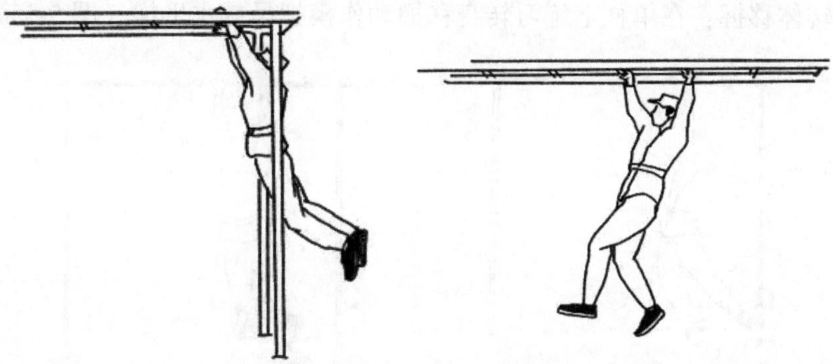

图 5-52　吊越水平梯

（2）保护方法：保护者位于水平梯一侧并随受训者移动，当受训者动作失误时，扶、托其腰部防止向后摔倒。

（3）常见错误与纠正方法：

错误动作：移手、摆腿送髋不协调。

纠正方法：由慢到快，反复练习。

（4）辅助训练方法：

1）原地起跳抓杠：在水平梯或单杠下，练习原地起跳抓杠动作（图 5-53）。

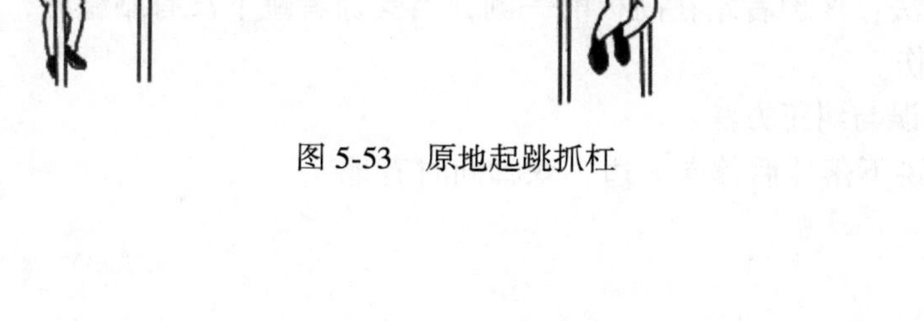

图 5-53　原地起跳抓杠

2）单杠前后摆动：在单杠上前后摆动，提高身体协调性（图 5-54）。

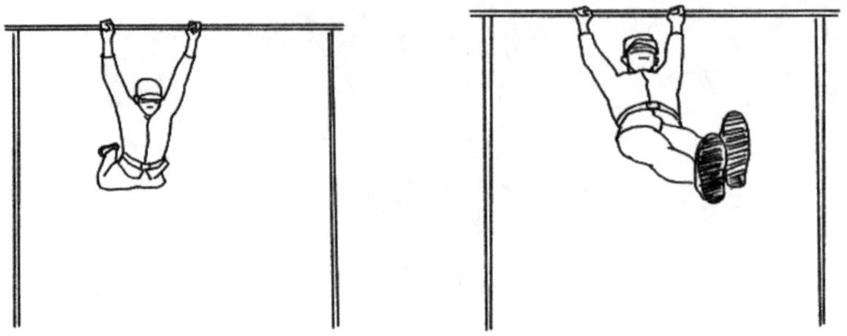

图 5-54 单杠前后摆动

3）单杠转体移握：在单杠上练习转身移握动作模拟吊越水平梯（图 5-55）。

图 5-55 单杠转体移握

13. 蹬越跳台高板

（1）动作要领：登上低台后，一只脚以前脚掌踏于低台面前部，另一只脚向前上方抬起，踏于高台面中部，登上高台，踏低台脚再向前上方摆出，脚掌踏于高板面上，后脚蹬离高台向前摆，随之屈膝下蹲，一手撑于高板上，并推板跳下，继续跑进（图 5-56）。

（2）保护方法：保护者站在高板前一侧，当受训者跳下没有站稳时，迅速扶其腰部协助缓冲，以免摔伤。

（3）常见错误与纠正方法：

错误动作：跳下落地后偏向一边，双脚同时着地。

图 5-56 蹬越跳台高板

纠正方法：借助矮墙反复练习，体会推手和降低重心，着地缓冲；练习中有意识地控制两脚前后着地。

（4）辅助训练方法：

1）弓箭步走：在平整的地面上练习弓箭步，提高腿部力量和柔韧性（图 5-57）。

图 5-57 弓箭步走

要求：挺胸抬头站立，双手叉腰，左腿向前跨一大步至大腿与地面平行，躯干保持直立，还原至起始姿势，两腿交替进行。前侧腿膝盖不超过脚尖或出现内扣，后侧腿膝盖接近但不触及地面，躯干始终垂直地面。

2）高台模拟跳：在高台上模拟跳下高板动作（图 5-58）。

14. 钻越洞孔

（1）动作要领：跑至洞孔前约 0.6 米处，一条腿屈膝支撑，另一条腿上抬前伸，身体前倾，弯腰伸头，腹部贴近大腿，两臂前伸，使前跨腿、头部和两臂同时钻过洞孔。通过洞孔后，前跨腿随即着地支撑，上体向前上挺起，两手推洞孔下沿，支撑腿向前提拉过洞孔并前迈，继续跑进（图 5-59）。

图 5-58　高台模拟跳

图 5-59　钻越洞孔

（2）保护方法：采用自我保护，身体钻入洞孔时，上体尽量靠近前跨腿，用力低头钻入，防止撞伤头部。

（3）常见错误与纠正方法：

错误动作：钻洞不入；入洞碰头，出洞刮背；前腿磕碰。

纠正方法：支撑腿尽量弯曲；上体前屈，入洞时低头含胸，前跨腿和上体出洞口后，先向前再向上挺起；前跨腿上提前伸，脚应对准洞孔中下部顺势前跨。

（4）辅助训练方法：

1）跨栏压腿（图 5-50）。

2）立位腘绳肌拉伸（图 5-51）。

3）前抬腿伸臂体前屈：模拟钻越洞孔的动作（图 5-60）。

15. 跳下攀上壕沟

（1）动作要领：跑至壕沟前缘约 0.5 米处，屈膝弯腰身体下降，一手撑地并跳下壕沟；而后向前迈出一小步，两脚同时蹬地起跳，身体向上跃起，两手顺势攀壕壁上缘，借助身体向上的惯性力，使身体撑于壕壁上缘；然后一条腿屈膝上抬，脚踏或膝跪于壕壁上缘，另一条腿上提、前迈，继续跑进（图 5-61）。

图 5-60　前抬腿伸臂体前屈

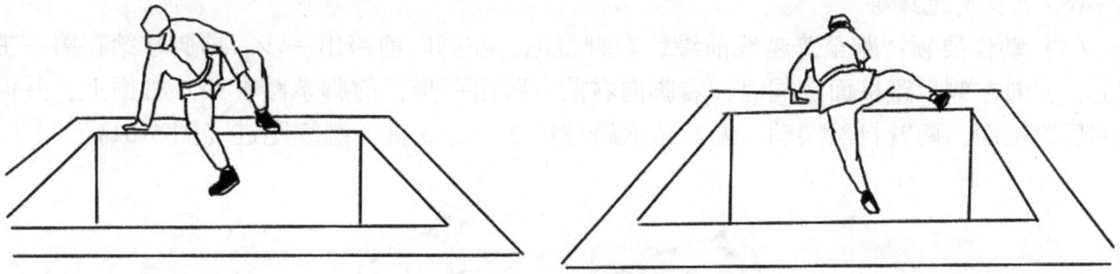

图 5-61　跳下攀上壕沟

（2）保护方法：保护者站在壕沟内一侧，当受训者攀不上壕沟或者失误时，托其臀部给予协助和保护。

（3）常见错误与纠正方法：

错误动作：起跳动作慢而无力，身体上不去，两臂撑不起来。

纠正方法：跳下后助跑，蹬地要连贯、果断有力，蹬、攀、撑连贯协调；加强上肢力量练习。

（4）辅助训练方法：

1）高台模拟跳：在高台上模拟跳下壕沟的动作（图 5-62）。

图 5-62　高台模拟跳

2）攀上高台：在高台上模拟攀上壕沟的动作（图 5-63）。

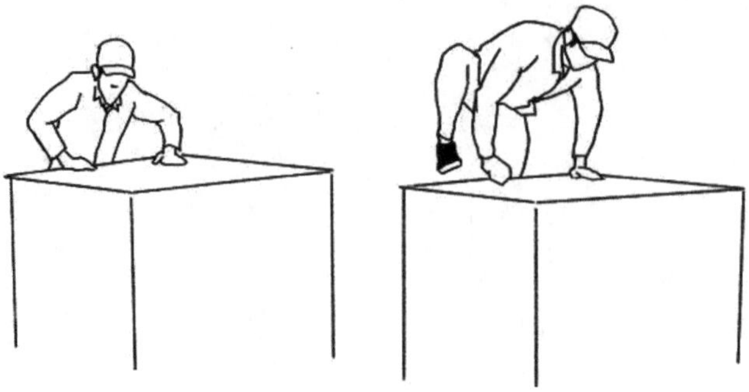

图 5-63　攀上高台

16. 五步通过跨桩

（1）动作要领：跑至跨越线前缘，右脚蹬地，左脚向前跨出一步，前脚掌踏在第一桩面上，并向左侧后蹬桩面。同时，右脚向右前方跨出一步，前脚掌踏在第 2 桩面上，并向右侧后蹬桩面，两臂自然摆动，两脚依次跨越第 3、4、5 桩，继续跑进（图 5-64）。

图 5-64　五步通过跨桩

（2）保护方法：采用自我保护，练习时要集中精力，脚要踩准圆桩，防止扭伤脚踝。

（3）常见错误与纠正方法：

错误动作：身体重心不稳，踩滑失败。

纠正方法：身体重心前移，两臂自然张开，保持平衡，踏桩要准、稳，反复练习。

（4）辅助训练方法：

分腿跨步跑：在平整的地面上，练习分腿跨步跑（图 5-65）。

图 5-65　分腿跨步跑

三、训练方法

通过障碍，是一项既要克服若干个障碍物，又要快速跑进一定距离的训练项目，它是融速度、耐力、力量、技巧、灵敏为一体的综合性训练，难度高、强度大。因此，通过障碍的教学训练，应按照循序渐进的原则，先进行基础性体能训练，再进行通过障碍训练；先进行单个障碍练习，再进行几个障碍的分段练习，最后再进行全程练习，以确保良好的训练效果。

（一）单个障碍训练

单个障碍的训练方法：依照障碍物设置顺序，按动作难易程度和障碍物动作方式分类训练。

1. 按障碍物设置顺序训练

按照400米障碍的障碍物设置顺序，依次进行通过单个障碍的训练。训练时，讲清障碍物名称、通过的动作要领及规则、保护方法、常见错误与纠正方法等。练习时，要采取先辅助练习，再慢动作体会，然后再连贯动作练习。

2. 按通过障碍物动作的难易程度训练

根据通过障碍物动作的难易程度，按照先易后难的顺序进行单个障碍训练。通常可按照如下顺序进行：三步通过跨桩→五步通过跨桩→跨越壕沟→钻越洞孔→绕行桥柱→匍匐通过低桩网→跨越低桩网→通过独木桥→蹬越跳台高板→爬越水平梯→吊越水平梯→跳越矮墙→攀越高墙→攀上跳下高板跳台→跳下攀上壕沟。

3. 按通过障碍物的动作方式分类训练

把通过单个障碍时动作相同或相似的障碍物合并在一起进行训练的方法。400米障碍可分为：跨越类（三步通过跨桩、五步通过跨桩、跨越壕沟、跨越低桩网、跳越矮墙）、钻爬类（匍匐通过低桩网、绕行桥柱、钻越洞孔）、蹬越类（蹬越跳台高板、通过独木桥）和攀越类（攀越高墙、爬越水平梯、吊越水平梯、攀上跳下高板跳台、跳下攀上壕沟）等四种类型。

（二）分段训练

分段训练是将某一段距离内的障碍物连贯通过，达到复习通过单个障碍物，掌握各障碍物之间连续通过的步点节奏、提高耐力和通过速度的目的。分段练习时，可将已训练过的单个障碍物串联在一起训练，也可在全部障碍物单个通过训练结束后再进行分段练习。

分段练习时应熟练掌握每个障碍物的起跳、起跨、着地、落地点和障碍物与障碍物之间平地跑的步点节奏及连续性，避免平地跑或跑到障碍前拉大步或倒小步，影响下一个障碍顺利通过及全段速度。

400米障碍分段训练，通常按以下两种方法实施。

1. 第一分段练习

（1）由100米转弯处开始起跑，连续通过跨桩、壕沟、矮墙、高板跳台四个障碍物。

（2）由低跳台开始起跑，连续通过水平梯、独木桥、高墙、低桩网四个障碍物。

（3）由100米转弯处开始起跑，连续通过跨桩、壕沟、矮墙、高板跳台、水平梯、独木桥、高墙、低桩网八个障碍物。

（4）由400米障碍起点开始起跑，连续通过跨桩、壕沟、矮墙、高板跳台、独木桥、水平梯、高墙、低桩网八个障碍物。

2. 第二分段练习

（1）由第二转弯处开始起跑，连续通过低桩网、高墙、桥柱、水平梯四个障碍物。

（2）由水平梯一侧开始起跑，连续通过跳台高板、矮墙洞孔、壕沟、跨桩四个障碍物。

（3）由第二转弯处开始起跑，连续通过低桩网、高墙、桥柱、水平梯、跳台高板、矮墙洞孔、壕沟、跨桩八个障碍物。

（4）由第二转弯处开始起跑，连续通过低桩网、高墙、桥柱、水平梯、跳台高板、矮墙洞孔、壕沟、跨桩八个障碍物后，转弯跑 100 米至终点。

（三）全程训练

400 米障碍全程跑是教学训练的重点，是技术动作和身体素质的集中体现，也是动力定型的最后阶段。全程训练可采用慢速跑、计时跑、测验跑、竞赛跑等形式进行。训练中应掌握好各障碍物之间的步点节奏和各段与全程的连续性，计划好全程时间与各段时间比例，使全程跑节奏稳定、速度均匀，防止前段快后段慢，节奏混乱，体力消耗大，而影响全程成绩。

由于 400 米障碍跑既有平地跑，又有通过障碍跑，且距离相对较长，所以在 400 米障碍全程跑的过程中，应重点把握好通过障碍物前后的跑进方法、呼吸方法与体力分配等环节。

1. 通过障碍物前后的跑进方法

通过垂直障碍物前，跑的动作要轻松自然，身体重心平稳地前移，具有明显的加速节奏，使人体产生较大的前冲速度，从而增强蹬地起跳的效果。通过垂直障碍物后，人体落地时冲击力较大，要注意降低身体重心，屈膝缓冲，随之蹬地起动，继续跑进。通过水平障碍物之前，要保持已获得的水平速度，加速节奏要明显。通过障碍物后，要利用身体向前的冲力，保持水平速度，继续跑进。

2. 通过 400 米障碍的呼吸方法

前 100 米平地跑时，自然地加深呼吸，呼吸的节奏要和跑的节奏相配合。后 100 米跑时，呼吸的频率和深度要有所增加。通过障碍物时，可“闭气”用力，通过障碍物后，应增大呼吸深度，及时调整好呼吸节奏。呼吸可利用鼻和半张开口进行，呼吸方法与中长跑基本相同。

3. 通过 400 米障碍全程跑的体力分配

400 米障碍跑要求用“均匀”的速度跑完全程，快速而顺利地通过障碍物和保持合理的全程跑速，是完成全程跑的关键。因此，应根据自己的能力，划分好各段距离跑进时间比例，并注重运用各种通过技术，合理地分配体力。前 100 米跑要求速度适宜、动作轻松省力。在障碍物与障碍物之间的跑进中，应进行步点调整，即在通过障碍物后要调整好步点，在通过下一个障碍物前，要稍加快跑速，以利于快速顺利地通过障碍物。最后 100 米跑，要求全力以赴冲刺跑到终点。

（四）通过障碍训练的队形和口令

通过单个障碍物和分段训练时，成横队站于障碍物一侧，下达“第一名、出列”的口令，第一名出列取捷径跑到准备位置，自行跨立；听到“前进”的口令后，开始练习，练习完毕自行入列。此时，第二名自动出列跑到准备位置跨立，听候口令依次进行练习。采用流水作业法练习时，成纵队，下达“距离 x 步、前进”的口令。调换障碍物时，下达“停止训练”的口令，并指定调换地点，下达“各班带开”的口令，各班跑步带到指定位置后，下达“开始训练”的口令，各班开始训练。进行全程练习时，下达“预备、前进”的口令。

四、训练注意事项

（1）按照循序渐进的原则进行训练。400米障碍训练难度大、强度高，教学训练必须遵循循序渐进的原则和基本技能的形成规律，应先基础，后应用；先简单，后复杂；先单个，后分段，再全程；先计时跑，后测验跑，再竞赛跑。要逐步展开训练，逐渐加大训练强度，确保教学训练的效果。有条件的单位，还可到野外利用天然障碍进行训练，以增强实战应用能力。

（2）发展身体素质训练和掌握技术相结合。通过障碍训练，应把发展身体素质训练和掌握通过技术结合起来，并贯穿到训练过程中，可起到事半功倍的作用。单个障碍训练期间，身体素质训练可占每课时间的一半，可安排速度、速度耐力、上肢力量、弹跳力和腰腹力量等练习内容。分段训练期间，身体素质训练与通过技术训练的比例约为2∶3，以发展速度耐力为主，增大训练强度，课中可安排1000~3000米跑，加强耐力训练。全程训练期间，身体素质训练应以速度、速度耐力训练为主。

（3）训练前场地器材的检查要到位。训练前，应清理场地，切实检查、检修障碍物，如有丢失、损坏、松动、锈蚀、霉变，应修复后再使用；教学训练中，障碍物如有损坏或松动，应立即停止使用，以确保安全。

（4）训练中要注意安全并加强保护工作。通过难度大的障碍物必须有专人保护。保护人员应位于易出事故的一侧，集中精力，注意观察并及时保护，防止发生事故。如出现训练伤，应按照军事体育训练的伤病防治方法，由医务人员或经过培训的专业人员救治，其他人员不得擅自移动、救治受伤人员。

（5）做好训练前的准备活动与训练后整理活动。在进行障碍训练前，做好关节与各肌肉的活动、提高神经中枢系统兴奋性，使受训者快速进入训练状态，减少伤病的发生。训练后，要加强对肌肉的拉伸，使受训者的身体机能得到放松、恢复。

五、考核测试

（一）保障条件

400米障碍场，秒表，记录台，联络旗。着迷彩服（帽）、制式胶鞋，扎编织外腰带。

（二）考核规则

（1）通过要求：

1）通过障碍物的顺序。顺序为跨桩、壕沟、矮墙、高板跳台、水平梯、独木桥、高墙、低桩网。返回时按相反顺序通过障碍物。

2）起跑。受试者位于起跑线后，听到“开始”的信号后起跑。

3）100米跑。直道跑100米，身体不得接触跑道外地面（无跑道设置的障碍场，100米转弯处外沿设置标志杆，身体须绕过标志杆，不得手触标志杆）。返回时，直道跑100米到达终点。

4）通过跨桩。从右侧3个桩面上通过，身体不得触及标志线之间的地面。返回时，依次踏在5个桩面上通过。

5）跨越壕沟。身体由壕沟上方通过。返回时，跳下攀上壕沟（不得借助其他器械或他人的帮助）。

6）跳越矮墙。身体的所有部分从矮墙上方通过。返回时，从洞孔钻过。

7）通过高板跳台。身体的任何部分不得触及立柱，并依次从高板、高低台面上通过。返回时，依次蹬越跳台、高板。

8）通过水平梯。从水平梯上面爬行通过。返回时，悬垂通过水平梯。

9）通过独木桥。从独木桥上通过，并落于桥端的标志线外。返回时，依次绕过独木桥柱。

10）攀越高墙。身体的所有部分从高墙上方通过。返回时通过方法相同。

11）通过低桩网。身体从网下通过低桩网。返回时，从网线间跨越通过。

（2）凡未按要求通过障碍物（如绕道通过、不慎掉落着地等），受试者应返回该障碍物起始点，重新通过，否则不计成绩。

（3）从“开始”的信号发出至受试者按要求超越所有障碍物并到达终点，所用的时间为最终成绩。

（4）成绩精确到秒。如秒表计取的时间为1′45″23，应登记为1′46″。

（三）考核方法

（1）设计时员（兼发令）1名，检查员若干名。

（2）计时员发出“出发”信号同时开表，当受试者到达终点线时停表，并登记成绩。检查员负责检查受试者是否按要求通过障碍物。

第二节　携枪通过100米障碍

一、训练条件

场地：利用现行400米障碍场第二段的100米障碍场。障碍物：三步桩、壕沟、矮墙、高板跳台、独木桥、高墙和低桩网，共7组障碍物（不含水平梯）。着迷彩服（帽）、制式胶鞋，扎编织外腰带。携带95式自动步枪或仿真枪（图5-66）。

图5-66　挂枪姿势

二、技术动作

通过顺序：站立式起跑→三步通过跨桩→跨越壕沟→跳越矮墙→攀上跳下高板跳台→通过独木桥→攀越高墙→匍匐通过低桩网。每个动作要领与本章第一节“400 米障碍”相同。

（一）挂枪与背枪互换

挂枪与背枪互换时，左手握枪下护盖，右手从枪带内侧穿过，移握枪上护盖，左手松开，右手迅速将枪向后移动，成背枪姿势（图 5-67）。由背枪变挂枪时，右手握枪上护盖，将枪向前移动，左手迅速接枪下护盖，右手从外侧举起，从内侧穿过枪背带，握住握把，成挂枪姿势（图 5-68）。

图 5-67　挂枪与背枪互换

图 5-68　背枪与挂枪互换

（二）站立式起跑

练习者成挂枪姿势，左脚在前，右脚在后，身体稍向前倾，目视前方（图 5-69）。

图 5-69　站立式起跑

（三）三步通过跨桩

方法：挂枪通过三步桩（图 5-70）。

图 5-70　挂枪通过三步桩

（四）跨越壕沟

方法：挂枪跨越壕沟（图 5-71）。

图 5-71　挂枪跨越壕沟

（五）跳越矮墙

方法：单手携枪一手一脚支撑跳越矮墙（图 5-72），单手携枪一手支撑跳越矮墙（图 5-73）。

图 5-72　单手携枪一手一脚支撑跳越矮墙

图5-73　单手携枪一手支撑跳越矮墙

（六）攀上跳下高板跳台

方法：背枪挂臂攀上高板（图5-74），背枪立臂攀上高板（图5-75），背枪通过高低跳台（图5-76）。

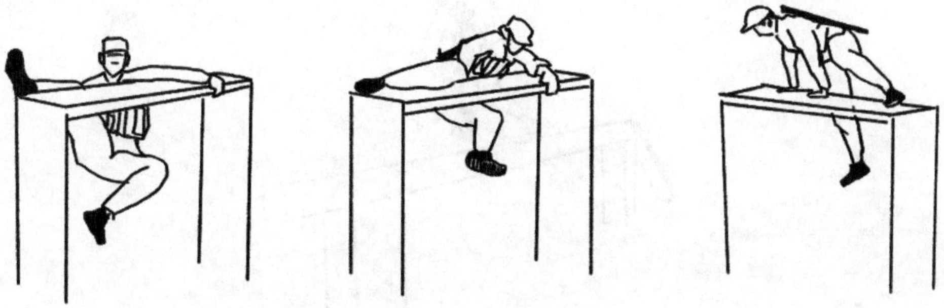

图5-74　背枪挂臂攀上高板

图5-75　背枪立臂攀上高板

（七）通过独木桥

方法：挂枪通过独木桥（图5-77）。

（八）攀越高墙

方法：背枪双立臂攀越高墙（图5-78）。

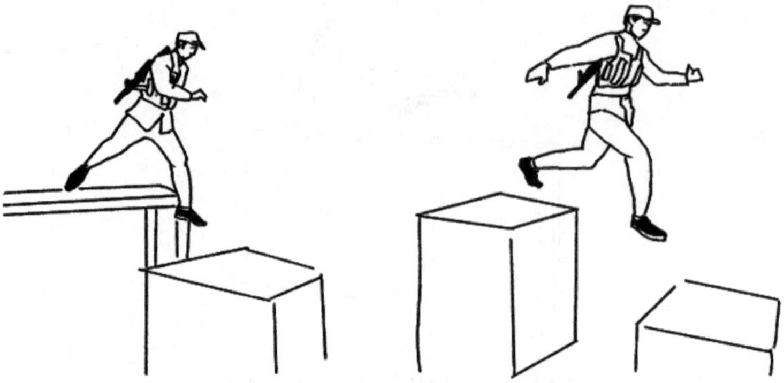

图 5-76 背枪通过高低跳台

图 5-77 挂枪通过独木桥

图 5-78 背枪双立臂攀越高墙

(九) 匍匐通过低桩网

方法：持枪匍匐通过低桩网（图 5-79）。

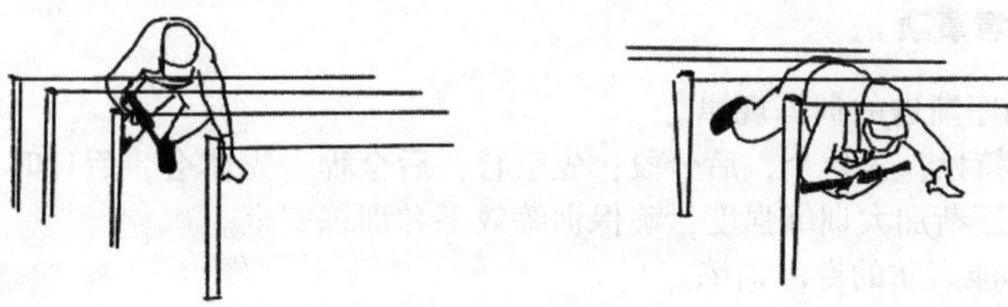

图 5-79　持枪匍匐通过低桩网

三、训练方法

主要训练方法为：熟练掌握挂枪与背枪动作、携枪通过单个障碍训练、携枪通过组合障碍训练和携枪通过全程障碍训练。

（一）挂枪与背枪互换动作训练

原地挂枪与背枪互换练习。主要训练方法：受训者进行原地挂枪与背枪动作互换练习，闭上眼睛原地挂枪与背枪动作互换练习，原地高抬腿挂枪与背枪动作互换练习。

跑动挂枪与背枪互换练习。主要训练方法：慢跑挂枪与背枪动作互换练习，中速跑挂枪与背枪动作互换练习，冲刺跑挂枪与背枪动作互换练习。

（二）携枪通过单个障碍训练

携枪障碍训练是在受训者熟练掌握徒手通过障碍的基础上进行的训练。在徒手训练时，应掌握动作要领、保护与帮助方法、训练方法、考核规则、常见错误与纠正方法等。在携枪障碍训练前期，需让受训者进行单个障碍物的较慢动作体会练习，重点感受“人枪结合”通过障碍物，找出背枪越障时枪体的摆动规律，避免因枪体摆动撞击头部、身体而造成的训练伤。当基本掌握携枪通过障碍动作要领后需逐步加快动作速率，提高通过障碍物的成功率。在进行难度较大障碍物训练时，可采用分解动作训练的方法，将整个技术动作分解为 2~3 个技术环节进行反复练习，当各环节的技术动作熟练掌握后，再进行连贯动作练习。

（三）携枪通过组合障碍训练

携枪通过 100 米障碍由 7 组障碍物组成。通常情况，可分为两个组合进行练习。第一组合由前 4 组障碍物构成，即连续通过三步跨桩、壕沟、矮墙、高板跳台 4 个障碍物。第二组合由 3 组障碍物构成，即连续通过独木桥、高墙、低桩网 3 个障碍物。在障碍组合训练过程中应熟练掌握每个障碍物的起跳位置、起跨腿和落地点等，根据自身跑动情况固定障碍物与障碍物之间平地跑的步点，避免平地跑时步伐紊乱或跑到障碍前出现小步或碎步，影响下一个障碍顺利通过及全段跑进速度。

（四）携枪通过全程障碍训练

携枪通过 100 米障碍训练能为实装通过 200 米障碍训练打下基础。在全程训练中，可采用慢速跑、计时跑、测验跑、竞赛跑等形式，进行由易到难、由简到繁、循序渐进和激发训练热情的训练。训练中，应掌握好跑动节奏、呼吸节奏、各障碍物之间的步点，注重全程通过时的连续性和成功率，力求做到节奏稳定、速度均匀。

四、训练注意事项

（1）遵循循序渐进的训练规律。

先徒手，后持枪；先单个，后分段；先组合，后全程；先体会，后计时，再竞赛。要逐步展开训练，逐渐加大训练强度，确保训练效果和训练安全。

（2）加强体能素质的专门训练。

针对携枪通过障碍的体能素质特点，在训练课中可安排：200～400米间歇跑，快速挺举杠铃、负重提踵、肋木举腿以及引体向上和俯卧撑等练习，提高速度耐力、臂力、弹跳力和腰腹力量。还可以加强组合体能训练，如力量组合练习、负重快速跑组合练习、速度与力量组合练习。加强专项体能素质训练，不仅有利于掌握携枪通过障碍的动作要领，提高训练水平，而且可减少动作失误，防止训练伤的发生。

（3）采取防范事故的有效措施。

在训练前，应对场地和障碍物进行安全检测。组训者应向受训者讲清各障碍物的保护与帮助方法。如定位保护方法和移动保护方法。要求保护者站位要准确，注意力高度集中，身体做好保护的准备姿势并处于动态保护状态，一旦受训者出现摔落，可采用“抱、拉、托、垫”等方式进行保护，防止或减轻损伤。训练中如出现损伤事故，应按照军事体育训练伤病防治方法，由医务人员或经过培训的专业人员救治，其他人员不得擅自移动、救治受伤人员。

五、考核测试

（一）保障条件

400米障碍场，自动步枪（或仿真枪），秒表，记录台。着迷彩服（帽）、制式胶鞋，扎编织外腰带。

（二）考核规则

（1）考核时，出现如下犯规动作之一不记成绩，除非受试者及时纠正错误动作：

1）装备与着装犯规。携带的装备器材掉落后未及时捡起和佩戴好，或佩戴后未重新通过该障碍物。

2）起跑犯规。起跑时未采用站立式起跑动作、起跑时脚超过起跑线。

3）跨桩犯规。脚未踩踏三步跨桩面。

4）壕沟犯规。身体未从壕沟上方通过。

5）矮墙犯规。身体的所有部分未从矮墙上方通过。

6）高板跳台犯规。脚触及高板立柱、身体未从高板上方通过、未依次从高台低台面上通过。

7）独木桥犯规。未从独木桥上方通过，或落于桥端标志线内。

8）高墙犯规。身体的所有部分未从高墙上方通过。

9）低桩网犯规。身体未从低桩网下通过。

（2）凡未按要求通过障碍物（如绕道通过、不慎掉落着地等），受试者应返回该障碍物起始点，重新通过，否则不计成绩。

（3）从“开始”的信号发出至受试者按要求超越所有障碍物并到达终点，所用的时间为最终成绩。

（4）成绩精确到秒。如秒表计取的时间为1′45″23，应登记为1′46″。

（三）考核方法

每个考点设发令员1人，负责联络终点、核对受试者、发出“出发”信号和起跑犯规处理；计时员1人，负责计时、登记成绩；设检查员若干人，负责检查受试者是否按要求通过障碍物。

第三节　实装通过200米障碍

一、训练条件

场地：利用现行400米障碍场第二段和第三段的200米障碍场。前100米障碍物为：三步桩、壕沟、矮墙、高板跳台、独木桥、高墙和低桩网，共7组障碍物。后100米障碍物为：跨网、高墙、桥桩、水平梯、高板跳台、洞孔、壕沟和五步桩，共8组障碍物。器材：转折旗。着装：着迷彩服、扎编织外腰带、戴头盔、穿作战靴、单兵携行具（装4个弹匣、4枚手榴弹）、携带挎包（装防毒面具1个）、水壶（装满水）和自动步枪或仿真枪1支（图5-80）。

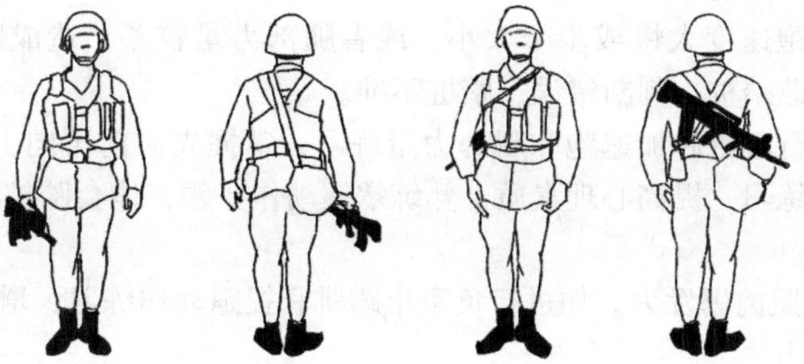

图5-80　实装携枪

二、技术动作

通过顺序：站立式起跑→三步通过跨桩→跨越壕沟→跳越矮墙→攀上跳下高板跳台→通过独木桥→攀越高墙→匍匐通过低桩网→折返→跨越低桩网→攀越高墙→绕行桥柱→吊越水平梯→蹬越跳台高板→钻越洞孔→跳下攀上壕沟→五步通过跨桩→到达终点。通过各障碍物携枪动作可采用单手持枪或背枪两种方法。

（一）三步通过跨桩

1. 动作要领

起跑后加快助跑速度，一脚前脚掌迅速平踏在第一桩面上，另一脚向前平跨在第二桩面上，然后一脚再蹬踏在第三桩面。在跨桩跑进时，上体略前倾，腿部高抬。通过前两个桩面时，身体轨迹应以向前为主。通过第三桩面时，身体轨迹应以前上方向为主。持枪通过时，手腕稍用力，尽量减少枪体晃动，另一手配合腿部动作做前后有力摆动。背枪通过时，可用手扶握枪的前护把或拉住枪带，防止枪体晃动而影响跑进动作（图5-81）。

图 5-81 跨越三步桩

2. 保护与帮助

训练前，要清除桩面尘土，防止受训者滑倒。训练中，保护者站立于第三桩面一侧(受训者非持枪手一侧)，两臂微张，做好保护准备姿势。当受训者出现踩踏桩面动作失误时，扶其手臂或身体，防止摔伤或扭伤。

3. 常见错误与纠正方法

错误动作：助跑速度太慢或步子太小，或者腿部力量较差，造成踏不上桩；害怕心理，动作犹豫，不敢踏桩；判断错误，踏桩不准。

纠正方法：进行起跑后加速跑和腿部力量练习；掌握先向前再向上的蹬跨桩面动作；进行平地模拟踏桩练习，提高心理素质，熟练掌握动作要领，体会踏桩动作感受。

4. 训练方法

（1）提高腿部肌肉爆发力。如进行负重半蹲跳和提踵动作练习，增强大腿和小腿快速蹬伸的力量和弹跳力。

（2）在平整地面上画 3 个直径和间距与三步跨桩相同的圆圈，受训者按照动作要领进行反复的模拟踏桩训练。在熟练掌握模拟踏桩的基础上，再进行实地踏桩训练。在实地踏桩的训练中应加强保护。

（二）跨越壕沟

1. 动作要领

跑至壕沟前缘位置，一脚蹬地起跳，使身体向前上方跃起，另一只脚向前摆，跨过壕沟着地。跨越时，身体稍前倾，保持身体重心稳定。持枪通过时，持枪手应稍向外展，确保着地时枪不触及身体。背枪通过时，可用手握前护把，防止枪体晃动过大影响跑进动作(图 5-82)。

2. 保护与帮助

训练前，应清除壕沟前后两端的尘土，防止受训者滑倒。训练中，保护者位于壕沟远端一侧，两臂微张，做好保护准备姿势。当受训者出现动作失误时，扶其手臂或身体，防止摔倒或直接跌入深坑。初期训练时，可在壕沟内放置海绵垫。

3. 常见错误与纠正方法

错误动作：起跳前，跑进速度放慢，出现小步和碎步；动作犹豫，不敢跨越壕沟。

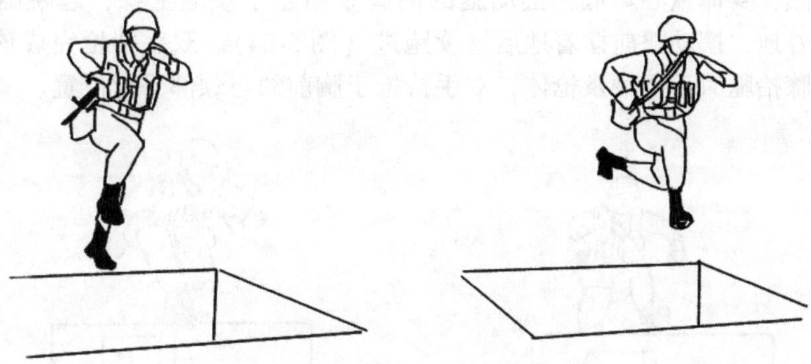

图5-82　跨越壕沟

纠正方法：丈量三步桩的第三桩面与壕沟起点之间距离，根据自身跑步特点设定步数，提高跑动节奏感；可在壕沟一侧平地上划两条与壕沟前后沿相同的2米宽度线进行跨越训练，也可在壕沟后端放置一块木板，降低跨越难度，克服心理障碍，当熟练掌握动作后再进行完整动作训练。

4. 训练方法

（1）在地面画间距为2米的两条直线，要求受训者在跳跃通过时蹬地有力，大腿前抬，身体向前上方跃起，不得触及两条直线；熟练掌握动作后，再进行跨越壕沟训练。

（2）发展腿部肌肉爆发力。如负重半蹲跳和提踵等训练，提高大腿前群和小腿后群肌肉快速力量和弹跳力。

（三）跳越矮墙

1. 动作要领

（1）一手一脚支撑跳越。受训者跑至矮墙前约1米处，起跳腿蹬地，摆动腿向侧前方摆动，用前脚掌踏于矮墙上缘，身体跃上矮墙，同时起跳脚同侧手支撑于矮墙上缘，身体重心向支撑手一侧稍倾斜，起跳腿迅速上提收于胯下，并越过矮墙着地。同时，支撑手推离矮墙，摆动腿前摆着地后继续跑进（图5-83）。

图5-83　挂枪一手一脚支撑跳越矮墙

（2）踏蹬跳越。受训者跑至矮墙前约1.2米处，起跳腿用力蹬地，身体向前上方跃起，上体稍前倾，身体重心降低，摆动腿的前脚掌踏蹬于矮墙上缘，起跳腿迅速屈膝上提，越过矮墙着地，摆动腿前摆着地后继续跑进（图 5-84）。双手持枪完成该动作时，应注意起跳腿屈膝抬腿时不要触及枪体，双手持枪于胸前约与颈部平行位置。

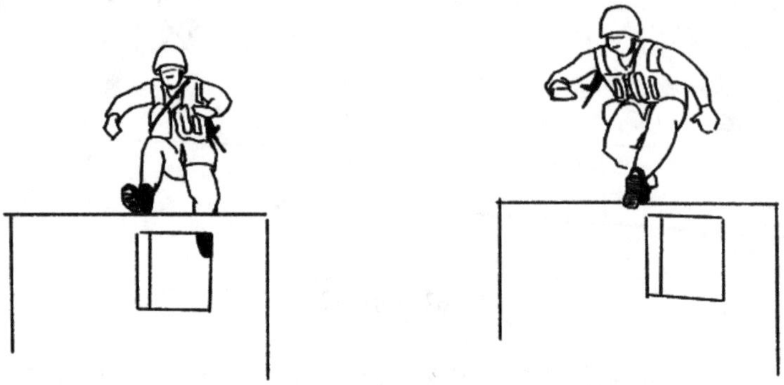

图 5-84　背枪蹬踏跳跃矮墙

2. 保护与帮助

保护者位于矮墙后适当位置，当受训者出现动作失误时，迅速上前抓握其上臂或抱拉上体，防止摔伤。

3. 常见错误与纠正方法

错误动作：助跑速度节奏较差，出现倒小步和碎步；恐惧心理，动作犹豫，不敢起跳；起跳时，身体后仰或起跳腿的提收不及时等错误动作。

纠正方法：丈量壕沟后沿与矮墙起跳点之间的距离，根据自身跑步特点设定步数，提高跑动节奏感；矮墙后放置体操垫，加强保护，减轻受训者心理压力；要求起跳腿蹬地有力，起跳充分，起跳后收腹、含胸、上体稍向前倾。并反复体会用前脚掌蹬踏矮墙（不过墙）的技术动作练习，以及起跳腿蹬地起跳后快速上提收腿的技术动作。

4. 训练方法

（1）提高腿部肌肉爆发力。如负重半蹲跳、弓步和提踵等练习，提高大腿前群和小腿后群肌肉力量，增强爆发力和弹跳力。

（2）首先，进行慢速一手一脚支撑通过横木马起跳动作练习。其次，进行跳越矮墙的动作练习，体验携枪跳跃障碍的身体平衡感。最后，进行加快助跑和通过矮墙动作练习。

（四）攀上跳下高板跳台

1. 动作要领

（1）挂臂攀上高板。以背枪跑和左手挂臂动作为例。受训者跑至高板前约 0.5 米处，蹬地起跳，使身体向上跃起，左手前伸，抓握高板远端，右手撑于高板近端，右腿迅速屈膝上抬，用脚跟或小腿挂于高板上缘。借助左腿向后摆动、身体向左转动，及两臂协调用力，使身体翻上高板，撑起身体后准备下台阶。在完成动作时，身体翻转速度不宜过快，防止枪托触及头部（图 5-85）。

（2）立臂攀上高板。受训者跑至高板前约 0.4 米处，两脚蹬地起跳，使身体向上跃起，同时两手或两小臂挂撑于高板上，借助身体向上的惯性和两臂撑力将身体撑上高板，

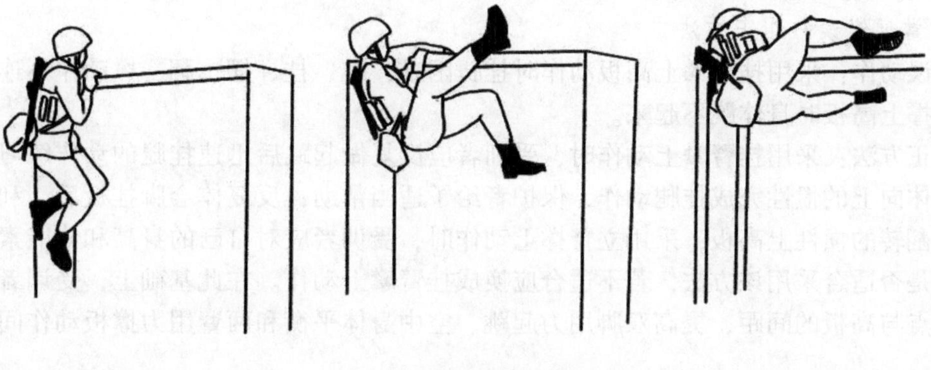

图 5-85　挂臂攀上高板

随后一腿屈膝从体侧提起，脚踏上高板。完成动作时，受训者应做上体前倾和低头动作，有利于攀上高板和防止枪托向上摆动触及头部（图 5-86）。

图 5-86　立臂攀上高板

（3）跳下高低跳台。撑起身体后，上体稍前倾，重心下降，一只脚向前下迈步，脚掌踏于高台中部，另一只脚再向前下迈步，脚掌踏于低台中部（图 5-87）。

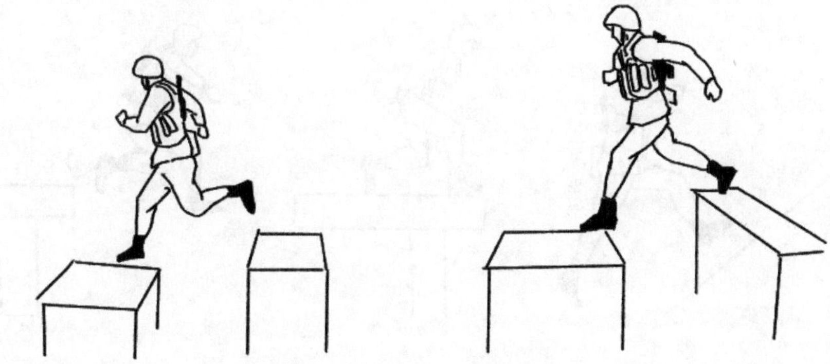

图 5-87　跳下高低跳台

2. 保护与帮助

保护者位于高板前一侧，当受训者起跳后，保护者迅速移动到受训者正后方，防止其后仰摔倒。当受训者出现上板困难时，双手扶托其腰臀部，帮助完成上板动作。

3. 常见错误与纠正方法

错误动作：采用挂臂攀上高板动作时挂腿困难，跳、挂、摆、翻、撑动作不连贯，采用立臂撑上高板时身体跳不起来。

纠正方法：采用挂臂攀上动作时，受训者应反复做起跳后迅速挂腿的动作练习，体会利用身体向上的惯性完成挂腿动作，保护者给予适当帮助；反复体会脚挂板后，利用摆腿和身体翻转的惯性上高板；采用立臂撑上动作时，受训者应对自己的身高和体能素质进行评估，是否适合采用该方法，若不适合应换成挂臂攀上动作。在此基础上，受训者要把握好起跳点与高板的间距，提高双脚用力起跳、空中身体平衡和两臂用力撑板动作间的协调能力。

4. 训练方法

（1）加强腿部肌肉爆发力训练，提高弹跳力，如负重半蹲跳、弓步和提踵练习等。

（2）加强核心力量训练，提高髋关节灵活性，如单杠悬垂收腹和收腿练习等，增强在无支撑状态下的髋部肌群收缩速率。

（3）进行攀上高板技术动作训练。在帮助下完成起跳和攀上动作练习；独立完成攀上技术动作练习，着重体会起跳、攀上高板动作间的连贯性，以及枪在身后摆动的规律；最后进行快速完成动作练习和跳下跳台的动作练习。

（五）通过独木桥

1. 动作要领

受训者在跳下低台和穿越水平梯后，在跑进过程中可由背枪变为持枪。接近独木桥时应加快跑速，当跑至斜板前约 0.3 米处，一脚用力蹬地，身体向前上方跃起，另一脚以前脚掌踏蹬斜板中上部，蹬地脚迅速踏上桥面。通过桥面时，上体略前倾，两腿微屈，身体重心稍降低，两脚稍外张，背枪通过时两臂自然张开。跳下时前脚掌先落地，屈膝缓冲，继续向前跑进。可从正前方跳下，也可从持枪手一侧跳下，另一手可顺势推扶桥端（图 5-88）。

图 5-88　通过独木桥

2. 保护与帮助

训练前应清扫桥面尘土，防止受训者滑倒。2 人保护时，保护者位于独木桥两侧，距离受训者跑进时前方约 1 米处，保护时根据受训者跑速进行移动保护。多人保护时，可固定保护者位置。保护者应注意力高度集中，当判断受训者可能动作失误时，立即做好接、拉、扶、抱准备，防止其直接倒于地上。

3. 常见错误与纠正方法

错误动作：上不了独木桥，通过独木桥时身体重心不稳或踩空失误。

纠正方法：上独木桥前应加快跑进速度，上斜板时脚应踩在斜板中上位置，同时身体应稍前倾；利用球场边线和端线，或在人行道边沿进行踏边沿跑练习。练习时，受训者应采用屈膝、屈髋、屈体的降低身体重心跑进方法，同时两臂张开，自然摆动，保持跑进中身体平衡。

4. 训练方法

（1）踏线跑练习。利用球场线进行持枪模拟踏线跑练习，提高直线快跑准确度。

（2）踏点跑练习。要求上引桥 1 步，通过桥面 3～4 步，体会持枪通过桥面时的行进节奏和踏点的准确性。

（3）跳下桥练习。体会分腿着地和屈膝缓冲动作，以及落地时枪的位置。

（六）攀越高墙

1. 动作要领

背枪跑至高墙前约 0.4 米处，双脚起跳，使身体向正上方跃起，两小臂侧立撑于高墙上缘并用力下压，同时收腹提臂，一腿屈膝由体侧抬起，前脚掌踏于高墙上缘，使身体成一手一脚支撑，另一条腿上提内收越过高墙前伸，手推脚蹬高墙跳下，两脚前后着地，屈膝缓冲，继续向前跑进（图 5-89）。

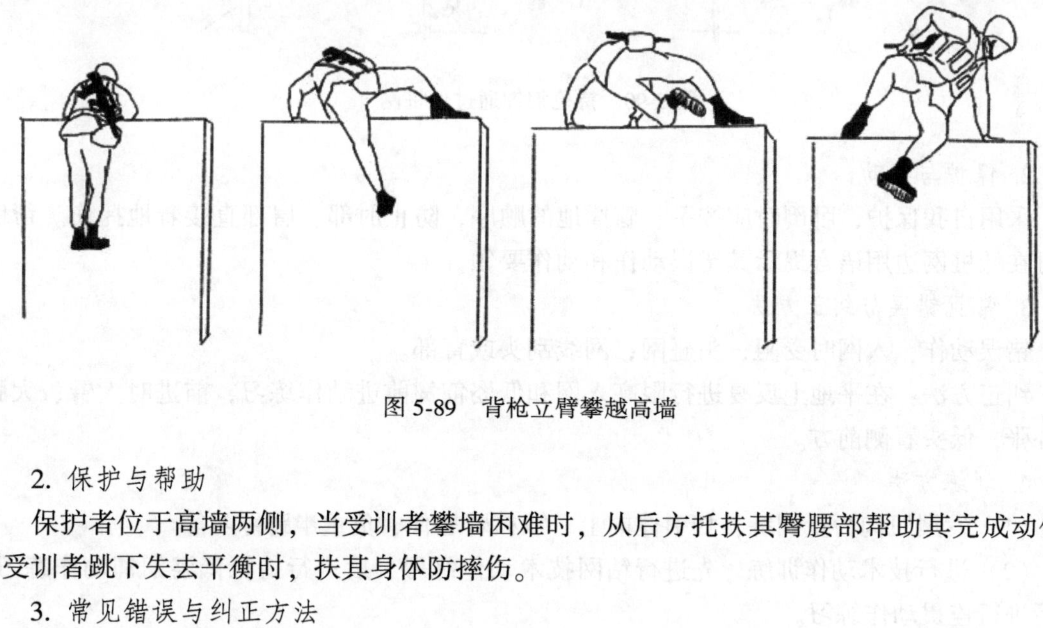

图 5-89　背枪立臂攀越高墙

2. 保护与帮助

保护者位于高墙两侧，当受训者攀墙困难时，从后方托扶其臀腰部帮助其完成动作，当受训者跳下失去平衡时，扶其身体防摔伤。

3. 常见错误与纠正方法

错误动作：蹬墙脚下滑，起跳腿挂墙困难，落地后仍面向墙。

纠正方法：加快上墙前的跑速，并在墙上距地面 0.8 米处划一条平行标志线，要求受训者脚蹬墙时应踩在标志线上方；反复进行单手拉墙与摆腿动作协调练习。如借助于脚蹬墙的冲力，加大单手拉墙力度，起跳腿同时上摆；反复进行跳下时上体下潜、手推墙和转体协调用力练习。

4. 训练方法

（1）加强腿部肌肉爆发力训练，提高弹跳力，如负重半蹲跳、弓步和提踵练习等。

（2）加强核心力量训练，提高髋关节灵活性，如单杠悬垂收腹和收腿练习等，增强在无支撑状态下的髋部肌群收缩速率。

（3）加强攀越高墙技术动作训练。如在帮助下完成起跳和攀上高墙动作练习；独立完成攀上高墙技术动作练习，着重体会起跳、攀上高墙动作间的连贯性，及枪在身后摆动的规律；最后进行快速完成动作练习。攀上高墙动作练习应做到“蹬墙狠、拉墙猛、抬腿快”。跳下高墙动作练习应做到“降重心、翻手快、跳转身”。

（七）匍匐通过低桩网

1. 动作要领

受训者跑至网前1.5~2米处，一腿向前跨一步，同时屈膝弯腰，上体向前下俯冲，非持枪手臂前伸，手、膝着地，顺势钻入网下。采用低姿匍匐前进时，携枪手掌心向上，虎口卡住机柄，并握住背带，枪身紧靠小臂内侧，两膝、小臂交替用力匍匐前进。出网时，非持枪手迅速撑起身体，收腿起身（图5-90）。

图5-90 持枪匍匐通过低桩网

2. 保护与帮助

采用自我保护，卧倒时应按手、膝撑地的顺序，防止肘部、肩部直接着地摔伤。帮助者可在低桩网边用语言提示其错误动作和动作要领。

3. 常见错误与纠正方法

错误动作：入网时受阻，头碰网；网线刮头或背部。

纠正方法：在平地上反复进行限高入网和低姿匍匐前进动作练习，前进时大臂、大腿稍外张，低头看侧前方。

4. 训练方法

（1）发展肌肉力量训练，如引体向上、双杠臂屈伸、负重半蹲练习等。

（2）进行技术动作训练。先进行钻网技术动作练习，后进行持枪低姿匍匐动作练习，最后进行连贯动作练习。

（八）跨越低桩网

1. 动作要领

折返后，受训者跑至网前约1米处，一只脚向侧上方摆腿跨越第1条网线着地，另一只脚用同样方法跨越第2条网线，依次重复。跨越网线时，可采用双手持枪于胸前或单手持枪提高枪的高度的方法，至不妨碍腿摆动即可（图5-91）。若采用背枪通过跨网时，一手可抓扶枪护把，防止枪体摆动过大。当双腿跨出6条网线后继续向前跑进。

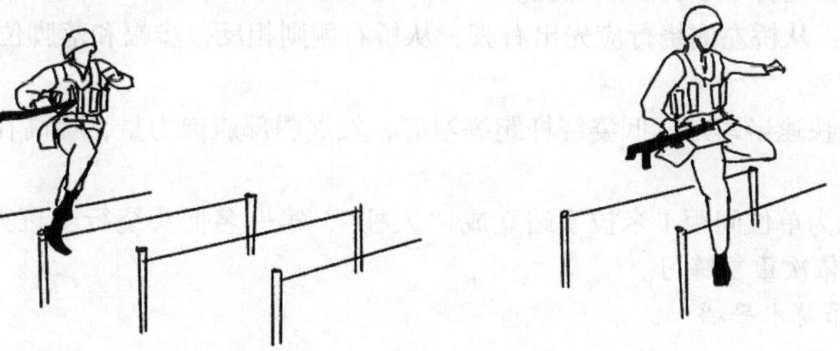

图5-91 持枪跨越低桩网

2. 保护与帮助

采用自我保护，防止脚绊、勾网线摔倒。帮助者可在低桩网边用语言提示其错误动作和要领。

3. 常见错误与纠正方法

错误动作：前脚压网线，后脚绊、勾网线。

纠正方法：体会正确动作要领，在平地上进行模拟跨越练习；后蹬摆动时注意小腿外翻并上抬。

4. 训练方法

（1）通过原地高抬腿、负重半蹲等练习发展腿部肌肉力量。

（2）先在平地相同位置画出6条直线进行模拟跨越练习，再进行完整练习。

（九）攀越高墙

内容同（六）攀越高墙。

（十）绕行桥柱

1. 动作要领

以右手持枪为例，跑至桥下第一桥柱左侧，屈膝弯腰，右脚向第二桥柱右侧迈出一步，身体内倾，左手抱第二桥柱，左脚绕过第二桥柱后向第三桥柱左侧迈出一步，右脚用力蹬地，身体向第三桥柱内倾，右脚绕过第三桥柱后向右前迈出一步，身体随之钻出桥下继续跑进（图5-92）。

图5-92 持枪绕行桥柱

2. 保护与帮助

采取自我保护，身体重心降低，尽量前倾，低头行进，以免碰伤头部。

3. 常见错误与纠正方法

错误动作：绕行不顺，步点混乱。

纠正方法：从桥左侧绕行应先出右脚，从桥右侧则相反，步幅和落脚位置要适当。

4. 训练方法

（1）通过快速半蹲走、低姿绕杆跑练习等，发展腿部肌肉力量，提高在屈体状态下快速行进能力。

（2）以班为单位间距 1 米拉手站立成“人柱”，第一名低头绕行全班人柱后与最后 1 人拉手站立，依次重复练习。

（十一）吊越水平梯

1. 动作要领

背枪跑至水平梯前，双脚同时用力蹬地，身体向前上方跃起，双手抓握横杠，借助身体惯性，两手依次交替向前移动抓握横杠，从水平梯下方通过（图 5-93）。吊越横杠至另一端时，两脚踏上低台，两手向后推横杠，推进身体上低台（图 5-94）。

图 5-93　背枪吊越水平梯

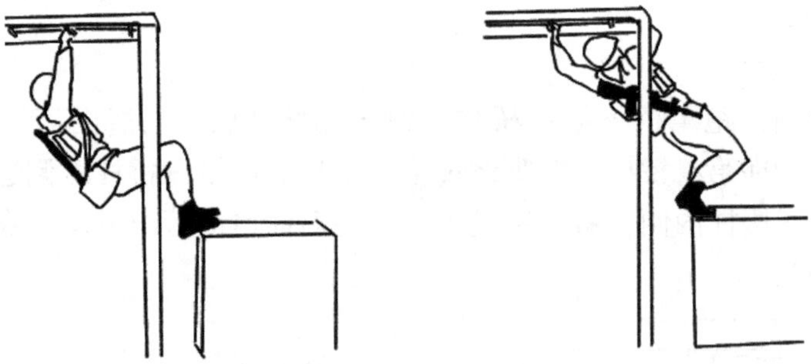

图 5-94　背枪下水平梯

2. 保护与帮助

保护者位于水平梯一侧并随受训者移动。当受训者出现动作失误时，采用扶、托其腰腿部的方法，帮助继续完成动作，或防止摔倒。

3. 常见错误与纠正方法

错误动作：跳起后抓不住横杠，通过横杠动作不协调。

纠正方法：受训者双手抓握水平梯立柱，借助双脚蹬地起跳的惯性双手快速引体，并迅速抓杠，反复练习；依次抓握横杠时，注重动作的连贯性和上下肢的协调摆动；间隔抓握横杠时，注重摆腿送髋，利用身体向前的惯性抓杠，反复练习。

4. 训练方法

采用负重引体向上的训练方法，提高手指握力和手臂、肩带力量。由负重半程练习逐步过渡到负重全程练习。

（十二）通过跳台高板

1. 动作要领

受训者登上低台后，一脚前脚掌踏于低台面前部，另一脚抬起踏于高台面中部，踏在低台上的脚再向前上方摆出，脚掌踏于高板面上，后脚蹬离高台向前摆，随之屈膝下蹲，一手撑于高板上，并推板跳下。背枪跳下高板时，一手可抓扶枪护把，防止枪体摆动过大。脚落地时用前脚掌着地，并屈膝缓冲，继续跑进（图5-95）。

图5-95　通过跳台高板

2. 保护与帮助

保护者站在高板前一侧，当受训者跳下时动作失误或重心不稳，迅速从侧面抱其腰腹部，以免摔伤。

3. 常见错误与纠正方法

错误动作：落地时动作僵硬。

纠正方法：先体会徒手高空跳下时前脚掌着地、屈膝缓冲、降低重心的动作，再进行负重跳下练习。

4. 训练方法

进行徒手跳下缓冲动作练习。借助体操垫进行负重跳下缓冲动作练习。

（十三）钻越洞孔

1. 动作要领

受训者单手持枪跑至洞孔前0.6~0.8米处，一腿屈膝支撑，另一腿上抬前伸，身体前倾、低头，大腿尽量向腹部靠拢，两臂同时前伸，使前腿、头部、两臂及枪体同时钻过洞孔。前腿随即着地支撑，上体向前上方挺起，后腿向前提拉过洞孔并前迈，呈直立姿势后继续向前跑进（图5-96）。

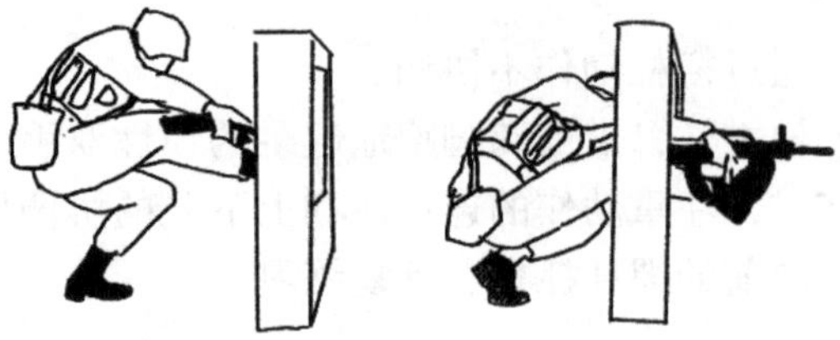

图 5-96 持枪钻越洞孔

2. 保护与帮助

采用自我保护，身体钻入洞孔时，上体前探，低头钻入，防止撞伤头部。

3. 常见错误与纠正方法

错误动作：身体偏向一侧，钻洞困难；出洞刮背；前腿磕碰。

纠正方法：支撑腿尽量弯曲；上体前屈，正直向前入洞；前跨腿和上体出洞后，先向前再向上挺起；前腿上提前伸，脚应对准洞孔中下部顺势前跨。

4. 训练方法

加强伸展练习，提高身体柔韧性。由实装慢速体会钻洞练习，逐步过渡到快速钻洞练习。

（十四）跳下攀上壕沟

1. 动作要领

受训者单手持枪跑至壕沟前缘约 0.5 米处，屈膝弯腰，降低重心，一手撑于壕沟边沿跳下壕沟，持枪手外展防止枪体触及身体，落地时屈膝缓冲，并迅速由持枪换成背枪。两脚迅速蹬地起跳，身体向上跃起，两小臂挂撑于壕沟上缘并迅速下压，同时收腹，一腿屈膝上抬，脚踏或膝跪于壕沟上缘，单手立撑，另一条腿上提前迈，继续跑进（图 5-97）。

图 5-97 背枪立臂撑攀上壕沟

2. 保护与帮助

保护者站在壕沟内一侧，当受训者跳下动作失误时，扶其身体防止摔倒。当受训者攀上壕沟困难时，托其臂部给予协助，帮助完成攀上动作。

3. 常见错误与纠正方法

错误动作：起跳动作慢而无力，身体上不去，两臂撑不起来。

纠正方法：加强上肢和腰腹力量练习。跳下后助跑、蹬地要连贯，蹬地果断有力，蹬、攀、撑连贯协调，力求动作一次成功。

4. 训练方法

通过单杠立臂上和双杠臂屈伸、卧推杠铃练习等，提高上肢和肩带肌肉力量。反复进行双脚蹬地、小臂压撑、收腹低头和侧抬腿的连贯动作练习。

（十五）跨越五步桩

1. 动作要领

受训者跑至跨越线前缘，右脚蹬地，左脚向前跨出一步，前脚掌踏在第一桩面上，并向左侧后蹬桩面。右脚向右前方跨出一步，前脚掌踏在第二桩面上。依次重复跨越后三个桩面后，继续跑进。跨桩时，两臂自然摆动，身体重心在两桩之间（图5-98）。

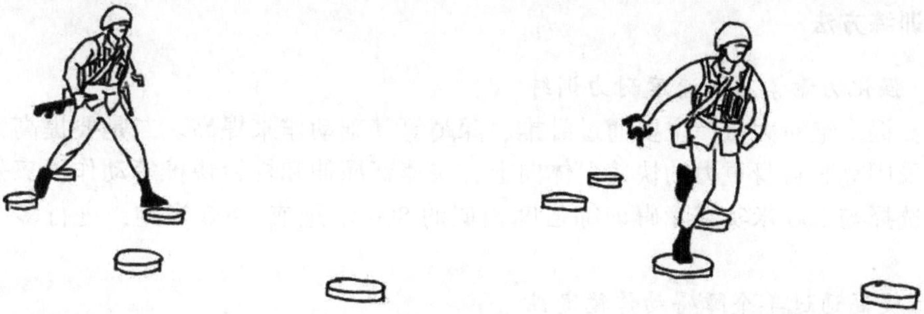

图5-98　跨越五步桩

2. 保护与帮助

采用自我保护，练习时要集中精力，脚要踩准圆桩，防止扭伤脚踝。

3. 常见错误与纠正方法

错误动作：身体重心不稳，踩滑脱桩。

纠正方法：身体重心前移，两臂自然张开，保持平衡，踏桩要准、稳，反复练习。

4. 训练方法

先在地面上画5个与五步桩间距相同的圆圈，进行模拟踏点练习，待熟练掌握动作后，再转入实地五步桩动作练习。

三、训练难点分析

（一）携枪通过障碍物会影响动作的稳定性

目前，我军列装的95式自动步枪未装弹时质量约3.3千克。由于弹夹处于枪体后方，所以在持枪行进时手握护把的情况下会感到枪体前轻后重。如手持提把进行战术动作又会感到枪体摆动较大，难以准确控制枪的位置。由于携带武器在行进过程中的不规则摆动，会造成持枪者身体重心不稳影响通过障碍物的动作稳定性和成功率。

（二）携枪通过障碍物需改进技术动作要领

在持枪通过障碍的过程中，受训者必须腾出一手来携带或稳定武器，因此通过部分障碍物时，只能单手完成动作。这就要求在单手攀爬障碍时要增加相当一部分的拉力和支撑力。因此，持枪通过障碍物的技术动作与徒手通过障碍物的有着较大区别。

（三）实装通过障碍会造成训练伤概率增大

在通过一些翻越类障碍物时，必须采用背枪起跳攀爬的方式进行。如果跳起的力度过大或枪背带过松，会导致枪托撞击后脑勺，易发生伤害；在背枪翻越障碍后，如果重心抬起过慢，枪体会下滑撞击头部或肩部；携带武器通过障碍的训练与徒手通过障碍物训练相比，通过障碍物的成功率降低，失误率和受伤率相应提高。类似情况都会给受训者的心理带来负担，害怕受伤，从而产生恐惧心理。

（四）实装通过障碍对受训者体能要求更高

在实装状态下通过障碍，一是要克服枪支对过障碍的影响，保证安全；二是要克服力竭状态对过障碍的影响，保证通过单个障碍成功率；三是要承受装备的重量，以及对身体的束缚。应选择适合在负重状态下通过障碍的技术动作。

四、训练方法

（一）强化力量素质和速度耐力训练

一是要提高绝对力量，主要通过卧推、深蹲等基础动作来提高。二是要提高力量爆发力，主要采用克服自身重力的快速引体向上、快速臂屈伸和杠铃快推等动作。三是提高速度耐力，选择与 200 米实装障碍训练强度相似的 800 米跑或 1200 米跑，进行多组数间歇训练。

（二）提高通过单个障碍动作稳定性

一是要提高徒手通过单个障碍物的熟练程度。反复练习后动作必须做到轻松自如，并且能够在助跑不充分的情况下快速通过障碍。二是提高实装通过障碍物的成功率。根据不同障碍物选择适宜个人通过的方法，反复加以磨练，使技术动作达到动力定型，在训练中力争一次通过。三是要保证身体疲惫时通过障碍物的技术动作不变形。针对难度较大的障碍物可采用通过冲刺跑 200~400 米后通过单个障碍物的练习，还可采用实装连续通过单个障碍物的方法巩固技术动作，以此提高成功率。

（三）掌握持枪通过障碍的有效方法

通过 200 米全程障碍需要 14 种方法通过 15 组障碍物，其中难度较大的障碍物主要是高板、高墙、水平梯、壕沟。针对以上障碍物的特点，找出通过的最佳方法，就能在实际训练中达到事半功倍的效果。

高墙高 2 米，背枪通过时可采用立臂上，持枪通过时可采用蹬墙上。蹬墙上时一是要注意提高蹬墙的力度，使身体尽量能够向上方跃起。二是要加大单手拉墙力度，使身体迅速贴近墙体。三是在跳下时身体向前稍转，此时要注意枪的位置，枪口应朝前方。

吊越通过水平梯可根据自身情况选择依次抓握横杠和间隔抓握横杠，依次抓握横杠要注意身体协调摆动和动作的连贯性，间隔抓握横杠要利用好身体向前的惯性抓杠。

跳下攀上壕沟要求人体在非常疲惫状态下发挥出爆发力，可在跳下壕沟以后稍做调整，力争将蹬地、小臂压撑、收腹抬腿 3 个动作一气呵成。

当持枪通过单个障碍物技术动作熟练以后，可进行通过障碍组合练习，这一练习可以使受训者在持枪通过单个障碍物的基础上进一步熟悉连贯协调的过障碍方法，可把相邻的 2~3 个障碍物组合成一个障碍组合，如正面通过独木桥、高墙、低桩网，反向通过水平梯、跳台高板、洞孔等。

五、训练注意事项

（一）掌握实装通过障碍携带武器的训练方法

携带武器通过障碍主要有持枪通过和背枪通过两种方法，需根据不同障碍物的特点选择使用，原则是有利于单兵通过障碍物时的成功率、速度和连贯性，便于随时做出战术动作和射击动作。在通过一些技术动作相对较为简单的障碍物或能够做出腾空跳跃动作的障碍物时，一般选择持枪通过，如通过三步桩、五步桩、壕沟、独木桥、矮墙、桥桩、洞孔等障碍物。持枪通过障碍物技术动作较为简单，手提握枪体上端提把或抓握枪体前端护把，抓握提把时枪体应距离身体稍近，抓握护把时枪体应距离身体稍远，在行进中尽量减少持枪手臂的晃动，使枪体保持平稳。在通过技术动作相对较为复杂的障碍物时，可选择背枪通过，如通过高板、高墙、水平梯，攀上壕沟等障碍物。背枪方法一般为将枪体背于身后，通过个别障碍时也可将枪体置于身前，枪带应松紧适度，既要便于出枪，又要使枪身与身体相对贴近。在行进中为了减少枪身晃动，可采用手扶固定方式，做向上跳跃动作时应注意适当减小动作幅度，上体前倾，头部前伸，防止枪托碰伤头部。

（二）遵循实装通过障碍训练的基本步骤

开展实装障碍训练通常需经历三个阶段：第一阶段为徒手障碍训练阶段。任务是熟练掌握徒手越障的动作要领和技巧。第二阶段为持枪体验阶段。任务是了解和掌握持枪越障的技术特点和动作要领。第三阶段为实装适应阶段。任务是克服战斗装备给越障过程带来的各种困难，通过练习掌握最为便捷和安全的越障技巧。这三个阶段训练结束后可继续进行实装实战模拟训练，旨在强化战时心理素质，提升战场适应能力和应变能力。

（三）强化保护意识，防止人员损伤

一是要求保护者始终处于动态保护状态，做到注意力高度集中，手快眼快。当受训者出现动作失误或失去平衡时，能够迅速扶其身体相应部位，防止其摔伤。二是受训者要培养自我保护意识，当跳下障碍时感到腿部支撑无力或重心不稳时，应迅速绕过下一组障碍物，切不可强行通过；当身体失去平衡时，应迅速低头并卷曲上体，尽可能做出滚翻动作；持枪通过障碍时要注意枪体位置，枪管应朝前，切不可对向自己或保护者，防止戳伤。

（四）正确使用枪支，避免武器损坏

在训练中，特别是携带武器通过障碍训练的前期阶段，容易出现枪体与障碍物碰撞的情况，会导致损坏准星或枪托，枪管进异物等情况。因此，在携带武器通过障碍时应尽量要避免磕碰枪支和掉枪，做到“枪不离手”。另外，在前期训练阶段可使用仿真枪体会携枪动作，有效避免枪支损坏。

（五）注意全程节奏，掌握步幅规律

实装障碍全程训练中要注意体能分配，总体要求是跑动时快速、平稳，不能出现“极点”现象，通过障碍时动作协调，连贯性强。在正向通过障碍时身体重心不宜过高，保持通过障碍的连贯流畅；反向通过障碍时由于体能消耗过大，动作易变形，此时降低障碍物之间空地跑的速度，稍微调整呼吸，稳定心神，力争每个障碍物一次通过。

（六）强化意志品质，培养战斗精神

一是要求受训官兵要战胜心理障碍，敢于挑战困难，通过这一过程提高自信心和胆量；二是要求官兵在实装通过200米全程障碍训练中，努力克服“极点”现象，必须坚持以较快速度跑完全程，培养永不放弃的良好品质；三是要及时鼓励和表扬受训者在训练中展现出“轻伤不下火线”的情况，培养官兵韧性和血性。除此以外，还可利用比武竞赛，营造紧张、激烈、重压等氛围，有目的地锻炼官兵在比赛失利、心理失衡情况下，学会调整心态，正确接受失败磨练，树立锲而不舍的进取精神。

六、考核测试

（一）保障条件

400米障碍场，实装规定的装备，联络旗、对讲机、秒表、记录台。

（二）考核规则

（1）考核时，出现如下犯规动作之一不记成绩，除非受试者及时纠正错误动作：

1）装备与着装犯规。佩戴的装备和规定的着装物掉落后未及时捡起和佩戴好，或佩戴后未重新通过该障碍物。

2）起跑犯规。未采用站立式起跑动作、起跑时脚超过起跑线。

3）跨桩犯规。脚未踩踏三步跨桩面；返回时，未依次踏在5个桩面上通过。

4）壕沟犯规。身体未从壕沟上方通过；返回时，攀上壕沟借助外力。

5）矮墙犯规。身体的所有部分未从矮墙上方通过；返回时，未从洞孔钻越。

6）高板跳台犯规。脚触及高板立柱、身体未从高板上方通过、未依次从高台低台面上通过；返回时，未依次蹬越跳台、高板。

7）独木桥犯规。未从独木桥上方通过，或落于桥端标志线内；返回时，未依次绕过桥柱。

8）高墙犯规。身体的所有部分未从高墙上方通过。

9）低桩网犯规。身体未从低桩网下通过；返回时，未依次从网线间跨越通过。

（2）凡未按要求通过障碍物（如绕道通过、不慎掉落着地等），受试者应返回该障碍物起始点，重新通过，否则不计成绩。

（3）从“开始”的信号发出至受试者按要求超越所有障碍物并到达终点，所用的时间为最终成绩。

（4）成绩精确到秒。如秒表计取的时间为1′45″23，应登记为1′46″。

（三）考核方法

每个考点设发令员1人，负责发出“出发”信号、起跑犯规处理。计时员1人，负责核对受试者、计时和登记成绩。设检查员若干人，分别负责跨桩、壕沟、矮墙、高板跳台、水平梯（单程）、独木桥、高墙和低桩网（兼折返）的犯规判罚。

第六章 实用技能训练

第一节 游　泳

游泳是凭借自身肢体动作和水的作用力，在水中活动的一种技能。人类的游泳是一种有意识的活动，一直与人类的生产、生存、生活紧密相连。蛙泳具有省力、声音小、易隐蔽、浮力大、能负重、便于观察等特点，具有重要的军事价值，也是进行武装泅渡和水上救护的基础泳姿。

一、蛙泳教学训练的场地器材

游泳池或适宜水域。救生器材、漂浮器材。

二、蛙泳的技术动作

（一）熟悉水性

对于游泳初学者来说，要尤其注重他们对水环境的适应性训练。

1. 呼吸

在浅水中，上体前倾，用嘴深吸气后闭气，额头接触水面，脸部浸入水中，然后用嘴和鼻子（主要以嘴）在水中均匀地吐气，边吐边抬头，颈椎要放松；待嘴将露出水面时用力将气吐尽，紧接着张嘴快吸气（图 6-1）。如此循环练习，直到自如为止。

在蛙泳臂部动作中的呼吸节律是两臂划水时抬头用力吸气，在收手过程中低头短暂闭气，伸臂滑行时慢慢吐气（图 6-2）。

图 6-1　水中呼吸

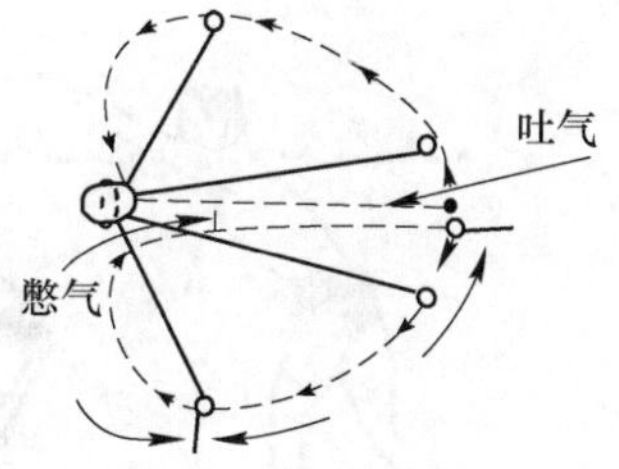

图 6-2　水中呼吸时机

2. 抱膝浮体

在浅水中吸足一口气，憋气下蹲，低头团体。两手抱住小腿，大腿尽量贴近胸腹部，使身体自然浮起，待背部露出水面后将气均匀吐出，脚积极下沉，两手松开做同时下压水动作，使两脚站稳后，抬头成站立姿势（图 6-3）。

图 6-3　抱膝浮体

3. 滑行

包括蹬边滑行、蹬底滑行和协助滑行三种。主要体会人在水中运动时身体位置和动感，提高在游动中控制身体平衡的能力。

（1）蹬边滑行：背靠边站立，深吸一口气，低头入水的同时将双手迅速前伸，两臂夹头，两脚用力蹬边使身体成流线型向前滑行，两腿并拢伸直（图 6-4）。

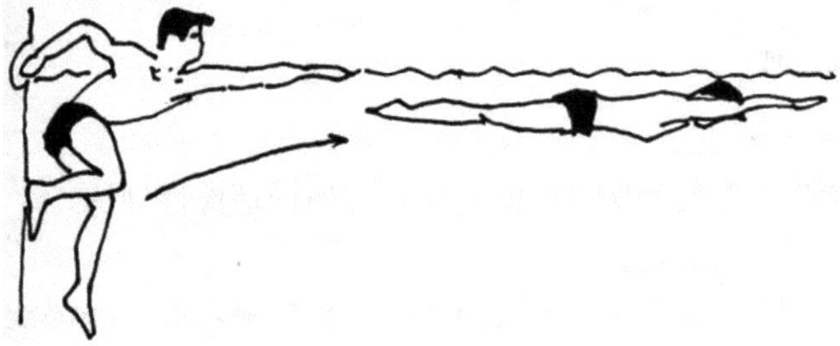

图 6-4　蹬边滑行

（2）蹬底滑行：在齐胸深水中，两脚前后站立，两手上举，深吸一口气憋气，上体前倒，当头、肩浸入水中时前脚掌用力蹬底。随后两腿并拢，使身体伸展成流线型向前滑行（图 6-5）。

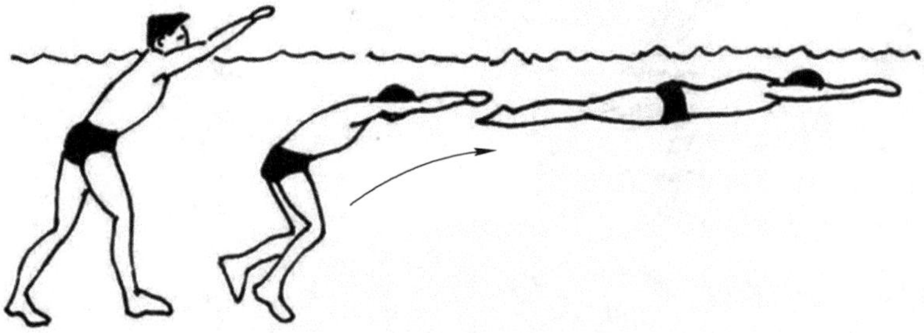

图 6-5　蹬底滑行

（3）协助滑行：练习者在蹬边或蹬底滑行的基础上，由另一人协助使其继续滑行。开始前协助者站在练习者前侧方 4～5 米处，当练习者滑行到身前时，握其手腕用力前拉

（拉后即松手），接着顺势一手移托其胸部（此时练习者应主动抬头换气），另一手移握脚跟部用力推出（练习者不要屈腿），使其滑行得更远（图 6-6）。

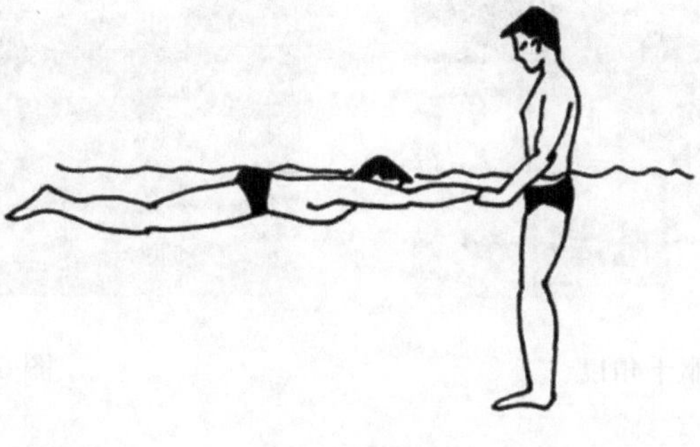

图 6-6 协助滑行

（二）蛙泳身体姿势

蛙泳游进时，身体位置是随着手臂和呼吸的动作不断变化而变化。一次划水一次蹬腿结束后，身体保持一定的紧张度，臂和腿伸直并拢，头部在两臂之间，头略抬使身体约与水面平行，俯卧水中成较好的流线型姿势，身体与水平面呈 5°~10°夹角（图 6-7）。

图 6-7 身体与水面角度

这种流线型的姿势，既能减少前进的阻力，又可以充分发挥手、臂、腿的作用，加快游速。

（三）蛙泳腿部动作

蛙泳的腿部动作是推动身体前进的主要动力。腿部动作可分为收腿、翻脚、蹬夹水和滑行四个动作阶段。

1. 收腿

收腿是蹬夹水的准备动作。收腿时腿部肌肉自然放松，两腿略下沉，收腿时两腿稍微内旋，使脚跟分开，膝关节随腿的下沉向前边收边分。收腿结束时，大腿和躯干之间角度为 120°~140°（图 6-8），小腿尽量靠近臀部（图 6-9），并藏于大腿的投影之中，两膝的距离约与肩同宽。

2. 翻脚

翻脚是收腿到蹬夹水之间的连接动作，目的在于使腿在蹬夹水时有一个良好的对水面。翻脚是否充分直接影响蹬夹水效果。翻脚动作不是一个独立的动作阶段，当收腿脚跟接近臀部后，脚跟位于臀部上方，两脚之间的距离宽于两膝之间的距离。此时向外翻脚，使脚尖朝外，同时膝关节内旋，使脚和小腿内侧对准蹬夹水的方向，并使对水面增大（图 6-10）。翻脚结束时，脚位于臀部外侧，两脚间的距离略大于两膝的距离，脚底向上，脚趾指向前勾，从前后看像一个“W”（图 6-11）。

图 6-8 大腿与躯干角度

图 6-9 收腿

图 6-10 脚掌对水面

图 6-11 翻脚

3. 蹬夹水

大腿带动小腿向后蹬夹水，依次伸展髋关节、膝关节、踝关节，在向后蹬的同时向内夹水，运动路线呈弧线。在夹水的最后阶段，两脚从勾到绷，这个动作要完成得快速有力，使蹬夹水形成一个有力的鞭状打水动作，蹬夹水结束时，两腿应并拢伸直，踝关节自然放松（图 6-12）。

4. 滑行

蹬夹水结束，两腿尽量伸直并拢，腰、腹、臀及腿部肌肉和踝关节自然放松，使身体形成良好的流线型，借助蹬腿的反作用力向前滑行，为下一次收腿做好准备（图 6-13）。

图 6-12 蹬夹水

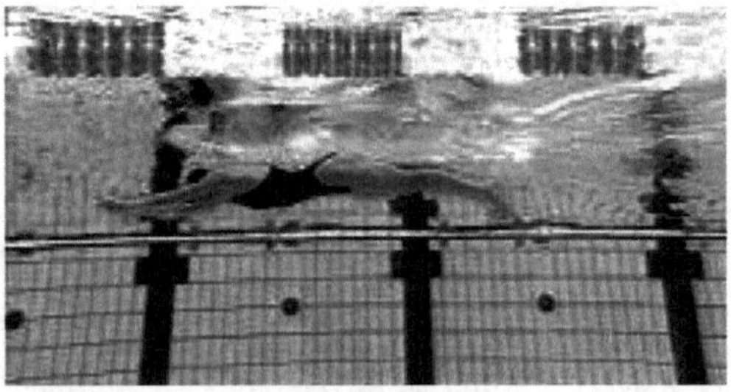

图 6-13 滑行

(四) 蛙泳臂部动作

蛙泳的臂部动作不仅有保持身体平衡的作用，而且臂的划水可以产生较大的推进力，现代蛙泳技术更强调臂部划水的作用。臂部动作可分为外划、内划和伸臂三个阶段的动作。

1. 外划

手臂划水开始之前，两肩前伸，两臂伸直，与水平面平行，掌心向下，身体充分伸展并保持流线型，两臂边内旋边同时对称地向外后划水。两手分开超过肩宽时，手臂略外旋、屈肘、屈腕，开始抓水，手掌从朝向外后方转为朝向外后和下方，此时手掌和前臂已有抓住水的感觉。抓水能产生一定的推进力，但其主要目的是给后面的划水创造条件，并对躯干上部有支撑平衡的作用。随着两臂的继续外分，手臂旋外，逐渐加大屈肘程度，手沿螺旋曲线向下、向后和向外划水。外划开始以后，划水速度逐渐加快，当两手在体下划到最低点时，外划结束，进入内划阶段。

外划的整个过程应加速并始终保持高肘姿势。肘关节弯曲的角度随外划的进行不断减小，到外划即将结束时，肘关节屈至约90°角，手位于肩的前下方（图6-14）。

外划时两手分开的距离约为肩宽的两倍。

2. 内划

外划结束后，手臂向外旋转，手先沿螺旋曲线向内、向下和向后划水，然后随着手臂的继续外翻向内、向上和向后划水。内划结束时，手上升到与肘齐平的位置。内划所产生的推进力是划水过程中最大的。在内划过程中，手掌的方向在不断地变化，从向外和向下转为向内和向上。肘关节也跟随手的动作向下、向内，再向上运动，在内划即将结束时，应在肋下做夹肘动作。

关于夹肘动作是否会削弱推进力，有不同的观点。一般来说，如果两肘的内划早于两手的内划，由于肘关节的内划手的运动方向就会被迫从向内和向后转变为向内和向前，导致内划阶段提早结束，进入伸臂阶段，从而减小了推进力。但如果两肘的内划在手内划之后完成，就可以将推进力保持较长的时间，而且能够减小伸臂过程中的阻力（图6-15）。

图6-14 外划

图6-15 内划

由于内划阶段的推进力大，因此，要尽量延长手内划路线，使双手在胸下接近合拢时再开始伸臂，避免过早进入伸臂阶段，削弱推进力。

3. 伸臂

伸臂是在内划的基础上完成的。当两手在下颌下接近并拢时开始前伸，通过向前伸肘和伸肩，两臂前移至伸直姿势。伸臂时，掌心多为向下，也有一些运动员在内划时手外旋过度，致使掌心向上，在伸臂即将结束时再转为向下。蛙泳的伸臂在水面下20~25厘米处进行。两手并拢，手腕自然伸直，肩肘伸展，手臂呈流线型沿直线前伸。

（五）呼吸与手臂的配合

蛙泳的呼吸方法有两种：一种是早吸气，一种是晚吸气。早吸气是初学者一般采用的，当两臂分开抓水时就抬头吸气，伸臂低头闭气，滑行时慢慢吐气，这样嘴巴在水面上时间长，能吸到气。晚吸气是指当手臂内划时开始抬头吸气，吸气时间短，不会因为头出水面时间长，造成腿部下沉，增大阻力，一般技术水平高的学员采用。

（六）完整的配合

蛙泳的配合技术最为复杂，为了保持游进速度的均匀性，臂腿的配合应尽量使游进过程中每一个动作周期内的每个阶段都能产生和保持推进力。通常采用一次臂、一次腿、一次呼吸，即1∶1∶1的配合形式。先划水，后收腿，先伸臂，后蹬腿。其口诀："外划臂抬头吸气腿不动，内划同时慢收腿，臂将伸直蹬夹腿，腿臂伸直漂一会（慢吐气）"。

三、蛙泳常见错误动作及纠正方法

（一）呼吸常见错误动作及纠正方法

1. 呛水

错误动作：动作概念不清，用鼻吸气。

纠正方法：强调在水面上用嘴深吸气，水下用嘴和鼻子慢慢呼气，但不能呼完，嘴出水面后将气吐完，再深吸气。

2. 吐气不连续

错误动作：吐气断断续续，中间停顿。

纠正方法：强调吐气要连续吐完。

3. 抬头太高

错误动作：怕吸不到气，同时颈椎不放松，造成头往前上顶，嘴巴出水过高。

纠正方法：颈椎放松，头稍向后仰。

4. 吸不到气

错误动作：怕吸到水，不敢张嘴或吸气太慢。

纠正方法：嘴巴出水后，快速用力吸气。

（二）抱膝浮体动作常见错误及纠正方法

1. 浮不起来

错误动作：全身过于紧张，吸气不充分。

纠正方法：强调吸气后肌肉放松，脚轻轻蹬底，脚尖伸直。

2. 站立时站不稳

错误动作：紧张，只能一只脚着地。

纠正方法：两手压水不同时。强调双手同时压水，两脚同时站立，水中多体会多练习。

（三）蹬边滑行动作常见错误及纠正方法

1. 蹬壁无力或没有蹬到壁（或单腿蹬）

错误动作：身体过早前扑，离壁太早，膝关节角度过大，用不上力。

纠正方法：多体会，身体尽量靠近池壁。

2. 滑不远

错误动作：腹、背、腿肌肉紧张过度。

纠正方法：多体会，强调身体保持好流线型，控制好腹、背肌的紧张度。

3. 不低头

错误动作：怕水不敢低头，身体不平，身体与水的投影面过大，增加阻力。

纠正方法：大胆低头，身体水平。

（四）腿部动作常见错误及纠正方法

1. 身体姿势倾斜

错误动作：头高腿低，造成髋关节和腿始终沉在水下；头低脚高，造成腿部蹬夹水出水面。

纠正方法：要求低头，向下压胸和肩部；要求伸臂时往前上方，蹬腿往后下方。

2. 蹬腿时不翻脚

错误动作：没有外翻动作，造成蹬夹水面小，蹬夹水效果差。

纠正方法：陆上多做模仿练习。

3. 两腿收腿不对称

错误动作：两腿或脚的动作没有同时进行，或位置有高有低。

纠正方法：陆上多做模仿练习。

4. 收腿分膝过大

错误动作：收腿时两膝未并拢，向外展开，收腿结束时，两膝在两脚外侧。

纠正方法：采用夹板蛙泳腿练习来控制膝关节。

5. 大腿收得过多

错误动作：大腿收得太多，使躯干和大腿之间成直角甚至锐角，小于90°角，导致臀部上翘，上下起伏。

纠正方法：采用反蛙泳练习，膝关节不露出水面。

6. 收腿和蹬腿的节奏错误

错误动作：收腿快，蹬腿也快，或者都太慢，最常见的是收腿太快。

纠正方法：强调技术动作概念，用数数或者打拍子的形式来控制节奏。

7. 蹬夹脱节

错误动作：蹬腿和夹水的动作是连贯的，不应该在蹬腿后停顿夹水，影响效果。

纠正方法：反复强调边蹬边夹水。

（五）手臂动作常见错误及纠正方法

1. 划水过长或直臂划水

错误动作：两臂向后划得过多，超过肩线，到达腹部甚至臀部。

纠正方法：明确概念，强调向外向内划水，没有向后划水的技术概念。

2. 平划水

错误动作：划水时没有形成高肘划水动作，两臂平摸水，外划是肘比手宽。

纠正方法：原地练习，用眼睛观察自己划水路线。

3. 手臂前伸不充分

错误动作：划水后手臂伸向前下方，手臂前伸不充分，两手分开过大，造成阻力。

纠正方法：陆上多做模仿练习，手臂前伸要求合掌，可进行水中跟踪练习，教员可在学员前方引导，用手辅助强调合掌前伸动作。

（六）完整配合技术常见错误动作及纠正方法

1. 手腿配合节奏不正确

错误动作：同时划水与收腿，同时划水与蹬腿，同时伸臂与蹬腿，先蹬腿后伸臂等。

纠正方法：陆上多做模仿练习，反复进行陆上俯卧式蛙泳配合练习，明确技术动作概念。

2. 没有滑行

错误动作：划水和蹬腿结束后没有滑行动作，容易消耗体力，游不远。

纠正方法：每次划水和蹬夹水结束后强行要求控制滑行，教员可在学员侧方跟随，用手辅助强调滑行动作。

四、蛙泳的教学训练方法

蛙泳的教学一般采用分解练习法，先学腿后学臂，先学习呼吸与腿的配合，后学习呼吸与手的配合，最后完整配合，呼吸贯穿整个教学进程。按照循序渐进的原则逐步进行。

蛙泳的常规性教学训练方法一般分为陆上练习和水中练习。在练习中应仔细体会动作要领，并多加实践。训练原则是从易到难，从陆上到水中的顺序安排。

（一）陆上腿部动作教学方法

1. 仰卧坐式蛙泳腿模仿练习

目的是体会蛙泳收腿、翻脚和蹬腿的技术动作。用眼睛直观自己的每个动作，强化正确技术路线。坐在地上，两腿伸直并拢，两手后撑。屈膝、收腿、两脚尽量靠近臀部，脚外翻，尽量增大外翻幅度，在蹬腿动作结束后还原脚掌。开始可以完全在岸上，熟练后坐在泳池边上，将腿部动作在水中完成。

2. 俯卧蛙泳腿

目的是建立水中正确的蛙泳腿部动作的感觉，同时建立腿部和呼吸协调配合。身体俯卧池边，腿放水中，手臂前伸，做收腿、翻脚和蹬夹水的动作，动作结束时低头呼气，蹬夹后（滑行阶段）抬头吸气。

3. 教员辅助练习

目的是在教员的直接引导下完成动作，增强动作准确性。身体俯卧，腹部趴伏在高处（跳台、长凳、木马等），双手前伸，教员站在身后，用手掌握住脚掌，辅助指引做腿部练习动作（图 6-16）。

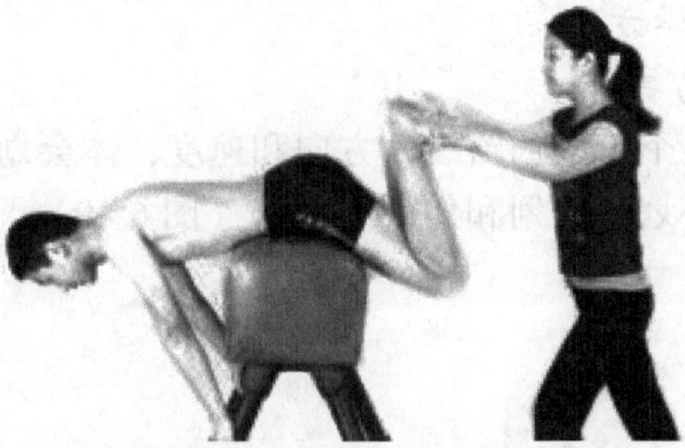
图 6-16 腿部练习动作

（二）水中腿部动作教学方法

1. 扶池槽仰卧或俯卧做腿部练习

目的是掌握蛙泳腿部技术。一手抓住池槽，一手撑住池壁，使身体浮起平卧于水中，髋关节展开，两腿放松后伸并拢，然后做收、翻、蹬夹和滑行的蛙泳腿动作。先分解，然后连贯，也可由同伴帮助做。

2. 扶板蛙泳腿和呼吸练习

目的是掌握蛙泳呼吸与蹬夹水及滑行的协调配合。两手扶打水板，蹬出后低头入水呼气，身体滑行，抬头吸气后做腿部动作。可以从三次腿一次呼吸逐渐过渡到一次腿一次呼吸（图 6-17）。

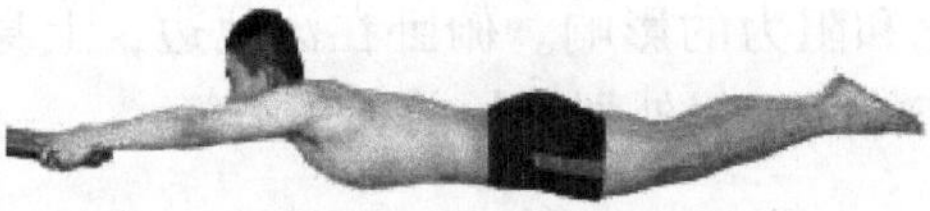
图 6-17 扶板蹬腿

3. 徒手蛙泳腿和呼吸练习

目的是在提高身体控制能力的基础上，掌握好蛙泳呼吸和蹬夹水及滑行的协调配合。动作方法同上，只是不用扶板。在蹬夹水滑行时要刻意向前伸臂。

4. 反蛙泳辅助练习

目的是纠正大腿收腿过多等错误蹬夹水动作。

5. 同伴辅助练习

目的是消除恐惧心理，练习者可以相互观看彼此的动作路线。由同伴拉着前伸的手，牵引着做腿部的完整练习（图 6-18）。

图 6-18 同伴辅助法

（三）陆上手臂动作教学方法

1. 陆上划手和呼吸模仿练习

目的是掌握蛙泳划水各个阶段的路线、方向和速度，体会划手和呼吸的配合。站在岸上，身体前倾，做手臂的外划、内划和伸臂的动作（图 6-19）。

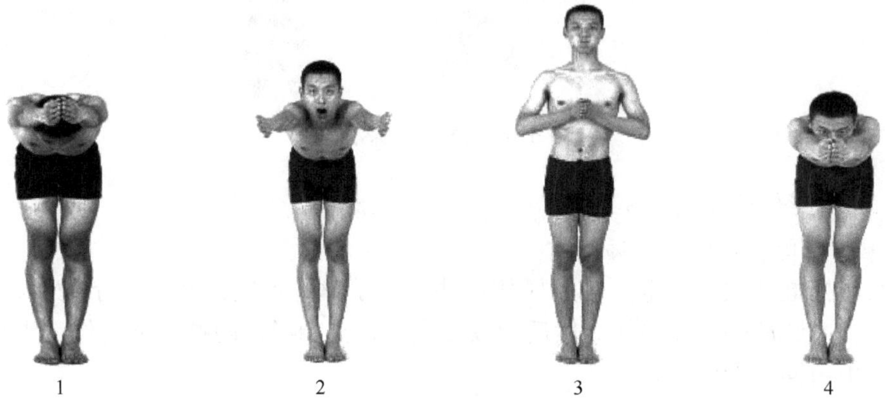

图 6-19 蛙泳手臂和呼吸配合动作

2. 半陆半水划手和呼吸模仿练习

目的是掌握蛙泳划水各个阶段的路线、方向和速度，体会划手和呼吸配合的基础上，手臂在水中划水的角度变化和阻力的影响。俯卧在泳池边，上身在水中，胸以下在岸上，呼气时头在水中，手臂做前伸滑行，外划开始前抬头吸气。

3. 教员辅助练习

目的是在教员的直接引导下完成动作，增强动作准确性。身体站立或俯卧，俯卧时腹部趴伏在高处（跳台、长凳、木马等），双腿自然并拢，双手前伸，教员站在前方，用手握住练习者手掌，辅助做手部练习动作（图 6-20）。

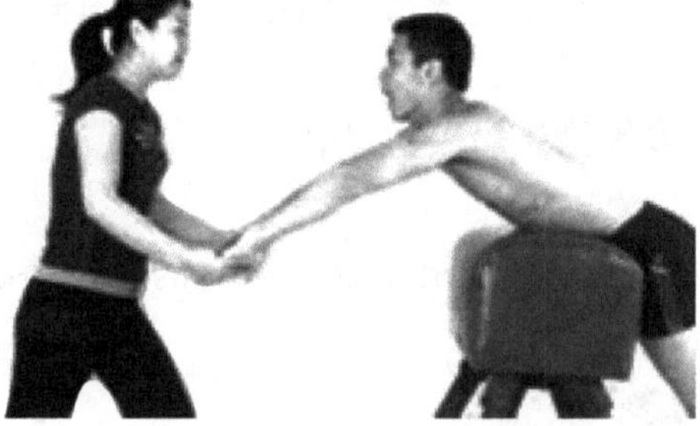

图 6-20 教员辅助练习

（四）水中手臂动作教学方法

1. 浅水站立静止划手练习

目的是建立精确划水路线。站在齐腰深的水中，身体前倾，做蛙泳手臂练习，眼睛看着手划的路线。外划开始前抬头吸气，伸展手臂时低头入水呼气。

2. 浅水行进划手练习

目的是感受划水带来的阻力。在齐腰深的水中，走动着做两臂划水加呼吸的连贯动作练习。外划开始前抬头吸气，伸展手臂时低头入水呼气。

3. 双人拖带划手练习

目的是加强蛙泳手臂和呼吸配合协调。由练习者伸直双腿浮于水面，辅助者托扶腰腹，使练习者身体成水平姿势，在水中做手臂和呼吸练习（图 6-21）。

图 6-21 双人拖带

（五）蛙泳配合陆上动作教学方法

1. 站立式蛙泳配合模仿练习

目的是掌握蛙泳游进时的整体配合时机，纠正配合上的错误。原地站立，双臂上举，双手并拢，用口令进行练习："1"划臂并吸气，"2"收腿，"3"伸手蹬腿。

2. 半陆半水蛙泳配合模仿练习

目的是掌握蛙泳游进时的整体配合时机，纠正配合上的错误，并体会手臂划水或腿部蹬腿时的阻力。俯卧池边，练习蛙泳配合动作。练习方法同上。

3. 俯卧式蛙泳配合模仿练习

目的是在陆上掌握蛙泳配合动作技术路线。身体俯卧，腹部趴伏在高处（跳台、长凳、木马等），做蛙泳配合动作练习（图 6-22）。

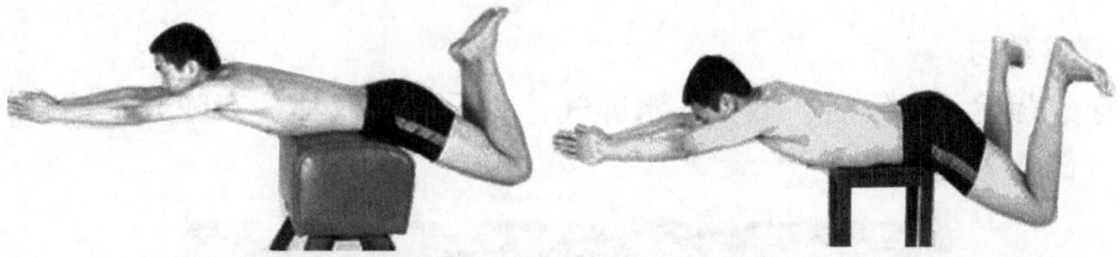

图 6-22 俯卧配合模仿练习

（六）蛙泳配合水中动作教学方法

1. 一次划水 2~3 次蹬腿练习

目的是增强浮力，掌握配合时机。一次划手一次呼吸后，练习低头蹬腿 2~3 次。注意体会划手呼吸的时机及两次蹬腿后的推进力。

2. 一次划水一次呼吸一次蹬腿的练习

目的是牢固掌握蛙泳配合动作的时机。动作要求慢而正确，不要太急，要放松，不要紧张，以防动作变形。

（七）背浮漂教学方法

浮漂游泳辅助训练器材是由较牢固的面料、背带缝制而成的囊袋，其结构类似于子弹袋，囊袋内放置矿泉水空瓶或泡沫，根据练习者体重分别放置为3~5个漂浮物（图6-23）。背浮漂器材主要用于蛙泳初学者的教学训练。在教学中，根据学员掌握游泳技术动作要领和能力提高状况，逐步减少浮漂中的填充物。

图6-23　浮漂游泳辅助训练器材

浮漂可穿戴在胸前和背后位置（图6-24和图6-25）。使用浮漂游泳辅助训练器材的主要优点：克服人体下沉，提高游泳教学的安全性；四肢活动自如，便于学习技术动作，缩短游泳教学进程；便于初学者水中抬头换气，消除恐惧心理等。

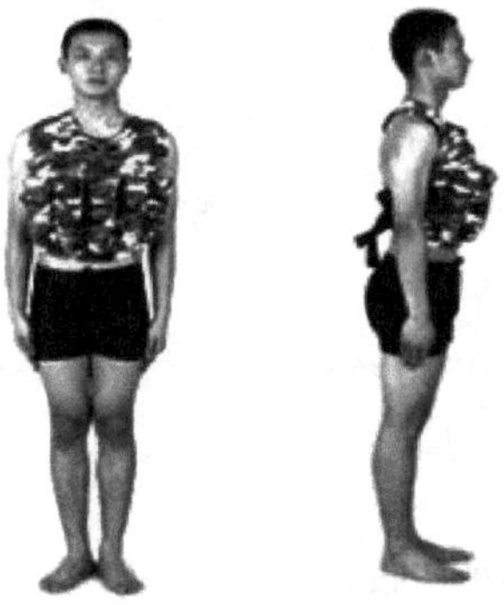

图6-24　胸前穿戴

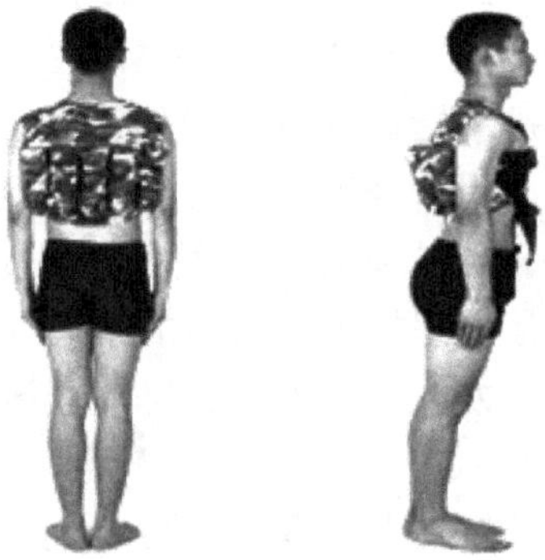

图6-25　背后穿戴

1. 俯卧漂浮练习

将浮漂穿戴背后，吸气后，低头入水屏气，双手夹紧双耳，双腿并拢伸直，身体自如俯卧于水中（图6-26）。

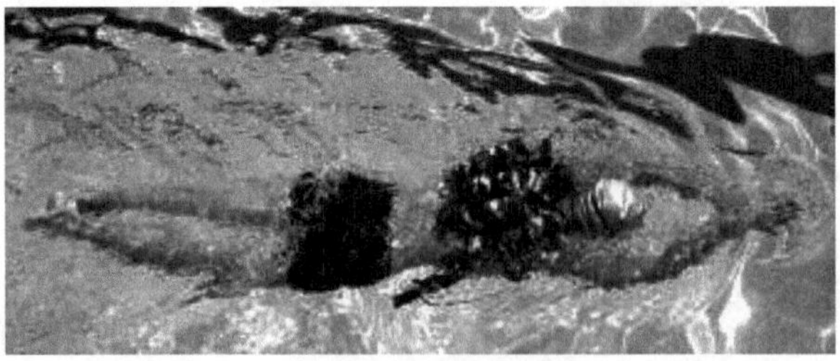

图6-26　俯卧漂浮

2. 仰卧漂浮练习

将浮漂穿戴胸前，双手放于身体两侧，控制身体平衡，仰卧于水面（图6-27）。

图 6-27 仰卧漂浮

3. 仰卧蹬腿练习

将浮漂穿戴胸前，仰卧水中，双手夹紧双耳，脸部露于水面。做蛙泳腿的反蛙泳动作练习，呼吸自如（图 6-28）。

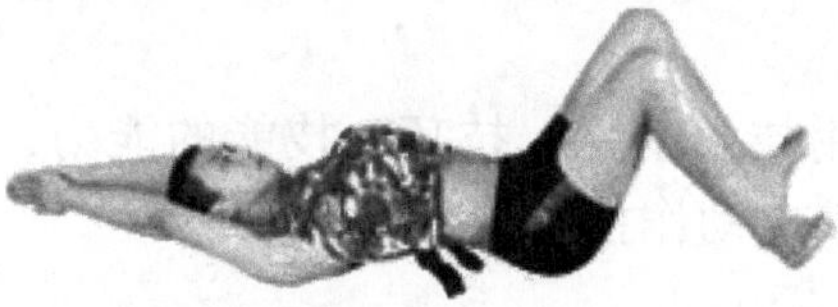

图 6-28 仰卧蹬腿

4. 俯卧蹬腿练习

将浮漂穿戴背后，俯卧于水中，双手夹紧双耳，吸气后，低头入水逐渐呼气，同时做腿部动作练习，蹬腿结束后抬头换气（图 6-29）。

图 6-29 俯卧蹬腿

5. 俯卧划手练习

将浮漂穿戴背后，俯卧于水中，双腿夹紧并拢，手部做划水和呼吸的配合练习（图 6-30）。

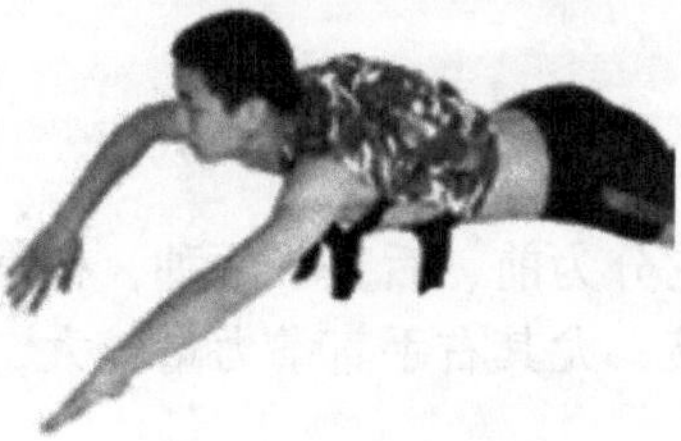

图 6-30 俯卧划手

6. 俯卧配合练习

将浮漂穿戴背后，俯卧于水中，做手部和腿部以及呼吸的整体配合练习。

第二节　格 斗 术

格斗术是近战歼敌的重要手段，以技击动作为主要内容，以套路和搏击为基本形式，它是按攻防进退等规律进行的以克敌制胜为目的的军事体育实用技能。格斗术深受基层部队官兵喜爱，不仅能培养迅速、准确、协调、勇猛、顽强的个人战斗风格和单兵完成各项艰巨任务的能力，而且对部队的战斗作风培养有很好的促进作用。

一、训练条件

平整场地。着迷彩服或体能训练服、制式胶鞋或作战靴。

二、实战基本功

格斗的基本功是体现实用技术动作、技巧、技能的能力，一般包括肩、臂、腰、腿、手型、步形、腿功、臂功等基本动作技术与技能。

（一）实战姿势

动作要领（以下均以右势为例）：从立正姿势开始，身体稍左转时右脚向右后撤一步，略比肩宽，右膝微屈，右脚尖外展45°，脚跟稍提起；左脚尖稍里扣，膝微屈，重心落于两脚之间；两小臂在胸前交叉，右臂在外，前后拉开，左臂微屈，左手成立掌，掌心向右下，指尖朝右上，与下颌同高；右肘自然下垂，右拳位于右腮处，身体侧立，收腹含胸，下颌微收，目视前方（图6-31）。

图6-31　预备式

（二）实战拳法

1. 直拳

直拳属直线形攻击方法，它分为前、后直拳两种，在拳法中是中远距离进攻对方的主要手段。由于直拳动作相对隐蔽，尤其右手直拳力量较大，是给对手重击的有效方法，所以在实战中使用率较高。

直拳动作要领（以左手直拳为例）：

（1）从实战姿势开始，右脚蹬地，重心前移，同时以髋带动肩向内旋转10°左右。

（2）由肩带动左手臂的前臂快速直线出击，力达拳面，手臂自然伸直，右手置于原来位置。

（3）收拳的路线也是出拳的路线，收拳后迅速恢复到原来的实战姿势。

（4）出拳同时左手拳直线收回至下颊前方，肘部自然弯曲贴于肋部（图6-32）。

图6-32　左手直拳

2. 摆拳

摆拳是弧线形进攻方法，分为前、后摆拳两种，在相互的连续击打中使用率较高。

摆拳动作要领（以左手摆拳为例，如图6-33所示）：

（1）实战姿势开始，右脚蹬地，身体由髋带动腰向内旋转15°~20°，同时重心前移。

（2）同时左手臂抬肘略与肩高，微张肩，左手拳向外侧前方伸出，上臂和前臂的角度相对固定。

（3）当髋部完成旋转角度后迅速制动，由制动的惯性使张开的肩回收而产生合力。此时的出拳臂仍按从侧前方向正前方的路线划动，最终又因髋部制动的合力牵制而制动，产生摆拳的力量。

（4）动作完成后迅速放松，基本是按原来出拳路线恢复到实战姿势。

图6-33　左手摆拳

3. 勾拳

勾拳在格斗中是近距离攻击的拳法，它分为前、后勾拳两种，主要是在相互间对抗时使用，或是在与其他拳法的配合中使用。

勾拳动作要领（以左手勾拳为例）：

（1）实战姿势开始，上体微向外、向下转动，左腿微屈，扣膝合胯，左手臂收回轻贴于左肋部，左手拳自然置于左面颊外侧，重心偏于左腿。

（2）右脚蹬地，左胯向上向内挺出，左手拳随挺胯动作向前上方击出，出拳臂夹角根据所击距离调整，拳心向内，微微内扣。

（3）当挺胯到位即左腿基本挺直后马上制动，由于制动的作用，击出的勾拳也随之制动，产生短促发力。

（4）随着挺胯制动后的肩部放松，拳也有弹性地收回，成原来实战姿势（图 6-34）。

图 6-34　左手勾拳

（三）实战腿法

腿法在格斗中占有很大比重，它主要包括蹬、踹、鞭、弹等技术。腿法的特点在于它是远距离对抗的主要方法，力度大，攻击力强。

1. 侧踹腿

侧踹腿分前、后侧踹两种，是格斗中运用率较高的腿法，而前侧踹又多于后侧踹，它主要用于进攻与阻击。

侧踹腿动作要领（以左腿侧踹为例）：

（1）从实战姿势开始，重心稍后移，上体保持原来姿势，左腿屈膝提起与胯同高，与上体呈 90°角，小腿外摆，脚尖勾起微向外翻出（图 6-35）。

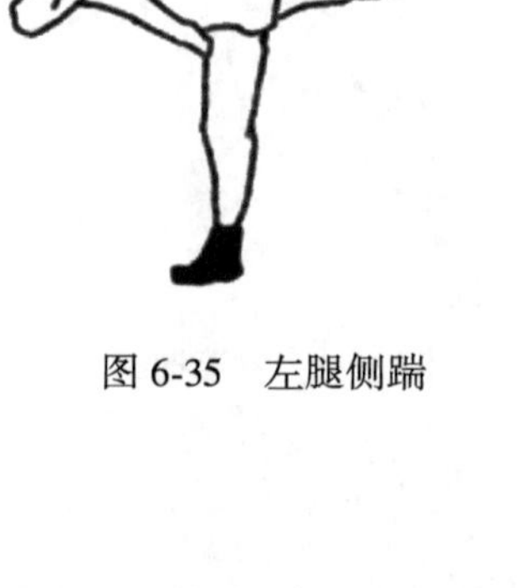

图 6-35　左腿侧踹

（2）身体继续向侧后仰，同时展髋伸膝向前踹出，脚尖横向，力达脚掌的后三分之二处，此时支撑腿的脚后跟斜向前方。

（3）此时左手置于踹出腿的大腿上方，右手置于下颏前方。

2. 正蹬腿

正蹬腿主要分为前、后正蹬两种，实战中此腿法的使用比例较高，在相互抱缠阶段或在互踢互打时作为摆脱方法效果较好。

正蹬腿动作要领（以左腿正蹬为例）：

（1）从实战姿势开始，重心微后移，右腿膝关节微屈，上体微后坐，左腿屈膝正面提起，脚尖勾起。

（2）两臂微下落或回收置于头部两侧，两肘自然下垂护住两肋，同时送胯，带动大小腿向正前方水平蹬出，脚前掌下压，力达脚全掌（图 6-36）。

图 6-36　左腿正蹬

3. 鞭腿

鞭腿的腿法，运用范围很广，按照高度可分为高、中、低三种，按运动形式可分为左鞭腿和右鞭腿。

鞭腿动作要领（以左鞭腿为例，如图 6-37 所示）：

（1）从实战姿势开始，重心后移，上体微向右后转动并向后侧仰，两手臂下落，同时屈膝提腿，并向内扣膝翻胯，大小腿夹角大约保持在 130°。

（2）由转体翻胯带动大小腿向外侧前上方鞭踢，在击打到物体的瞬间，小腿由于加速甩出与大腿基本成直线。

（3）在翻胯出腿的同时，支撑腿以脚前掌为轴跟着转体，脚跟斜向前。

图 6-37　左鞭腿

三、组合动作

军事格斗组合练习是在基本功练习的基础上，增加实战技能训练的一种有效的手段。在军事格斗技术练习过程中穿插一些组合练习（即军事格斗术组合），会使技术动作达到自动化的阶段，对于对方施加的拳打、脚踢、摔、拿等动作，可以临危不惧地作出娴熟的解脱与防卫动作。经常开展格斗组合练习，对于增强军人各项身体素质（柔韧性、灵活性、力量、耐力、速度等）有着很大的提高作用。

（一）格斗术组合一

1. 组合顺序

预备式→拨挡直拳→擒臂上勾→顶肘撞膝→击胸砍脖。

2. 特点

突出手肘、膝法等进攻动作，属于防守反击动作。

3. 动作要领

（1）预备式。（实战姿势）从立正姿势开始，身体稍左转时右脚向右后撤一步，略比肩宽，右膝微屈，右脚尖外展45°，脚跟稍提起；左脚尖稍里扣，膝微屈，重心落于两脚之间；两小臂在胸前交叉，右臂在外，前后拉开，左臂微屈，左手成立掌，掌心向右下，指尖朝右上，与下颌同高；右肘自然下垂，右拳位于右腮处，身体侧立，收腹含胸，下颌微收，目视前方（图6-38）。

图6-38 预备式

（2）拨挡直拳。左脚进步成实战步时，左掌向右下拨挡，右拳向前冲出，左掌变拳回收于左腮，右拳拳心向下，与肩同高，目视前方（图6-39）。

图6-39 拨挡直拳

（3）擒臂上勾。左脚向左前闪身上步，右脚自然跟进，身体稍向右转，两拳变八字掌，左掌向前上托，右掌挡抓回拉于胸前；右掌变拳由下向上猛击，拳与下颌同高，同时左掌护握于右肘窝，目视右拳方向（图 6-40）。

图 6-40 擒臂上勾

（4）顶肘撞膝。左脚进步成实战步时，左掌前下按，右臂水平夹紧回拉，右肘由后向前横击，左手护于右小臂外侧，右拳心向下；右膝向左前上猛顶与腹部同高，两手从前上回拉于右膝两侧，两小臂略成水平，目视右膝（图 6-41）。

图 6-41 顶肘撞膝

（5）击胸砍脖。右脚向前落步，身体左转侧向前方，两膝微屈，两小臂屈肘直立胸前格挡。左脚经右脚后交叉向前上一大步，两臂由左向右摆击，左拳摆至胸前，右臂伸直摆击与头部同高；身体左转 180°时，左臂屈肘向左顶击，大小臂夹紧拳心向下；身体左转成左弓步时，右拳变掌由后经肩上向前下斜砍，掌与颈部同高，左拳收于左腮处，左肘自然下垂，目视前方。恢复预备式（图 6-42）。

（二）格斗术组合二

1. 组合顺序

预备式→横踢肘击→踹腿跪冲→防刀别臂→双砍弹踢。

2. 特点

以腿法进攻为主，结合挑臂、别臂等擒拿动作。

3. 动作要领

（1）预备式。同组合一。

图 6-42 击胸砍脖

（2）横踢肘击。左脚向前进步，同时左探拳，随即身体向左转 180°踢右鞭腿并回收，左转 90°右脚落成马步时左手拍压右肩，同时右拳由后向前横勾屈肘于胸前；右脚向右后撤步成右弓步时，左手前拉砍掌，掌心向下，与肩同高，右肘后顶，大小臂夹紧抬平，拳心向下，目视肘击方向（图 6-43）。

图 6-43 横踢肘击

（3）踹腿跪冲。左脚经右脚后交叉上步，抬右脚侧踹，左拳收于左腮，右拳自然摆于体侧；右转身 180°，右脚猛踏落于左脚内侧时，左手抓握右手腕，右臂上挑回拉，右拳收于腰间；左脚向前上步成马步，重心略靠右腿，左手变八字掌前伸，虎口向右；成右跪步时，右拳立拳冲出，左手回收立掌于右胸前，目视右拳方向（图 6-44）。

（4）防刀别臂。左脚向右前外摆落地时左手前伸挡抓回拉于左胸前，右脚猛力向体前正弹踢，右拳自然后摆；右脚向右落步成左弓步的同时，右小臂在体前上挑，左手抓握右小臂；右转身成右弓步时，右拳变掌屈肘下压，掌心向下，两小臂略平置于腹前，目视前下方（图 6-45）。

图 6-44 踹腿跪冲

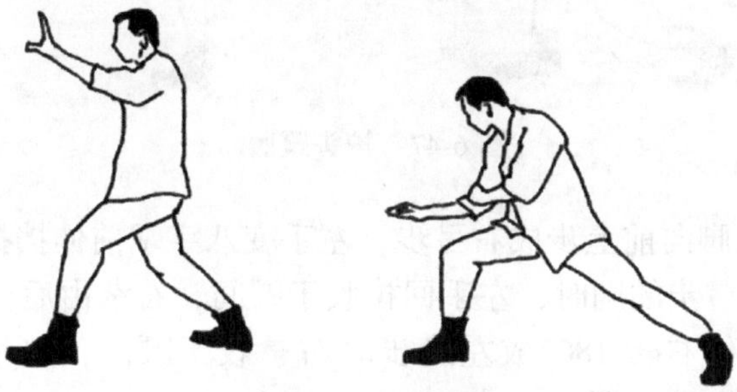

图 6-45 防刀别臂

（5）双砍弹踢。身体右转重心后移，收右脚成右虚步，双掌在胸前交叉，左里右外，掌心向内上猛力外格，略宽于肩，肘部稍屈；右脚上步成弓步时双掌向前稍内推砍，与颈同高；抬左脚正弹踢，两掌变拳回收于胸前，拳心相对，与肩同高。右脚向前上步成预备式（图 6-46）。

图 6-46 双砍弹踢

（三）格斗术组合三

1. 组合顺序

预备式→护头蹬腹→挟摔下击→盘腿扇掌→抄抱推摔。

2. 特点

以摔法结合擒拿进攻为主。

3. 动作要领

（1）预备式。同组合一。

（2）护头蹬腹。左脚向前进步同时，左掌变拳屈臂抬肘护于头左侧；上体稍左转，右小臂外格于头部右上方，抬右脚向前正蹬并迅速收回，双臂屈肘抱拳护于胸前，两拳相对，与下颌同高，目视前方（图 6-47）。

图 6-47 护头蹬腹

（3）挟摔下击。右脚向前上步成右弓步，左手变八字掌前伸挡抓，虎口向右，右拳自然后摆；身体左转成左弓步的同时，左手回拉收于腰间，右拳由后向前猛力横勾屈肘置于左胸前，拳心向下；身体右转 180°成左跪步时右拳收于腰际，左拳向左斜下 45°猛力下击，拳心向身后，目视左拳（图 6-48）。

图 6-48 挟摔下击

（4）盘腿扇掌。左脚向前成实战步的同时，两手由下向上在胸前架掌，右前左后，掌心向外；两掌变虎爪锁扣回拉于右侧腰际，同时右腿前扫，力达脚底；在右脚回撤的同时左掌向前扇出，掌心向内，指尖向右；随即左掌变拳收于左腮，同时右手直拳快速冲出，目视右拳（图 6-49）。

图 6-49 盘腿扇掌

（5）抄抱推摔。左脚向左前上步成实战步时身体左转，左手由下向上，右手由上向下抄抱于胸前。右脚向前上步成右弓步时右手成立掌猛力前推，掌与肩高，左拳立于左胸前，上左步成预备式（图 6-50）。

图 6-50 抄抱推摔

（四）格斗术组合四

1. 组合顺序

预备式→组合连击→正蹬直拳→格挡反弹→侧击插喉。

2. 特点

突出格斗远踢，近打等拳腿与组合技术。

3. 动作要领

（1）预备式。同组合一。

（2）组合连击。前进步的同时击左刺拳，再前进步时左直拳接右平勾拳接左上勾拳，目视前方（图 6-51）。

图 6-51 组合连击

（3）正蹬直拳。抬右脚向前正蹬并收回，两拳屈肘收于胸前，拳心相对，相距 20 厘米，与肩同高；右脚向前落地同时，右拳向前冲出，拳心向下，左拳位于右腮处，目视左拳（图 6-52）。

（4）格挡反弹。动作要领：右脚向前上步，身体左转 90°角成马步时，两小臂屈肘直立胸前格挡，右掌变拳，两拳心向内，相距 20 厘米，与肩同高；右拳向右反弹，与头同高，拳眼向上，左拳变掌立于右胸前，掌心向右（图 6-53）。

图 6-52 正蹬直拳

图 6-53 格挡反弹

（5）侧击插喉。动作要领：身体向右转，重心前移，踢左鞭腿的同时右拳收于右腮处，左拳自然摆于体侧，向前落左脚时击左摆拳，进步成左实战步时左小臂外格立于左胸前，左拳心向后，右拳变掌前插，掌心向下，与喉部同高，目视前方成预备式（图 6-54）。

图 6-54 侧击插喉

（五）格斗术组合五

1. 组合顺序

预备式→提膝直拳→卡喉侧冲→右踹左蹬→直摆侧踹。

2. 特点

突出格斗送踢，近打等拳腿与组合技术。

3. 动作要领

（1）预备式。同组合一。

（2）提膝直拳。右脚向左脚处垫步，左腿提膝上抬，大腿略平，左脚向前落步的同时左拳向前冲出（图 6-55）。

图 6-55 提膝直拳

（3）卡喉侧冲。右脚向前上步成弓步时，左拳变掌前下拍按，右手变虎爪前伸，掌心向前，与喉部同高，肘部微屈；右脚收回成右虚步过程中，左掌沿右臂下向前猛挑成立掌，右手变拳收于腰间；右脚向前上步成马步时，左掌变拳收于腰间，右拳侧冲，拳心向上，目视右拳（图 6-56）。

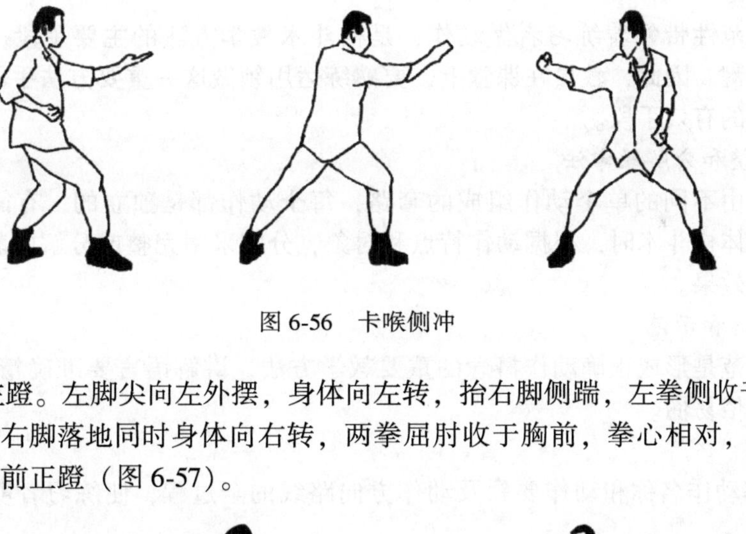

图 6-56 卡喉侧冲

（4）右踹左蹬。左脚尖向左外摆，身体向左转，抬右脚侧踹，左拳侧收于左腮，右拳自然摆于体侧，右脚落地同时身体向右转，两拳屈肘收于胸前，拳心相对，相距 20 厘米与肩同高，左腿前正蹬（图 6-57）。

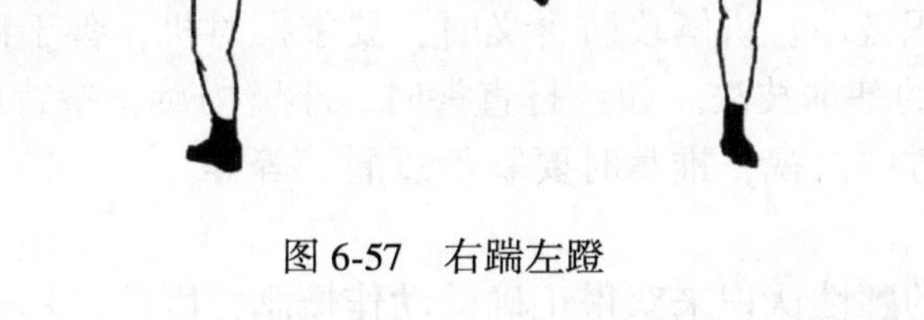

图 6-57 右踹左蹬

（5）直摆侧踹。左脚向前成实战步的同时左手直拳击出，身体稍下潜，右拳迅速击出，左拳收于左腮处；起身左手摆拳击出，拳眼斜向右下，右拳收于右腮处；右脚向前垫步，左腿侧踹，右拳自然摆于体侧，右脚落地成预备式（图 6-58）。

图 6-58 直摆侧踹

收势：身体右转，右脚靠拢左脚，成立正姿势。

四、教学训练方法

在格斗术的教学训练上必须掌握由易到难、由简到繁、由基础到应用的教学步骤。在实施过程中以示范、领做为主，反复练习；在掌握套路的情况下，又以应用为主。

（一）领做

领做是示范性带领着练习者做动作，是格斗术教学方法的主要手段。能否教会、教好，领做是关键。因此，教员在课堂上，要熟练运用领做这一重要方法手段。这是贯彻直观性教学原则的有效手段。

（二）完整和分解教学法

格斗术是由不同的单个动作组成的套路，每个动作都是独立的，有简有繁，有易有难，所以教军体格斗术时，根据动作特点和对象，分别采用完整或分解的教学方法，能收到良好的教学效果。

（三）讲解和示范

讲解、示范是形成正确动作概念的重要教学方法，讲解语言要准确精练、重点突出、层次分明、通俗易懂。

1. 讲解

（1）讲解动作名称和动作要领及动作方向路线的全过程，使练习者明确动作的正确规格。

（2）讲解动作易犯的错误。可用正误对比的方法，区别正误动作的不同点，提醒和预防可能发生的错误。

（3）讲解动作的攻防含义。揭示和明确动作的实用意义，有助于准确地理解和掌握技术动作，提高学习的积极性。讲解攻防含义时，要掌握时机，善于诱导。

（4）讲解规律性的基本技法。如：打直拳时，小臂内旋，拳背或拳眼一定是朝上，拳背要平，眼睛向击打方向注视，推掌时要掌不过眉，等等。

2. 示范

示范是通过直观的感性认识来获得正确的动作概念，因此，示范动作除了要做到准确熟练、节奏分明、刚劲有力、连贯协调、精神振奋之外，还要注意选择好示范的位置和方法。

示范讲解是不可分开的，两者应结合起来运用，有时可先示范后讲解，或先讲解后示范，但在教学中最多采用的应是边示范边讲解（即边讲边做）的方法。

（四）组织操练

当初步掌握动作要领或套路后，要有目的组织指导复习、巩固。根据形成条件反射的规律，刚学会的动作不会很快地巩固下来，也不可能一下子就能做到应用自如。必须经过反复练习，才能逐步形成动力定型。操练方法，一般可采取下列几种。

1. 集体操练，口令指挥

训练刚开始时，可先用领做的方法，进行分段或全套领做，使动作连贯起来集体操练，由于人多受场地条件限制，为了使动作熟练，整齐，便于观察正误，可采用下列方法：

（1）把动作名称当作“口令”。如发出“预备”和“拨挡右直拳”口令，练习者做“预备”和“拨挡右直拳”的动作，再喊“防右别臂”口令，练习者做“防右别臂”的动作等。

（2）用“呼号”代替口令。如发出“1”，练习者做“防右别臂”，再喊“2”……依次进行。口令要短促，洪亮有力。要结合动作结构的快慢，发出有快有慢的口令。

（3）提示性口令。提示性口令是在口令的前面加上动作名称，如：“防右别臂，1”，听到“1”的口令后练习者做“防右别臂”动作。动作名称是预令，后面的呼号是动令。提示性口令有提醒和帮助记忆的作用，还能使操练动作整齐划一。

2. 分班操练

分班操练由班长指挥，先充分调动班长积极性和助手作用。此时教员要提出具体要求，更好地发挥学习主观能动性，并及时进行辅导、检查。

3. 个人体会和互教互学

练习时，要用一定的时间让个人体会，加强记忆，巩固提高。也可分为二人一组，一人练习，一人观摩，互相纠正，起到互相启发和督促的作用，从而有助于培养团结互助的精神，此时，教员要统观全局，发现问题，及时纠正。

4. 小型评比

评比条件要具体、明确，有目的地解决某一问题。如以“要领正确、连贯协同”为主，或以“要领正确、发力适当”为主等；若以班为单位评比，则要求以“动作整齐划一”为主。小型评比有助于互相学习，互相促进，调动情绪，共同提高。达到课堂里开展比、学、赶、帮、超的目的。可采取以下方法：

（1）教学单位是一个排（或区队），可以班为单位评比。

（2）由班长指派本班代表参加评比。

（3）由教员指定有代表性的人员，进行表演性评比。

5. 纠正错误

在掌握动作和学习套路过程中，会出现各种错误或不规范的动作。教员要统观全局，对个人的动作，做到了如指掌，及时发现，及时纠正。带有普遍性的错误，采取整体纠正。个别人个别动作的错误，个别纠正。纠正错误动作的方法，一般是指出错误动作的原因所在，强化正确动作概念，或用正误对比方法，使练习者正确区分正误动作，便于改正。教学训练中易犯错误动作和纠正方法如下：

（1）动作要领不正确。纠正方法：用正误对比法，先示范正确动作。再用错误动作对比，使其了解错在哪里，然后用慢动作领做，使其改正。

（2）动作僵硬，发力不当。纠正方法：由慢到快领做，由不用力逐步过渡到用力。

（3）动作不连贯。纠正方法：动作不连贯一般是动作不熟练所致，因此要牢牢掌握单个动作，然后由慢到快弄清动作与动作之间的衔接关系，由慢到快体会练习。

（4）不理解动作的性质和作用而出现错误。纠正方法：根据动作攻防性质，讲清动作路线的实用意义，通过两人配合攻防，解释动作方向路线，启发诱导，帮助纠正。

6. 格斗术的教学步骤

（1）示范性表演。示范性表演，一般在第一节课时进行，表演后再介绍格斗术的特点和作用。通过表演，主要是使学员对教学内容有初步的印象和认识，达到激发学习欲望，提高学习兴趣的目的。

（2）弄清动作的方向和路线。通过慢动作示范，简略讲解和领做，使初学者首先弄清和掌握动作方向路线及来龙去脉，达到基本会的目的，此时要求不要过细。

（3）掌握动作的准确性和架式的工整。在弄清动作和方向路线的基础上，进一步掌握动作的准确性，做到架式工整。完成动作的协调配合，这时要做到正常速度的示范和领做，使手、眼、身、法、步等动作做到工整协调。

（4）使动作连贯完整。当较准确掌握动作后，将几个动作连贯起来，即教会一个连贯一个，逐步形成段落或套路。此时的示范，领做要快速、准确、连贯，同时要求发力顺达、合理。

（5）复习巩固。通过运用领做、口令指挥集体操练、分班练习、个别体会等方法，使动作要领准确，套路一气呵成。此外，复习动作要领时，要结合记忆动作名称，这样有助于牢记套路。

五、考核要求

（1）受试者须完成 5 个组合中的 3 个（由考核组指定或现场抽签确定）。

（2）组合内容及顺序正确。其中，要领正确，动作有力，连贯协调，姿势稳固，套路熟练，精神振奋为优秀；动作较有力，基本协调，套路熟练，精神振奋为良好；要领基本正确，套路基本连贯，精神振奋，但力量和协调性不够为及格。

（3）原则上只测试一次，如遇特殊情况可申请重测一次。

第七章　器械体操

器械体操是我军传统的练兵项目之一，也是军队院校学员和部队官兵军事体育训练的重要内容。练习者在悬垂或支撑状态中，利用身体各关节屈伸完成各种摆动作以及静止姿势和用力动作，以增强身体素质，提高各器官的功能和身体的协调能力，培养刚毅、勇敢、果断的品质，既是锻炼身体的重要手段，也为掌握其他军事技能提供良好的身体素质基础。

第一节　单杠3练习

一、训练条件

制式单杠（高2~2.4米），松软沙地或体操垫，镁粉。着迷彩服或体能训练服、制式胶鞋或运动鞋。

二、技术动作与训练方法

准备姿势：受训者位于器械正下方，两腿屈膝并拢，前脚掌着地，两手向后侧张开，手掌心向后。

动作过程：准备姿势→跳起悬垂→立臂上→单腿摆越成骑撑→后倒挂腿上成骑撑→腿向后跨杠成正撑→弧形跳下（图7-1）。

（一）立臂上

1. 动作要领

直臂悬垂，两手用力屈臂拉杠至胸部时，左（右）手顺势向上迅速翻腕立肘，同时身体稍向右（左）转，含胸微收腹，重心移于左（右）臂。右（左）手翻腕立肘，身体稍向左（右）转，上体前倾，用力撑杠，两臂伸直成正撑（图7-2）。

2. 保护与帮助

保护者站在杠下一侧，当练习者立不起臂时，两手扶其腿部向上助力完成。

3. 教学训练方法

（1）模仿练习。原地站立，两臂上举，掌心向前，模仿做拉杠至胸部时，翻肘，转体和立臂动作（图7-3）。

（2）屈臂握低杠或双杠（可利用脚蹬地），做翻肘转体和立臂动作。

4. 常见错误与纠正方法

错误动作：转体过早或引体向上拉脱节，造成翻肘困难；翻肘、转体立臂时，收腹过大，臀部下沉，影响立臂上。

纠正方法：握低杠站立（肩略高于杠）体会翻、转、立的动作；在帮助下体会立臂上的动作。

图 7-1 单杠 3 练习动作示意图

图 7-2 立臂上

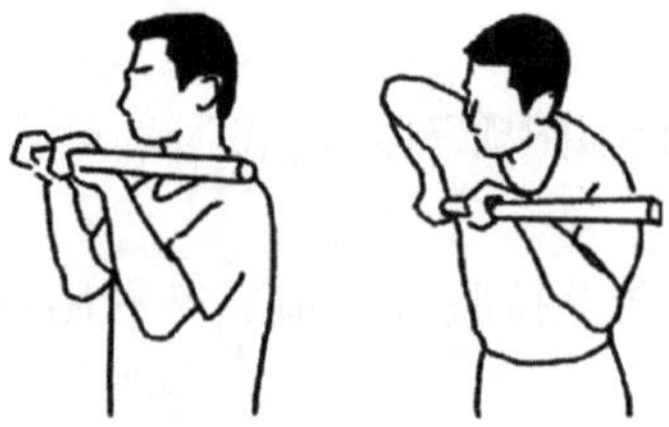

图 7-3 立臂上教法

(二) 单腿摆越成骑撑

1. 动作要领

上体右（左）移，右（左）臂支撑，左（右）手推离杠，同时左（右）腿向前摆越，左（右）手握杠成骑撑（图7-4）。

图7-4 单腿摆越成骑撑

2. 重点

身体回摆过垂直部位后，臂和挂腿用力压杠的同时，另一腿向后上摆，两臂伸直成骑撑。

(三) 后倒挂腿上成骑撑

1. 动作要领

两臂撑杠，身体重心后移，微收腹屈臂，上体后倒，左（右）腿屈膝挂杠，右（左）腿向前上方送出。当身体后摆至臂部过杠下垂直部位时，两臂和左（右）腿用力压杠，右（左）腿后上摆，伸直臂成骑撑（图7-5）。

图7-5 后倒挂腿上成骑撑

2. 保护与帮助

保护者站在摆动腿一侧，练习者挂腿上无法完成时，手托膝关节或小腿助力完成。

3. 教学训练方法

在低杠做屈膝挂杠悬垂摆动上（可多摆动几次），体会臂、腿压杠和后摆腿动作（图7-6）。

4. 常见错误与纠正方法

错误动作：上体后倒时，挂腿不紧，收腹大，前伸腿方向不正或过高、过低；回摆时，无后摆腿，屈臂拉杠，造成挂腿上有困难。

纠正方法：在杠前上方放一标志物（高低距离要适当），练习者后倒时目视标志物，将其腿向标志物送出，体会正确的动作要领；在帮助下做后倒挂腿上练习。

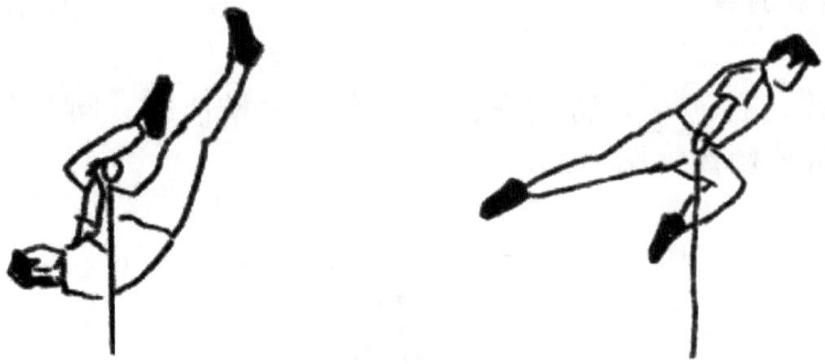

图 7-6 后倒挂腿上成骑撑教法

(四) 腿向后跨杠成正撑，弧形下

1. 动作要领

左（右）手向内、右（左）手向外依次换握，身体重心右（左）移，左（右）腿向后跨杠成正撑。直臂撑杠，上体后倒，同时微收腹，腿向前上方举起。当肩部接近杠下垂直部位时，两手顺势向头后带杠，拉开肩角，使腿、髋部向前上方伸出，挥臂挺身下（图 7-7）。

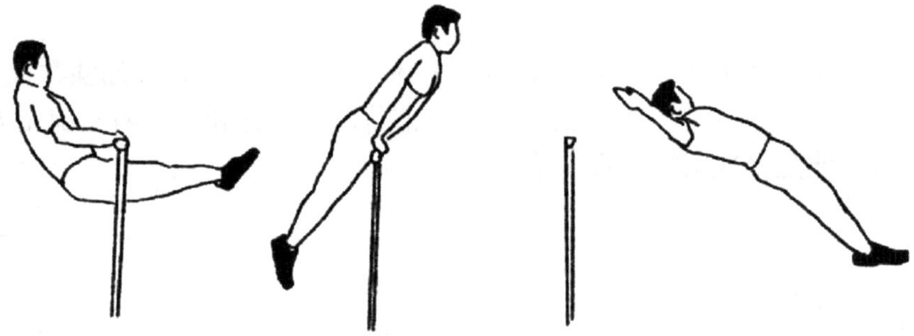

图 7-7 腿向后跨杠成正撑，弧形下

2. 重点、难点

弧形下。上体后倒，大腿、腹部靠杠，两腿向前上方举起伸出，肩过杠下垂直部位后，送髋、顶肩，直臂用力压杠。

3. 保护与帮助

保护者站在杠下一侧，当练习者上体后倒时，手托其臀和推其肩部向前上方助力；落地时手扶其腰腹部，防止摔倒。

4. 训练方法

（1）手握低杠，脚用力蹬地，向后上跳起的同时上体后倒，腿向前上方伸出，送髋，臂伸直，挺身下（亦可手握杠），反复体会（图 7-8）。

（2）在保护帮助下做完整动作。

5. 常见错误与纠正方法

错误动作：弧形后倒时，仰头挺身或屈臂、收腹过大，身体下掉；弧形下时，两腿前伸，送髋、直臂顶肩的动作不连贯不协调，影响下法。

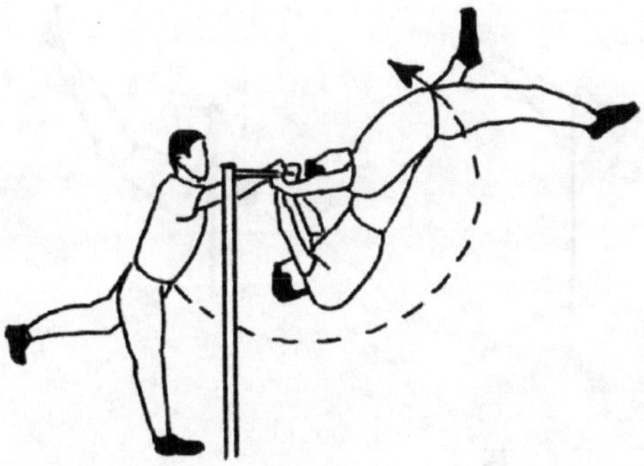

图7-8　腿向后跨杠成正撑，弧形下教法

纠正方法：在杠前上方放一横竿（绳）或标志物（高低距离要适当），诱导练习者将腿、臀部从横竿（绳）上或标志物方向送出，体会动作要领。

三、考核要求

符合动作要领，动作娴熟连贯，整套动作流畅，落地稳定为优秀；整套动作完成较好，个别动作完成质量和连贯性稍差为良好；能独立完成完整动作为及格。

第二节　单杠4练习

一、训练条件

制式单杠（高2~2.4米），松软沙地或体操垫，镁粉。着迷彩服或体能训练服、制式胶鞋或运动鞋。

二、技术动作与训练方法

准备姿势：受训者位于器械正下方，两腿屈膝并拢，前脚掌着地，两手向后侧张开，手掌心向后。

动作过程：准备姿势→悬垂摆动→挂腿上→骑撑前回环→杠上转体180°成正撑→弧形摆动后摆挺身下（图7-9）。

（一）悬垂摆动

1. 动作要领

跳起悬垂，两手用力屈臂拉杠，收腹举腿，上体后倒，将腿、臀部迅速向前上方送出，两臂向后带杠，拉出肩角，身体自然回摆（图7-10）。

2. 保护与帮助

保护者站在杠下一侧，当练习者举腿出浪时，手托臀部和推肩部向前上助力；后摆时手托其腰腹部，防止脱手。

（二）挂腿上

1. 动作要领

前摆过垂直部位时，收腹举腿，一腿从两臂间穿过。当身体回摆时，穿杠腿用膝窝挂

图 7-9　单杠 4 练习动作示意图

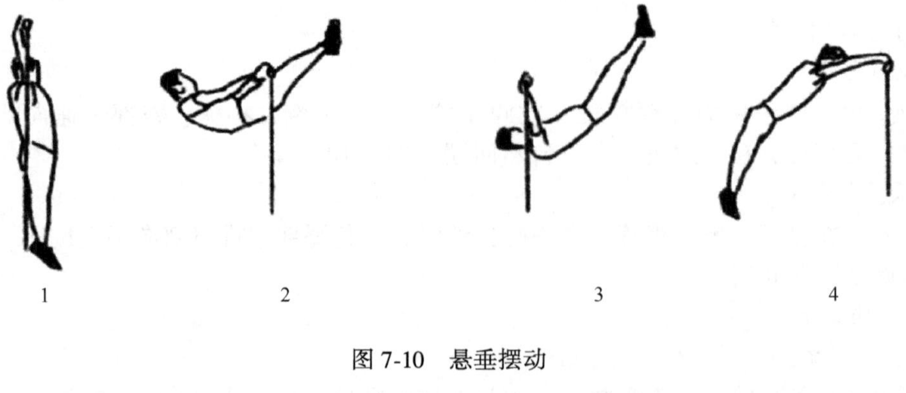

图 7-10　悬垂摆动

杠。身体摆过垂直部位后，摆动腿顺势用力向后上方摆，同时臂、腿用力压杠，跟上体，撑直臂，前伸腿成骑撑（图 7-11）。

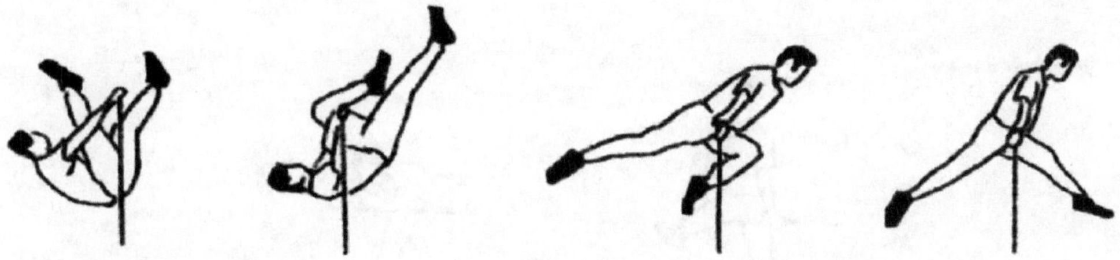

图 7-11　挂腿上

2. 重点难点

收腹举腿，穿杠屈膝挂腿。后摆腿，用力压杠，跟上体，两臂撑直。

3. 保护与帮助

保护者站在练习者摆动腿一侧，挂腿上时，手托摆动腿助力完成。

4. 教学训练方法

（1）模仿练习。仰卧地面，两臂伸直上举，体会收腹举腿、穿杠屈膝挂腿的要领。

（2）在低杠前放一纵木马（高低距离要适当），手握杠，一脚屈腿抵马头，一脚举起做穿杠挂腿上的动作。

（3）在保护帮助下做挂腿上。

5. 常见错误与纠正方法

错误动作：穿腿时，仰头、挺身或穿腿过晚；屈膝挂腿时，屈臂拉杠，收腹过大或挂腿不到位（用小腿挂杠），腹部放松，摆动腿向下砸浪；挂腿上时，挂杠腿放松，屈臂拉杠，身体靠杠或压杠、后摆腿，跟上体的动作脱节。

纠正方法：仰卧地面，手握竹竿，在头上稍后举起，体会收腹举腿、穿杠挂腿的动作要领；在杠上做屈膝挂腿悬垂摆动挂腿上，体会摆腿、压杠、跟上体的动作。

（三）骑撑前回环

1. 动作要领

两手反握杠，两臂伸直，撑起身体，前腿绷直抬起，向前迈出，后腿靠杠，上体前倒，目视前方。回环接近 3/4 周时，前腿伸、压杠，压臂跟上体，翻手腕成骑撑（图 7-12）。

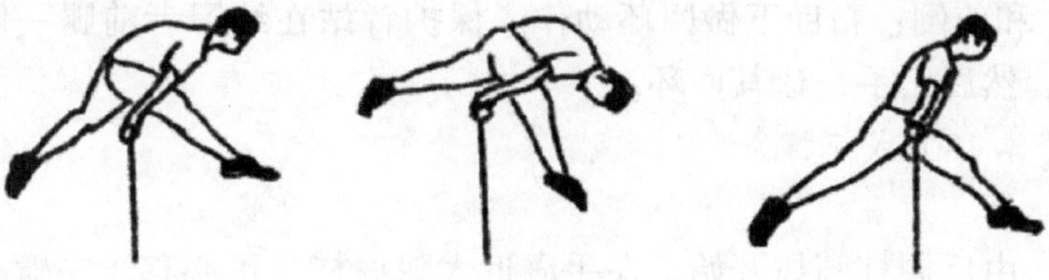

图 7-12　骑撑前回环

2. 重点难点

两臂用力撑起身体，前腿抬起向前迈出，上体前倒回环。

3. 教学训练方法

（1）模仿练习。原地立正站好，两臂伸直贴于体侧，拳心向前，一腿抬起（约 90°角）向前迈出，同时挺胸，上体前倒，脚着地成燕式平衡，体会抬迈、挺倒动作（图 7-13）。

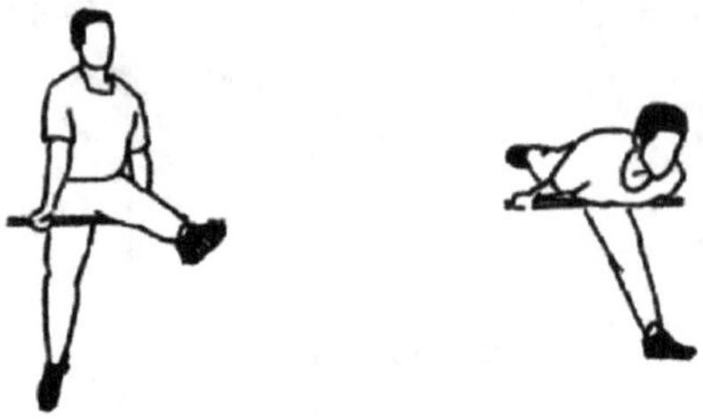

图 7-13　骑撑前回环教法 1

（2）在低杠前放一纵木马（高低距离要适当），两臂用力撑起身体，前腿抬起向前迈出的同时，挺胸上体前倒，后大腿靠杠，脚踩在木马上，体会要领（图 7-14）。

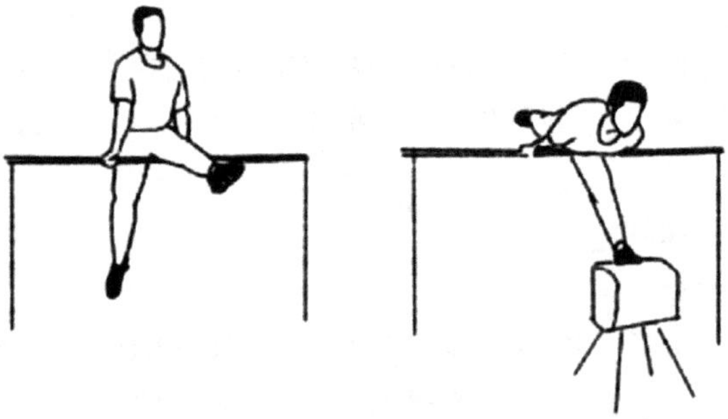

图 7-14　骑撑前回环教法 2

（3）在帮助下做骑撑前回环。

4. 常见错误与纠正方法

错误动作：上体前倒时，身体未撑起，含胸收腹，向下压腿；回环时，屈臂，收腹过大，臀部下沉或两腿用力夹杠，影响动作完成。

纠正方法：在杠前放一标志物（高低距离要适当），诱导练习者向标志物方向迈腿（尽可能触到物）和前倒；帮助下做回环动作。保护者站在练习者前腿一侧，将腿向前上抬起，上体前倒，然后松手，让其回环。

（四）杠上转体 180°成正撑

1. 动作要领

以左转为例，由反握杠骑撑开始。左手靠近大腿握杠，重心移于左臂，右手松杠，上体稍向左后倒。同时以左臂为轴向左转体，身体保持挺直，右腿过杠随身体转动向左腿靠拢，右手握杠成正撑（图 7-15）。

2. 重点难点

以左（右）臂为轴向左（右）转体，身体保持挺直成正撑。

图 7-15 杠上转体 180°成正撑

3. 保护与帮助

保护者站在练习者前腿一侧，手扶其脚协助转体。

4. 教学训练方法

（1）在横木马上或低杠前放一木马，做骑撑转体 180°成正撑，体会动作要领。

（2）在帮助下做杠上转体成正撑。

5. 常见错误与纠正方法

错误动作：转体时，上体后倒过多。含胸，身体放松或收腹过大，臀部下沉。

纠正方法：在杠上侧后放一标志物，诱导练习者上体向标志物后倒，转体，身体保持适度紧张。

（五）弧形摆动后摆挺身下

1. 动作要领

直臂撑压杠，上体后倒，含胸微收腹，腿向前上方举起。当肩部接近杠下垂直部位时，两手向头后提杠，将腿向前上方送出，伸髋、扣腕，自然后摆。摆过杠下垂直部位时，两腿用力向后上方摆，接近终点时，手压杠，抬上体，挥臂挺身下（图 7-16）。

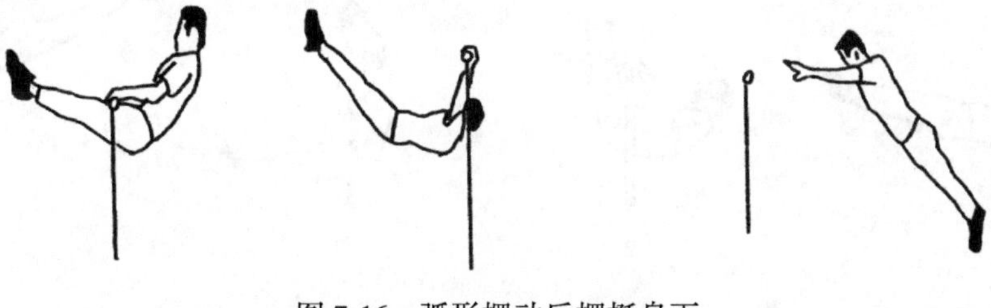

图 7-16 弧形摆动后摆挺身下

2. 重点难点

直臂撑压杠，上体后倒，含胸微收腹，腿向前上方举起。腿向后上方摆，近终点时，手压杠，抬上体，挥臂挺身下。

3. 保护与帮助

保护者站在杠下一侧，当练习者后倒出浪时，手托其臀和肩部向前上方助力；向后上方甩腿时，手托其腰腹部，防止脱手。

4. 教学训练方法

（1）先悬垂小摆动做后摆挺身下，然后逐渐加大摆幅，体会动作要领。

（2）在低杠上做上体后倒，腿向前上送出，伸髋、顶肩，向后摆动。

（3）在保护帮助下做弧形摆动后摆挺身下。

5. 常见错误与纠正方法

错误动作：弧形后倒时，屈臂、仰头、挺身，或收腹过大，臀部下掉，影响出浪；后摆时，肩角未拉开和加力过早；挺身下时，腿没有向后上摆动，塌腰。

纠正方法：在低杠前上放一标志物（高低距离适当），限制练习者上体后倒时，将腿向标志物蹬出，伸髋，直臂顶肩。

三、考核要求

符合动作要领，动作娴熟连贯，整套动作流畅，落地稳定为优秀；整套动作完成较好，个别动作完成质量和连贯性稍差为良好；能独立完成完整动作为及格。

第三节　单杠5练习

一、训练条件

制式单杠（高2~2.4米），松软沙地或体操垫，镁粉。着迷彩服或体能训练服、制式胶鞋或运动鞋。

二、技术动作与训练方法

准备姿势：受训者位于器械正下方，两腿屈膝并拢，前脚掌着地，两手向后侧张开，手掌心向后。

动作过程：准备姿势→悬垂摆动→屈伸上→支撑向后回环→弧形后摆，交叉握前摆转体90°挺身下（图7-17）。

图7-17　单杠5练习动作示意图

（一）屈伸上

1. 动作要领

悬垂摆动，前摆过杠下垂直部位后，沉肩，收腹举腿，脚面靠杠。当回摆肩至杠下垂直部位时，两腿沿杠用力向前上方蹬出，同时两臂压杠，跟上体，两腿继续向后上摆起，撑直臂（图 7-18）。

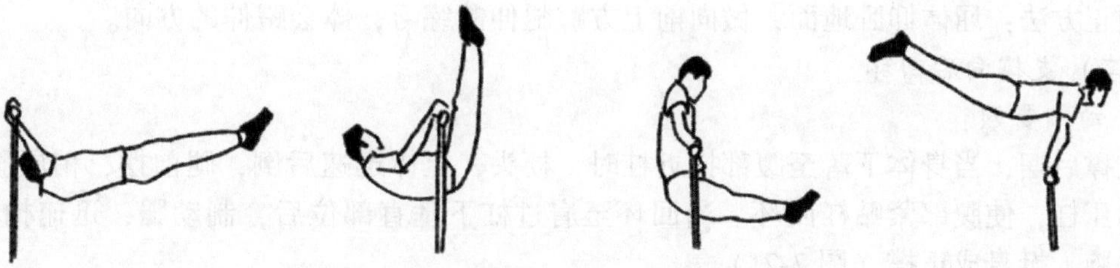

图 7-18　屈伸上

2. 重点难点

两腿沿杠用力向前上方蹬出，两臂压杠，跟上体，腹部贴于杠上。腹部贴于杠上的同时，两腿迅速后摆，两臂撑直。

3. 训练方法

（1）屈体仰卧地面，帮助做屈伸起练习。练习者两侧各站一人拉住手，当腿向前上方蹬送伸髋时，用力拉手向上腾起，体会蹬送方向和伸压动作（图 7-19）。

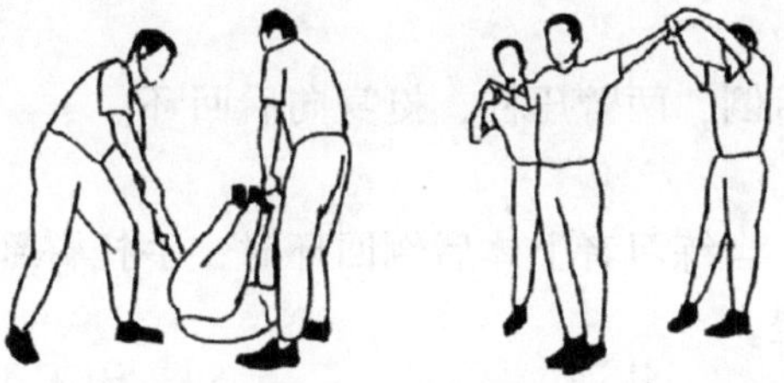

图 7-19　屈伸上教法 1

（2）在低杠前放一纵木马（高低距离要适当），一脚屈腿抵马头，一腿小摆动做屈伸上（图 7-20）。

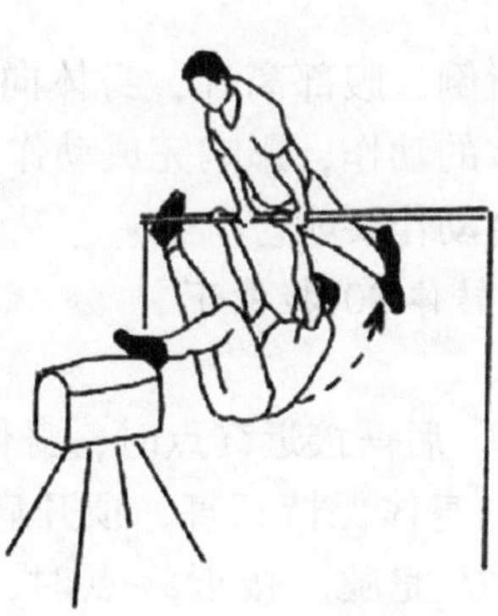

图 7-20　屈伸上教法 2

（3）在保护帮助下做屈伸上练习。

4. 常见错误与纠正方法

错误动作：前摆至杠下收腹举腿时，肩角未拉开，仰头，挺身；腿举得过高或收腹举腿用力过猛脚打杠；前上蹬腿送髋时，蹬的方向过高、过低或屈臂拉杠，胸部碰杠，腿向下砸浪。

纠正方法：屈体仰卧地面，做向前上方蹬腿伸髋练习，体会蹬伸的方向。

（二）支撑向后回环

1. 动作要领

支撑后摆，当身体下落至腹部接近杠时，梗头，上体迅速后倒，腿前摆，稍屈髋，两臂用力压杠，使腹部紧贴杠回环。当回环至肩过杠下垂直部位后，制动腿，迅速抬上体，翻转手腕，挺身成正撑（图 7-21）。

图 7-21　支撑向后回环

2. 重点难点

腹部下落近杠，上体后倒，两臂压杠，挺身向后回环。

3. 保护与帮助

保护者站在杠下一侧，当练习者上体后倒回环时，手托臀部，使腹部靠杠。回环至肩过杠下后，手托其肩和扶腿。

4. 教学训练方法

（1）在低杠上，用绳（带子）从腰部将身体固定好，做向后回环练习，体会动作要领。

（2）在保护帮助下做支撑向后回环。

5. 常见错误与纠正方法

错误动作：回环时，上体无后倒，腹部离杠，身体向前滑下或屈体收腹大；回环 3/4 时，无向上带臂、转手腕和抬上体的动作，影响完成动作。

纠正方法：在低杠上帮助体会动作要领。

（三）弧形后摆，交叉握前摆转体 90°挺身下

1. 动作要领

弧形后摆同 4 练习（挂腿上）。后摆接近终点时，身体重心左（右）移，右（左）臂迅速、在左（右）臂上交叉握杠，身体保持正直，顶开肩角前摆。摆过杠下垂直部位后，两臂夹紧，用力向左（右）前上方兜腿。接近终点时，向右（左）转体 90°，同时右（左）臂伸直压杠，挥左（右）臂挺身下（图 7-22）。

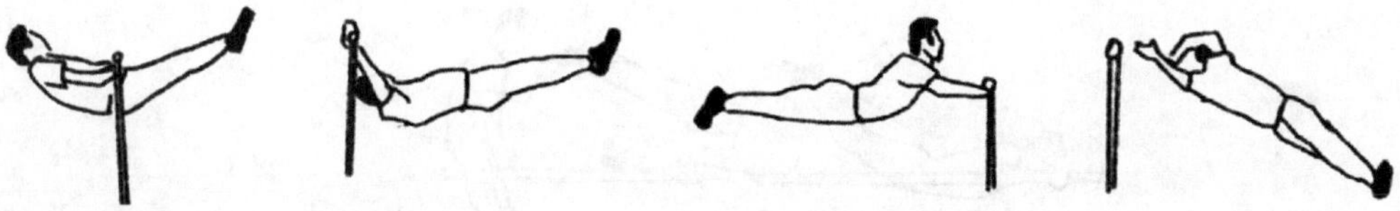

图 7-22　弧形后摆，交叉握前摆转体 90°挺身下

2. 重点难点

交叉握前摆转体时身体重心的移动。

3. 保护与帮助

（以右转为例）保护者站在杠下左侧，当练习者向前上方兜腿时，手托其臀部向上助力，转体挺身下时，手扶其腰部防止摔倒。

4. 教学训练方法

（1）先做交叉握悬垂或交叉握悬垂摆动，体会交叉臂的动作要领。

（2）做小摆动，交叉握前摆转体下，然后逐渐加大摆幅。

（3）在保护帮助下做完整动作练习。

5. 常见错误与纠正方法

错误动作：交叉握前摆时，塌腰、挺胸，两臂弯曲、拉杠，肩部放松，影响前摆；前摆转体下时，转体过早、无兜腿动作或兜腿、转体、挥臂、挺身动作不连贯。

纠正方法：在杠前上方放一标志物（高低距离要适当），诱导练习者向标志物兜腿（尽可能踢到物），体会兜、转、挥、挺的动作要领。

三、考核要求

符合动作要领，动作娴熟连贯，整套动作流畅，落地稳定为优秀；整套动作完成较好，个别动作完成质量和连贯性稍差为良好；能独立完成完整动作为及格。

第四节　双杠 3 练习

一、训练条件

制式双杠（高 1.15~1.55 米，宽 0.42~0.50 米），松软沙地或体操垫，镁粉。着迷彩服或体能训练服、制式胶鞋或运动鞋。

二、技术动作与训练方法

准备姿势：练习者从双杠前端进行入双杠内约 1 米处，两腿屈膝并拢，前脚掌着地，两手向后侧张开，手掌心向后。

动作过程：准备姿势→挂臂撑摆动→屈伸分腿坐杠→支撑摆动一次→前摆内转 90°下（图 7-23）。

图 7-23 双杠 3 练习动作示意图

(一) 屈伸分腿坐杠

1. 动作要领

前摆过杠下垂直部位后，收腹举腿，臀部高出杠面，两臂伸直稍向内转成屈体挂臂撑。当臀部下落接近杠面时，迅速向两侧分腿，用力压杠，跟上体，臂伸直成分腿坐杠(图 7-23 中 2 和 3)。

2. 重点难点

分腿时，直臂压杠。跟上体，两臂伸直成分腿坐杠。

3. 保护与帮助

保护者站在练习者侧后，当练习者屈伸分腿坐杠时，手从杠下托其推臀、背部向上助力，协助完成。

4. 教学训练方法

(1) 模仿练习，仰卧地面做屈伸分腿坐起，体会分腿、压杠、跟上体、撑臂动作。

(2) 在斜杠上做屈伸分腿坐杠。

(3) 在帮助下做连贯动作练习。

5. 常见错误与纠正方法

错误动作：收腹举腿时，仰头，挺胸，屈臂拉杠，造成臀部高出杠面的困难；分腿坐杠时，过早或过晚，造成腿砸杠、掉臀和跟上体的困难。

纠正方法：仰卧地面做屈伸分腿坐杠，体会分腿、直臂压杠和跟上体的动作。

(二) 支撑摆动一次

1. 动作要领

由分腿坐杠开始。上体前倾，两手移握杠端用力向下撑杠，两腿内侧夹杠弹起，支撑前摆。前摆过垂直部位后，将腿、臀部向前上方送出，拉开肩角，伸展身体自然后摆。当后摆垂直部位后，腿用力向后上摆起，同时两手向下撑杠，顶肩，身体伸直后摆（图7-23中4~6）。

2. 保护与帮助

保护者站在练习者一侧，一手握手腕，一手从杠下推托其臀部，协助摆动。

3. 常见错误与纠正方法

错误动作：手握杠，夹腿不一致；腿夹杠时，弯曲无力，屈臂塌腰，造成腿进杠困难；前摆收腹过大或用力时机不当。

纠正方法：在杠上连续做手撑杠夹腿支撑前摆练习，体会动作要领。

（三）前摆内转90°下

1. 动作要领

支撑前摆过垂直部位后，两腿用力向右（左）前上方摆，同时左（右）手用力向下推杠，身体重心移于右（左）臂，顶肩，向右（左）转体90°，撑臂挺身下（图7-23中7）。

2. 重点难点

向侧前上方摆腿，推杠移重心，挥臂，转体，挺身下。

3. 保护与帮助

保护者站在练习者下杠侧，一手握其手腕，一手托其臀部向上助力，帮助完成。

4. 教学训练方法

（1）模仿练习，仰撑地面（可垫高脚）做转体动作，体会推、移、挥、转挺的要领（图7-24）。

图7-24　前摆内转90°下辅助练习

（2）低杠上先做小摆动转体下，然后逐渐加大摆幅。

（3）在保护帮助下做前摆转体下。

5. 常见错误与纠正方法

错误动作：前摆兜腿过早，收腹、屈臂，身体向前滑；转体时，无推、移、挥、挺动作，影响下法。

纠正方法：在下杠的异侧前上方放一标志物，诱导练习者向标志物兜腿时，推移，挥转下练习。

三、考核要求

符合动作要领，动作娴熟连贯，整套动作流畅，落地稳定为优秀；整套动作完成较好，个别动作完成质量和连贯性稍差为良好；能独立完成完整动作为及格。

第五节 双杠 4 练习

一、训练条件

制式双杠（高 1. 15~1. 55 米，宽 0. 42~0. 50 米），松软沙地或体操垫，镁粉。着迷彩服或体能训练服、制式胶鞋或运动鞋。

二、技术动作与训练方法

准备姿势：练习者从双杠前端进行入双杠内约 1 米处，两腿屈膝并拢，前脚掌着地，两手向后侧张开，手掌心向后。

动作过程：准备姿势→跳起挂臂撑→立臂上→直角支撑（停止 3 秒）成分腿坐杠→挂臂撑前摆屈伸上接支撑后摆→前摆转体 90°下（图 7-25）。

图 7-25 双杠 4 练习动作示意图

（一） 立臂上

1. 动作要领

走进杠内约 0. 8 米处。跳起挂臂撑，两肩稍下沉，两臂迅速用力压杠夹肘，拉杠翻肘立臂，跟上体撑直臂（图 7-25 中 1~3）。

2. 重点难点

两臂用力压杠，翻肘立臂，跟肩，两臂伸直。

3. 保护与帮助

保护者站在练习者侧后，当立臂上力量不足时，手扶其腿向上助力协助完成。

4. 教学训练方法

（1）低杠上做立臂动作（脚可蹬地），体会压杠、翻肘、立臂和跟肩动作要领。

（2）在帮助下做立臂上练习。

5. 常见错误与纠正方法

错误动作：沉肩、压杠、翻肘、立臂，与肩动作不协调，不连贯；立臂上时，两臂用力拉杠，造成身体向前滑。

纠正方法：在斜杠上（面向低端）做立臂上练习（图7-26）。

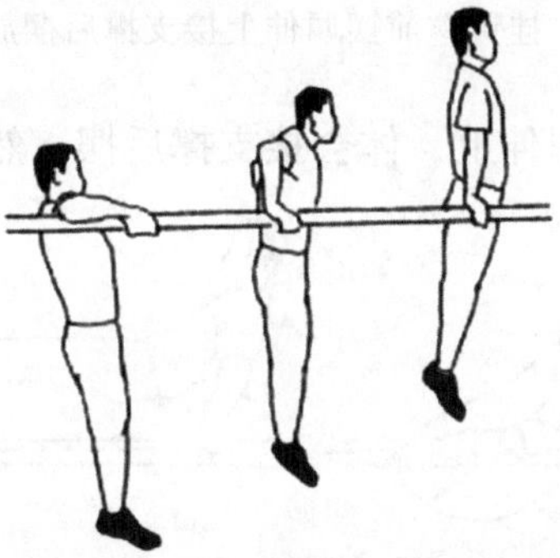

图7-26　立臂上易犯错误的纠正方法

（二）直角支撑（停止3秒）成分腿坐杠

1. 动作要领

由直臂支撑开始。上体稍向后倾，两臂里合，收腹举腿成直角支撑（图7-25中4和5）。

2. 保护与帮助

保护者站在练习者一侧，手托其脚向上助力完成。

3. 常见错误与纠正方法

错误动作：身体前倾过大，两臂外张，影响直角支撑完成。

纠正方法：在杠上做挂臂收腹举腿成直角练习，在协助下做直角支撑练习。

（三）挂臂撑前摆屈伸上接支撑后摆

1. 动作要领

由分腿坐杠开始。两手向前移握杠，上体前倒，并腿成挂臂撑前摆，摆过杠下垂直部位后，收腹举腿，臀部高出杠面，两臂伸直稍向内转，腿迅速向前上方伸出，展髋，同时两臂压杠，跟上体成直臂支撑向后摆动（图7-25中6~9）。

2. 重点难点

两腿向前上方蹬出，展髋，两臂伸直压杠，跟上体成直臂撑。屈伸上接支撑后摆动作。

3. 保护与帮助

保护者站在练习者一侧，当练习者屈伸上时，手由杠下托其臀部或背部向前上方助力，完成后，手立即收回。

4. 教学训练方法

（1）杠上放块垫子，面向垫子成屈体挂臂撑连续做屈伸上坐撑，体会动作要领（图7-27）。

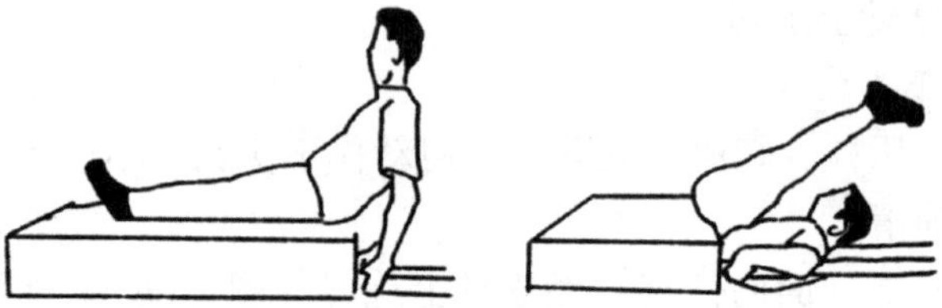

图 7-27 挂臂撑前摆屈伸上接支撑后摆放教法 1

（2）在斜杠上先小摆动做屈伸上，体会接支撑后摆，然后逐渐加大摆幅（图 7-28）。

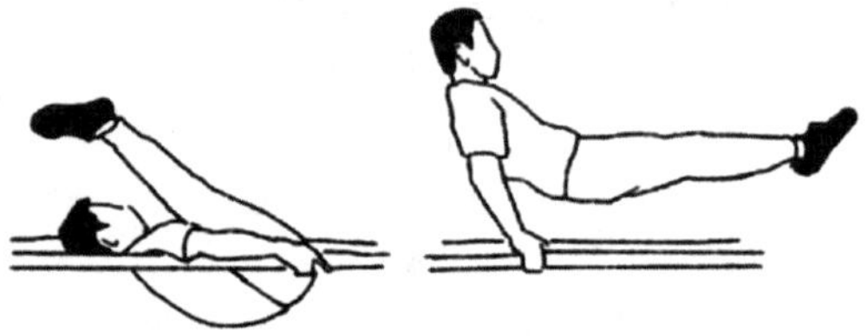

图 7-28 挂臂撑前摆屈伸上接支撑后摆放教法 2

（3）在保护帮助下做连贯动作练习。

5. 常见错误与纠正方法

错误动作：伸腿方向过高、过低或屈臂拉杠，腹部放松，腿向下打；屈伸上时，伸、送、压、跟、撑动作不连贯。

纠正方法：在地面成屈体仰卧，连续做伸腿，送臀动作；在杠的一端放块垫子，当挂臂撑前摆成屈体时，迅速将垫子推到近臀部，做屈伸上坐撑（图 7-29）。

图 7-29 挂臂撑前摆屈伸上接支撑后摆的纠正方法

（四）前摆转体 90°下

1. 动作要领

支撑前摆过垂直部位后，两腿向右（左）上方摆起，右（左）手推杠挥臂，同时向左（右）转体90°，左（右）手用力推杠，两手迅速握右（左）杠，身体自然伸展下（图7-25中10）。

2. 重点难点

腿向侧上方摆起，推杠挥臂，转体下。

3. 保护与帮助

保护者站在练习者下杠一侧，当练习者向前上方摆腿时，一手从杠下托其髋部向上助力，协助转体，然后两手扶其腰部落地。

4. 教学训练方法

（1）模仿练习，在低杠内侧站立，两手握杠，脚蹬地，臂用力撑杠，腿向侧上摆起转体90°下，体会摆、推、转动作。

（2）先做小摆动转体下，然后逐渐加大摆幅。

（3）在保护帮助下做前摆转体90°下。

5. 常见错误与纠正方法

错误动作：前上摆腿时，抬头，挺胸、肩后倒；转体下时，收腹过大，臂弯曲或推杠，转体动作不协调或脱节。

纠正方法：在下杠一侧前上方放一标志物，诱导练习者向标志物方向摆腿，推杠，转体90°下的练习。

三、考核要求

符合动作要领，动作娴熟连贯，整套动作流畅，落地稳定为优秀；整套动作完成较好，个别动作完成质量和连贯性稍差为良好；能独立完成完整动作为及格。

第六节　双杠5练习

一、训练条件

制式双杠（高1.15~1.55米，宽0.42~0.50米），松软沙地或体操垫，镁粉。着迷彩服或体能训练服、制式胶鞋或运动鞋。

二、技术动作与训练方法

准备姿势：练习者从双杠前端进行入双杠内约1米处，两腿屈膝并拢，前脚掌着地，两手向后侧张开，手掌心向后。

动作过程：准备姿势→挂臂摆动→前摆上→肩倒立（停止3秒）→屈体前滚成分腿坐杠→两手前握杠→并腿前摆→后摆挺身下（图7-30）。

（一）前摆上

1. 动作要领

跳起挂臂撑摆动，前摆过垂直部位后，迅速向前上方猛力踢腿，同时两臂用力压杠，含胸，急振上体成支撑（图7-30中1和2）。

图 7-30　双杠 5 练习动作示意图

2. 重点难点

前摆过垂直部位后，迅速向前上方踢腿，两臂用力压杠，急振上体成支撑。前摆上接支撑后摆。

3. 保护与帮助

保护者站在练习者一侧，当练习者前摆上时，手从杠下托其臀部迅速向前上方助力，完成后，手立即收回。

4. 教学训练方法

(1) 在中低杠由挂臂撑开始，做一腿前摆，一脚蹬地前摆上，体会摆、压、振动作要领（图 7-31 中 1）。

(2) 斜杠上先小摆动做前摆上，然后逐渐加大摆幅（图 7-31 中 2）。

(3) 在保护帮助下做前摆上练习。

图 7-31　前摆上教法

5. 常见错误与纠正方法

错误动作：前摆踢腿过早或过晚，抬头、挺身和屈臂、收腹过大；前摆上时，踢腿，压杠，振上体动作不连贯。

纠正方法：杠前上方放一标志物（高低距离适当），诱导练习者向标志物做前摆踢腿练习。

（二）肩倒立（停止3秒）

1. 动作要领

由支撑后摆开始。两腿后摆过肩水平部位后，两臂弯曲，肩部前移，当上体前倒肩着杠的同时两肘外张，抬头，挺身成肩倒立（图7-30中3）。

2. 重点难点

两腿后摆，两臂弯曲，上体前倒肩着杠，两肘外张，抬头挺身。

3. 保护与帮助

保护者站在练习者一侧，当练习者后摆成肩倒立时。一手扶其腰腹部，一手从杠下托肩，协助完成和防止摔下。

4. 教学训练方法

（1）在地上做头手倒立或倒立架上做肩倒立，体会倒立要领（图7-32）。

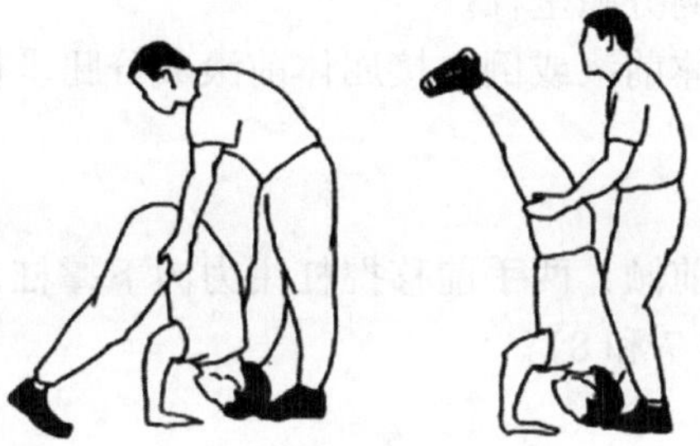

图7-32　肩倒立教法1

（2）低杠上先做小摆动接肩倒立（图7-33）。

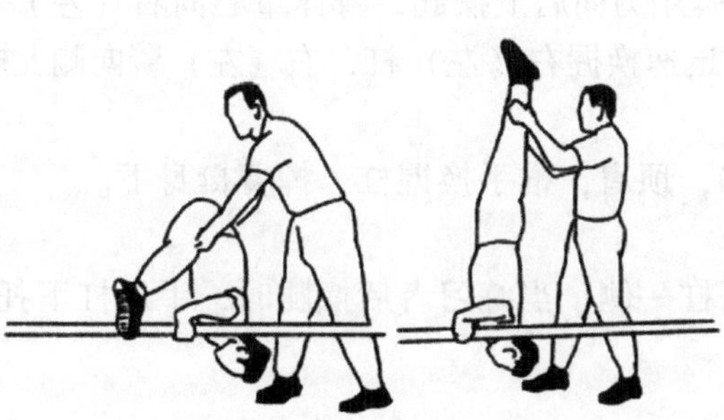

图7-33　肩倒立教法2

（3）在保护帮助下做支撑后摆肩倒立。

5. 常见错误与纠正方法

错误动作：支撑后摆屈臂过早或过晚，影响上体前倒动作；前倒肩着杠时，低头（勾头)，两臂内夹，收腹，漏肩或身体前翻。

纠正方法：在地上协助做头手倒立或倒立架、低杠上做肩倒立；在低双杠上协助做摆动接肩倒立，体会肩着杠、张臂动作要领。

(三) 屈体前滚成分腿坐杠

1. 动作要领

由肩倒立开始。低头（眼看腹部）收腹屈体，重心前移，两手向前移握杠成屈体挂臂撑。分腿坐杠同3练习上法（图7-30中4~6)。

2. 重点难点

低头、收腹、屈体，重心前移，两手前握杠成屈体挂臂撑。

3. 保护与帮助

保护者站在练习者一侧，当练习者屈体前滚时，手从杠下托其臀、背部向上助力。

4. 教学训练方法

(1) 低杠上由肩倒立开始，做屈体前滚成分腿坐杠。

(2) 在保护帮助下做完整动作练习。

5. 常见错误与纠正方法

错误动作：收腹屈体时，仰头，挺胸，臀部下沉；屈体前滚时，手前移握杠过晚或屈臂，腹部放松，腿砸杠，影响分腿坐杠。

纠正方法：在地上做屈体前滚或倒立接屈体前滚成分腿坐杠。

(四) 支撑前摆

1. 动作要领

由分腿坐杠开始。上体前倾，两手前移握杠用力向下撑杠，身体挺直，两腿内侧夹杠弹起，并腿前摆（图7-30中7和8)。

2. 保护与帮助

保护者站在练习者一侧，一手握小臂，一手从杠下托其腿部，协助前摆。

(五) 后摆挺身下

1. 动作要领

后摆过垂直部位后，腿用力向后上摆起，身体重心向右（左）移，接近终点时，顶肩、手推杠，同时左（右）手迅速换握右（左）杠，右（左）臂向侧上挥挺身下（图7-30中9)。

2. 重点难点

两腿后摆，重心侧移，顶肩，推手换握杠，挥臂挺身下。

3. 保护与帮助

保护者站在练习者下杠一侧，当练习者后摆腿时，手从杠下托其腹部向上、助力完成下法。

4. 教学训练方法

(1) 俯撑或双脚垫高做推手移重心，顶肩成单臂撑动作（图7-34)。

(2) 在保护帮助下，先小幅度摆动做后摆挺身下，然后逐渐加大摆幅。

5. 常见错误与纠正方法

错误动作：后摆用力过早或过晚，影响推手换握杠动作；挺身下重心侧移过大或过小，造成出杠，顶肩，单臂撑困难。

图7-34　后摆挺身下教法

纠正方法：在杠上，左（右）脚踩在右（左）杠上，右（左）腿向后上摆时。左（右）脚用力蹬杠并向上摆起，左（右）手换握右（左）杠，顶肩，挺身下（图7-35）。

图7-35　后摆挺身下错误动作的纠正方法

三、考核要求

符合动作要领，动作娴熟连贯，整套动作流畅，落地稳定为优秀；整套动作完成较好，个别动作完成质量和连贯性稍差为良好；能独立完成完整动作为及格。

第七节　木马1练习（屈腿腾越横木马）

一、训练条件

制式木马（高1.2~1.35米），踏跳板（距离木马1~1.5米），体操垫或沙坑，镁粉。着迷彩服或体能训练服、制式胶鞋或运动鞋。

二、技术动作

（一）动作要领

助跑时用前脚掌着地，逐渐加快速度，跑至距离踏跳板约一大步时，以有力的脚蹬地，两脚同时迅速踏板（以前脚掌过渡到全脚掌），主动蹬板起跳（脚跟过渡到脚尖离板），两臂伸直向前下撑马，同时提臂，两腿屈膝靠胸，手推马后腿前伸，上体振起，挥臂挺身，并腿落地（图7-36）。

（二）保护方法

保护者站在木马前侧，当练习者推手后身体失去平衡或脚碰马摔下时，两手迅速扶托其胸腹部。

图 7-36　屈腿腾越横木马

（三）常见错误与纠正方法

错误动作：踏板时，全脚掌着板或下蹲；起跳后，提臀过高，上体前冲，造成屈膝靠胸困难；推手慢，影响完成动作或挺身跳下。

纠正方法：推手练习。面向墙距离 0.8 米处站立，臂伸直主动撑墙，立即做推手，顶肩，挥臂练习；在协助下做过马、推手、挺身动作练习。保护者骑在木马一端面向练习者，当练习者撑马时，一手扶大臂，一手托推臀部向前上助力，或用“信号”“口令”提示，助其推手、过马，挺身动作（图 7-37）。

图 7-37　错误动作的纠正方法

三、教学训练方法

（一）辅助练习

1. 屈腿腾越横木马辅助练习

并腿起跳与踏板起跳，俯卧支撑屈腿与分腿，屈腿与分腿支撑跳上木马与挺身跳下，或降低难度由俯卧撑开始做屈膝靠胸成蹲撑和推手跳起（图 7-38）。

2. 上板与踏跳动作练习

模仿练习，走两步后，当走第三步的同时双脚踏地跳起，两臂前上摆（略高于肩）；助跑 5~7 步做上板练习，体会单脚起跳，双脚踏板动作；踏跳练习，将跳板放至离墙约 0.4 米处或沙坑边，结合助跑、上板做踏跳练习。

图 7-38 屈腿腾越横木马辅助练习

（二）分解练习

起跳撑马后马上蹲立，然后上体抬起，挺身跳下（图 7-39）。

图 7-39 屈腿腾越横木马分解练习

（三）完整动作练习

在保护帮助下进行完整动作练习。

四、考核要求

符合动作要领，动作娴熟、连贯、流畅，落地稳定为优秀；动作完成较好，身体姿态稍差为良好；能完成但动作姿态较差为及格。

第八节 木马 2 练习（分腿腾越横木马）

一、训练条件

制式木马（高 1.2~1.35 米），踏跳板（距离木马 1~1.5 米），体操垫或沙坑，镁粉。着迷彩服或体能训练服、制式胶鞋或运动鞋。

二、技术动作

（一）动作要领

助跑、踏板、起跳要领同屈腿腾越。起跳后积极向前上方腾起，两臂主动前伸撑木马，用力顶肩推手，同时收腹，臀部向上提起，腿向两侧分开。手推离木马后，上体急振，向上抬起，展髋挺身，并腿落地（图 7-40）。

图 7-40 分腿腾越横木马

（二）保护与帮助

保护者站在木马侧前方，当练习者推手后，上体抬不起或手滑身体向前冲时，手托其胸部或扶其腰腹部，防止摔倒。

（三）常见错误与纠正方法

错误动作：手撑木马时，提臀过高，肩前下冲或提臀过小，造成分腿过木马困难；手推离木马过晚或无力，影响挺身落地动作。

纠正方法：跳高垫子练习，体会提臀、收腹、分腿动作要领；用“信号”“口令”提示，做提臀、收腹、分腿、推手、挺身下的动作。

三、教学训练方法

（一）辅助练习

俯撑，两脚用力蹬地，腿向后上摆起，推手，身体向上腾起，体会动作要领（图 7-41 中 1）。

1 2

图 7-41 分腿腾越横木马练习方法

（二）分解练习

起跳撑马后成马上蹲立，然后上体抬起，挺身跳下（图 7-41 中 2）。

（三）完整动作练习

在保护帮助下进行完整动作练习。

四、考核要求

符合动作要领，动作娴熟、连贯、流畅，落地稳定为优秀；动作完成较好，身体姿态稍差为良好；能完成但动作姿态较差为及格。

第九节　木马3练习（分腿腾越纵木马）

一、训练条件

制式木马（高1.2~1.35米），踏跳板（距离木马1~1.5米），体操垫或沙坑，镁粉。着迷彩服或体能训练服、制式胶鞋或运动鞋。

二、技术动作

（一）动作要领

助跑距离一般为15~20米，快速助跑，两腿积极主动地踏跳，抬臂含胸，微屈髋，身体向前上方腾起。同时两臂前伸，分腿后摆，手撑木马的远端，猛力推木马顶肩（掌根着力），微屈髋，手推离木马后，身体前上腾起，挥臂挺身，并腿落地（图7-42）。

图7-42　分腿腾越纵木马

（二）保护与帮助

保护者站在木马侧前方，当练习者推手后，上体抬不起或手滑身体向前冲时，手托其胸部或扶其腰腹部，防止摔倒。

（三）常见错误与纠正方法

错误动作：踏跳时，挺腹前冲或身体前倾过大；手撑木马时，屈臂，上体前冲，收腹，坐在木马上；下法时，手推离木马过晚或无力，影响挺身跳下。

纠正方法：跳高垫子练习，体会后摆腿，推手动作；俯撑木马上做分腿下或帮助下做分腿下。保护者站在木马前面向练习者，当推手时，手扶托大臂或腋窝向前上助力成分腿下（图7-43）。

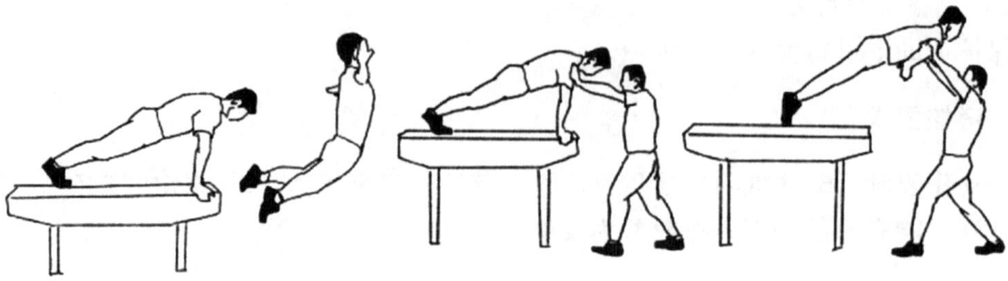

图 7-43　分腿腾越纵木马错误动作的纠正方法

三、教学训练方法

（一）辅助练习

并腿起跳与踏板起跳，俯卧支撑屈腿与分腿、屈腿与分腿支撑跳上木马与挺身跳下等。

（二）分解动作练习

1. 俯撑练习

练习者两脚用力蹬地，腿向后上摆起，推手，身体向上腾起，体会动作要领（图 7-44）。

图 7-44　分腿腾越纵木马教法 1

2. 摆腿练习

保护者站在跳板前背向马成半蹲立，当练习者腾起时，手扶托其腰髋部或站在跳板侧前，手托其腹、腿部向上助力（图 7-45）。在保护帮助下做连贯动作。

图 7-45　分腿腾越纵木马教法 2

（三）完整动作练习

在保护帮助下进行完整动作练习。

四、考核要求

符合动作要领，动作娴熟、连贯、流畅，落地稳定为优秀；动作完成较好，身体姿态稍差为良好；能完成但动作姿态较差为及格。

第八章　岗位能力与综合训练

第一节　100 米体能组合练习

一、场地器材

（一）训练场地

在平整土质场地上相距 100 米处划两条 1 米长的平行线，作为起点线和终点线。在起终点线间划 4 条 1 米长的平行线将场地划分为 5 部分。起点线与 20 米线之间为低桩网场地（10 个低桩网，桩网间距 2 米、高 80 厘米）；20 米线与 35 米线之间为持枪前滚翻场地；35 米线与 55 米线之间为屈身蛇形跑场地（放置 5 个圆锥桶，圆锥桶间隔 4 米）；55 米线与 75 米线之间为侧身匍匐场地（放置 2 个圆锥桶）；75 米线与终点线之间为负重跑场地（弹药箱（20 公斤）放置在侧身匍匐线一端）（图 8-1）。

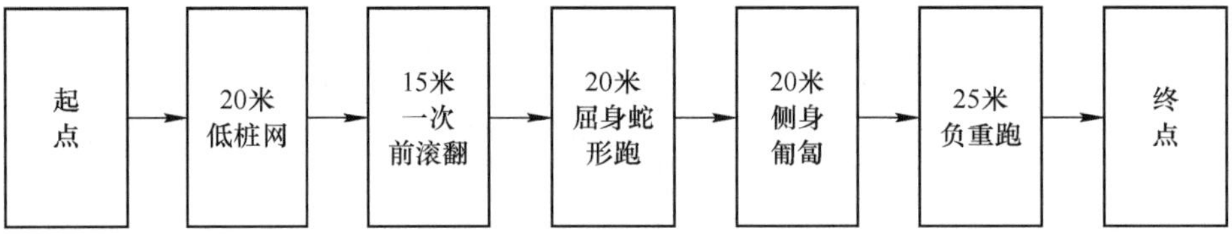

图 8-1　100 米体能组合练习场地示意图

（二）基本器材

主要由圆锥桶、低桩网和弹药箱构成。

1. 圆锥桶

7 个，材质为环保软塑料，高 52 厘米，厚度约 3.3 毫米，底面是长约 40 厘米的正方形（图 8-2）。

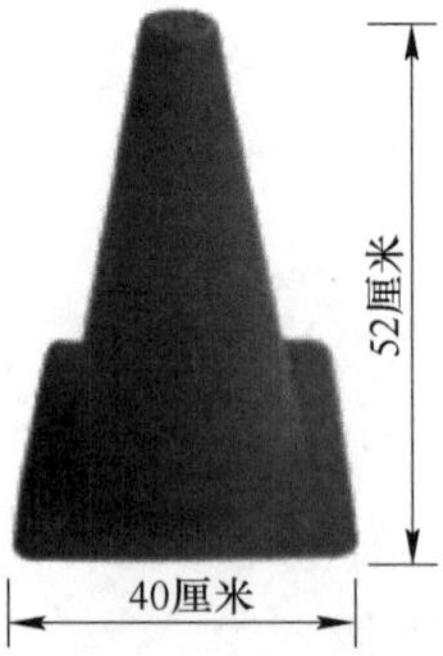

图 8-2　圆锥桶

2. 低桩网

1 副，采用 DN32-50 镀锌管 10 根分列两行，行距 2 米，长 20 米，间距 2 米，高出地面 80 厘米，立柱间用弹性材料拉成桩网，网下铺设松软沙层（图 8-3）。

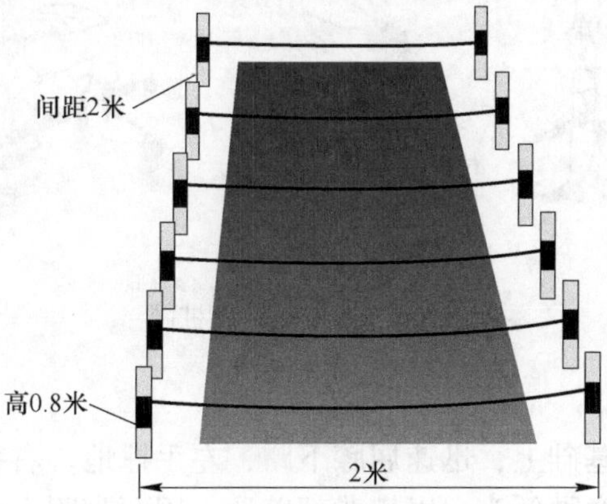

图 8-3　低桩网

3. 弹药箱

1 个制式弹药箱。

二、技术动作

100 米体能组合练习（着迷彩服、迷彩帽、编织外腰带、迷彩鞋、携自动步枪）：背枪俯卧起立 20 次→持枪跳钻 10 个桩网（桩网间距 2 米、高 80 厘米）→持枪前滚翻 1 次→持枪屈身蛇形跑 20 米→持枪侧身匍匐 20 米（圆锥筒 2 个）→扛 1 个弹药箱冲刺跑（20 公斤）25 米。

（一）背枪俯卧起立

练习者在规定着装的前提下，身体从站立开始，屈膝下蹲，两手撑地，两腿自然向后伸直，两腿并拢，全身俯卧于地面。而后两手迅速撑地，收腿起立，成站立姿势。重复练习（图 8-4）。

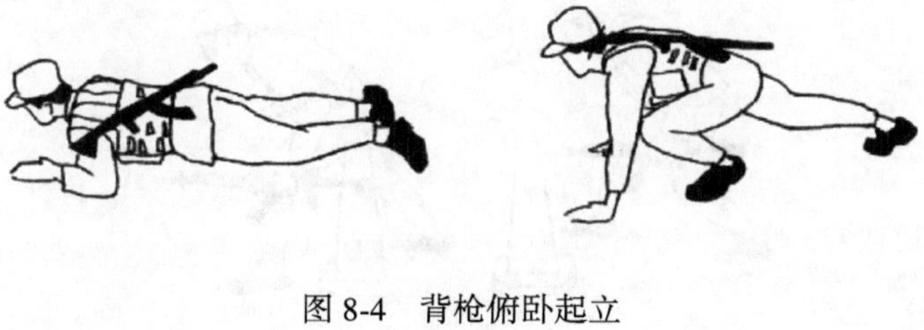

图 8-4　背枪俯卧起立

（二）持枪跳钻低桩网

练习者迅速由背枪转为单手持枪，首先腾空跳过第一个桩网之后，身体重心前移，在接近第二钻网前，身体屈膝下蹲，以最快的方式钻过第二个桩网，而后以同样的方式完成第三、第四直至第十个桩网（图 8-5）。

图 8-5　持枪跳钻低桩网

（三）持枪前滚翻

练习者在持枪跃进的基础上，迅速屈膝下蹲，左手撑地。右手持枪前伸，手腕向内使枪的弹匣前端对准胸部，弯腰低头，以肩背部着地，用两脚蹬力向前滚翻，随即起立，继续前进（图 8-6）。

图 8-6　持枪前滚翻

（四）持枪屈身蛇形跑

练习者屈身姿势按战术跃进动作绕圆锥桶蛇形跑进，两脚快速蹬地跑向第一个圆锥桶，脚前跨从外侧绕过第一个圆锥桶，依次从圆锥桶外侧绕过至最后一个圆锥桶（图 8-7）。

图 8-7　持枪屈身蛇形跑

（五）侧身匍匐

练习者屈身蛇形跑之后，迅速按战术动作进行持枪侧身匍匐（图 8-8）。

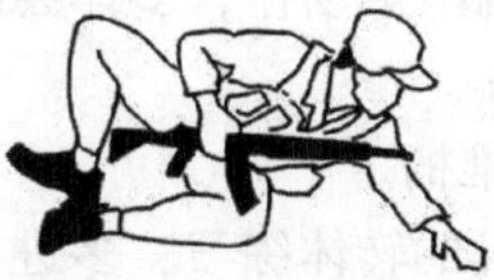

图 8-8　侧身匍匐

（六）负重跑

练习者迅速由持枪转换为背枪，用手拎、肩扛、胸前抱等方式把弹药箱送到 25 米的终点，也就是 100 米体能组合训练的终点。

三、教学训练方法

（一）背枪俯卧起立

练习者首先在不背枪的情况下不断练习俯卧起立动作，反复练习，做到动作熟练，而后再背枪进行反复训练。

（二）持枪跳钻桩网

练习者先徒手进行桩网跳钻的反复练习，动作熟练之后再进行持枪训练。平时可进行弹跳、身体下蹲钻杠等动作训练。

（三）持枪前滚翻

练习者先徒手进行前滚翻训练，主要是以双手撑地进行反复训练，而后进行持枪前滚翻的训练。

（四）屈身蛇形跑

练习者利用双杠立杆和杠面作为标志物，主要练习屈身蛇形动作，而后进行持枪降低重心屈身蛇形跑，反复练习。

（五）侧身匍匐

练习者按照战术动作进行徒手和持枪侧身匍匐训练，以提高练习者快速前进的动作。

（六）负重跑

练习者先提空弹药箱进行快速前进的训练，不断增加重量，进一步锻炼练习者提、杠、抱等动作的能力。

（七）速度耐力跑

练习者可以按照 200 米速度耐力的练习方法进行，也可以 150 米、400 米的距离进行速度耐力训练。

四、常见错误动作及纠正方法

（1）背枪俯卧起立动作腹部不贴地。

纠正方法：反复练习俯卧起立动作，每次体会腹部贴地，直到动作熟练为止。

（2）持枪跳网重心前倾不够，钻网下移不迅速。

纠正方法：练习者在跑进时，身体尽量保持前倾，跳起时不能抬腿过高。钻网时，离网一定距离重心迅速下移，防止离网太近，重心后移，使下移速度过慢。

（3）持枪前滚翻动作不标准，有枪砸地现象。

纠正方法：练习者多练习徒手前滚翻动作，多体会两脚同时用力腾空动作，背部着地动作，而后体会持枪手腕内转的动作。

（4）屈身蛇形跑撞倒或踢倒圆锥桶。

纠正方法：反复练习接近圆锥桶的转体练习，多进行步伐训练。

（5）侧身匍匐速度不快。

纠正方法：练习者反复练习侧身重心前移、脚内侧蹬地和手向前扒地的动作，使整个动作协调一致。

（6）负重跑速度不快、负重动作不准确。

纠正方法：练习者多采用 100 米、200 米、400 米等速度耐力训练，反复练习负重时的动作要领，真正做到熟能生巧。

五、考核要求

（1）按照规定动作要领完成动作。不按规定程序和路线跑进、弹药箱掉地等动作不符合要求等犯规情况，应迅速调整动作，否则不记录成绩。

（2）考核者每掉落一件装具增加时间 1 秒。

（3）以完成时间计算成绩（精确到 0.1 秒）。

第二节　三公里武装越野

三公里武装越野，是指携带个人武器和装备进行的越野跑，是在野外各种复杂地形上进行的耐力与野战能力的训练课目。它是我军军事体育训练的传统课目，在基层部队广泛开展。

一、场地器材

平地、草地、松软土壤（沙地）、田埂、平滑和冰冻地、雪地和沙漠、树林地等可丈量的 3000 米场地，秒表。按照装备编配和岗位需求携带轻武器及相应单兵战斗装具（若装配有单兵携行具，须内放 4 个空弹匣、4 枚手榴弹）。着迷彩服（帽）、制式胶鞋，扎编织外腰带；携带挎包（内放洗漱用具）、水壶（装满水）。

二、技术动作

（一）基本技术

1. 出发跑

出发跑采用站立式起跑，听到“出发”信号后，两脚用力蹬地，后腿迅速前摆，两臂前后配合快速有力地摆动，使身体迅速向前冲出。

集体武装越野出发时纵深队形前后有一定的距离（50～80 米），所以排头兵在出发时应加快跑速，使队伍的后半部尽快摆脱静止状态，在短时间内跑动起来。随后，排头兵要及时地控制好跑速，保持好紧凑的队形，有节奏地带领集体匀速向前跑进，尽量避免“极点”过早出现。

2. 途中跑

武装越野跑的技术动作与中长跑基本相同。由于运动时间长，途中地形复杂，练习者又携带武器和装具，体力消耗大，所以途中跑时应根据不同的地形，采用不同的跑进方法。普通地段途中一般应以跑步完成，复杂地段可走跑相结合。跑进时，应注意动作轻松协调，保持良好的呼吸节奏，并分配和掌握合理的跑速。由于身体负荷较重，跑的过程中要注意体力分配，调整好呼吸节奏，加强后蹬力量，步幅稍小，步频稍快，身体重心适当降低，保持身体平稳前进，减少身体能量的损耗。跑时，武器携带以背枪为主。为了减缓局部肌肉过于紧张，或携带武器的时间过长，也可背枪、肩枪、持枪交替进行。跑时两臂摆动幅度适当减小，做到放松自然，可一手扶装具，另一手摆动，两手交换进行。

3. 终点跑

终点跑是指临近终点的最后一段距离的冲刺跑。这时人体较疲劳，应以顽强的意志全力以赴，加快摆臂，加强后蹬冲向终点。练习者要根据个人的训练水平和全程跑中体力情况来决定冲刺跑的距离。集体武装越野的终点冲刺跑，一般由指挥员根据队伍整体的体能情况来确定冲刺跑的距离，冲刺跑前指挥员要督促队伍的后半部适当加快跑速，缩小与排头兵的距离，保持队伍的紧凑性，要适时地下达冲刺跑的口令和信号。冲刺跑时，排头兵要带领队伍全速冲向终点，在到达终点之后继续向前跑进30~50米的距离，留出终点的空闲位置，避免造成队伍后半部的堵塞，延误集体通过终点的时间。队伍全体跑过终点后应放松慢跑或走动，并调整呼吸。

（二）呼吸方法

由于武装越野跑时负荷较大，机体氧需求较多，呼吸困难的情况较易发生。所以一开始跑就应注意将呼吸的节奏和跑的节奏协调起来。呼吸时一般用口和鼻同时呼吸，随着疲劳的出现，要自然地加快呼吸频率，加大呼吸的深度，以便充分呼出二氧化碳，吸入氧气。呼吸一般采用两步一呼、两步一吸的方法。随着疲劳的不断增加，呼吸的频率应有所加快，深度加大，常用一步一呼、一步一吸。当极点出现时，一定要以顽强的意志坚持跑下去，同时注意做深呼吸，适当地调整呼吸的节奏和跑速，克服身体的不良反应，使身体逐渐恢复正常。

（三）体力分配

在武装越野跑训练或考核时，应根据个人的体能和全程跑中各路段地形的难易情况，计划好全程的时间和各段距离的时间比例，合理地分配跑速，一般应以匀速跑完全程。集体武装越野由于参加人员多，体能水平参差不齐，体力的分配显得尤为重要，指挥员和排头兵在集体武装越野跑中体力分配方面起着十分重要的作用。指挥员应根据本单位的实际情况和平时的训练水平划分好各段的时间比例，掌握和调整集体的跑速。跑前要及时调整好情绪，做好宣传鼓动工作，安排好跑进过程中的互助工作，将计划好的全程时间和各段距离的时间比例通报给成员，使人人心中有数。跑时要特别注意控制好排头兵的跑速，避免跑进过程中时快时慢，破坏队伍的紧凑性和节奏。队形的安排上通常将体力较好者位于纵队前部，较差者位于中部，最好者位于后部，这样可使体力好者带领、督促、帮助差者，从而使队伍保持较高的跑进速度。

（四）各种地面条件下跑的技术动作

1. 平地跑

腿的后蹬与前摆动作和长跑基本相同。脚的着地方法，可用全脚掌着地，并迅速过渡到前脚掌蹬地，跑坚硬地面时，可用脚掌外侧先着地，并迅速过渡到前脚掌着地。上体应保持正直或前倾，腹部微收，头、颈部自然放松，两眼平视前方。两臂前后自然摆动，摆幅稍小。

2. 草地跑

动作与平地跑基本相同，用全脚掌着地，眼睛注视前下方，以防乱草缠绊两脚、陷入坑洼或碰绊石块等。

3. 松软土壤（沙地）跑

用全脚掌着地，落地要轻，蹬地时腿不完全伸直，步幅要小，频率要快。

4. 上下坡跑

上坡时上体前倾，大腿高抬，用前脚掌着地，步幅稍小。遇到较陡斜坡时，可跑“之”字形路线。下坡时上体稍后倾，以全脚掌或脚跟先着地，临近坡道的末端即快速跑到平地。下坡跑时腿不要高抬，步幅稍小，以轻快的步伐通过。

5. 田埂跑

全脚掌稍外张着地，步幅稍小，重心稍降低，两臂微张开保持身体平衡，采用跑或走的方法通过。

6. 平滑和冰冻地面跑

身体重心要低，以全脚掌着地，腿不要高抬，步幅稍小，以轻便的步伐通过。

7. 雪地和沙漠跑

身体重心稍高，上体稍直，腿高抬，落地轻，以全脚掌着地，后蹬角度大，步幅小，频率快，两臂摆幅稍大。

8. 树林中跑

可一手拨挡树枝，一手护脸部，防止树枝擦破、戳伤头部和眼睛，并注意地上裸露的树根和枯草藤绊脚。

三、教学训练方法

武装越野跑应在掌握中长跑技术动作的基础上进行训练。

（一）徒手越野跑

（1）在简单的地形上进行徒手越野跑，距离 3000~5000 米。

（2）在较复杂的地形上，体会通过各种地形的动作要领，距离 2000~4000 米。

（3）爬山或山坡跑，距离 2000~4000 米。

（4）按规定的路线进行全程徒手越野跑。

（二）武装越野跑

（1）负重或携带部分装具在较复杂的地形上进行越野跑，距离 2000~3000 米。

（2）在简单的地形上进行全程武装越野跑。

（3）按规定的路线进行全程武装越野跑。

（三）集体武装越野跑

（1）在简单的地形上，进行徒手集体越野跑，距离约5000米。

（2）在复杂的地形上，进行徒手集体越野跑，距离2000～4000米。

（3）在简单的地形上，进行超长距离的全副武装集体越野跑。

（4）按规定的路线进行全副武装集体越野跑。

（四）专项素质训练

1. 专项耐力训练

武装越野跑的专项耐力训练应着重提高练习者有氧代谢和无氧代谢能力。采用较多次数重复的较短距离快跑，心率超过180次/分的练习是大强度训练；采用长距离匀速跑，心率在150次/分左右的练习，属于中等强度训练；心率在120次/分左右的练习为小强度训练。

武装越野的距离越长，有氧代谢训练的比例越大。训练时应根据不同的距离，采用不同的专项耐力练习。

（1）变速跑：400米快速跑+200米慢速跑。练习中应反复多次进行。

（2）变速越野跑：距离3000～6000米。可利用地形地物调节不同速度。如：上坡慢跑，下坡快跑；小路慢跑，大路快跑；开阔地的追逐，游戏性的快跑等手段。

（3）间歇跑：距离400～2000米。分组进行间歇跑，间歇休息时间以心率恢复至120次/分为宜。

（4）匀速重复跑：距离1000～4000米。每次休息时间比重复跑时间略长。

（5）接近专项距离跑或专项距离的计时跑，定期检查，按考核标准进行。

2. 速度和力量练习

速度和力量是武装越野跑的重要素质。发展速度可多采用稍长距离的加速跑和变速跑练习。例如，100米快速跑+100米慢速跑。进行力量练习时，可减小负重练习的重量，增加练习次数和持续时间，并适当增加较长距离的力量练习。例如，负重的半蹲跳、负重的弓步走等练习。进行武装越野的专项力量练习时，应避免因长时间的刺激造成肌肉、关节的损伤，建议下肢力量的练习每周不超过一次，并适当穿插上肢和腰背部的力量练习，以适应负重的需要。

四、考核要求

（一）个人考核

在标准田径场考核时，每组考核人数不宜超过20人，每人必须在胸前佩戴号码布；受试者独立完成，不得借助任何帮助，否则列为犯规，成绩不及格；从“开始”信号出发至受试者按要求完成规定距离用的时间为最终成绩，成绩精确到秒。

（二）集体考核

（1）受考分队在起跑后成排或连纵队站立，不得触及起跑线前地面，听到发令后方可起跑。如果违犯本条规定，发令员第一次给予警告，重新组织起跑。如再次违犯，取消分队考核资格，按不及格计算。

（2）应从看到发令枪发出的闪光或烟（或发令旗挥动瞬间）开始，直到分队最后一名受试者的身体躯干部分，到达终点线后沿的垂直平面瞬间为止。

(3) 受考分队以连队或学员队为一个集体，成纵队在确定的路线上跑进。考核时应根据地形和路线的条件，保持紧凑的行进队伍，考核途中不得更换人员。在考核中，只允许分队参加考核人数的3%掉队（不含干部）。如果离开规定路线，或途中更换人员，或超过分队人数的3%没跑完全程，分队考核成绩无效，按不及格计算。

(4) 受考分队到达终点后，缺少武器装具和服装，每缺一件增加分队考核成绩 1 分钟。携带武器装具的方式和着装不符合规定，出现每 1 人次应增加受考分队考核成绩 30 秒。丢失枪支分队成绩无效，按不及格计算。

(5) 出发和到达终点时，每名受试者携带各自的武器装具。受试分队中的受试者，在越野途中可互相帮助，包括推、拉、搀扶、互相携带武器装具，但不能接受非受试者的任何帮助。如果出发和到达终点时，受试者各自携带的武器装备不全者，每缺一件增加分队考核成绩 1 分钟。途中接受非受试者帮助，分队成绩无效，按不及格计算。

(6) 可在公路、山路或其他道路上考核，路线长度不得短于 5000 米，丈量距离时应沿受考分队所能跑过的最短路线进行。选择路线应尽量避开交通繁忙路段，不要穿越铁路、高速公路和有较多障碍物的地段。最好采取一个转折点的往返路线或单循环的路线。

(7) 每次考核受考分队只有一次机会，不及格或因犯规取消成绩，当场不得补考。

第三节 三公里武装组合练习

三公里武装组合练习，能比较全面地发展身体素质，有效促进机体有氧代谢与无氧代谢能力的协调发展，培养勇敢顽强的战斗精神。

一、场地器材

选择有一定坡度起伏的自然地域。武装越野距离 1500 米（如无连续适合的路段，可分两段实施，但每段不少于 500 米）。通过染毒地带距离 450 米，在起始和终止位置应使用白色石灰或油漆标示起始线和终止线。扛原木跑距离 1000 米，道路宽度应不少于 3 米，宜选取闭合环形路线，便于训练后将原木恢复原位。扛原木区设置在本路段起点，可采取画线或拉警戒带标示，大小不少于 10 米×10 米，并设出入口。原木直径约 20 厘米，长约 1.5 米，重 15~18 公斤（图 8-9），在原木一侧钉两个握把。通过铁丝网距离长 50 米，由 20 米低桩铁丝网和 30 米高桩铁丝网连接组成，宽 1.2 米。终点线位于射击场或投弹场，距射击地线或投弹位置 20 米，射击场按 100 米卧姿有依托精度射击设置；投弹场按立姿投远场地设置。

图 8-9 原木

着迷彩服（帽）、作战靴、扎编织外腰带。携带自动步枪（或仿真枪）、防毒面具、水壶（装满水）、战斗携行具（内放教练手榴弹或手雷 4 枚、空弹匣 4 个）、步兵锹（或镐）、挎包（内放洗漱用品）。

二、技术动作

（一）1500米武装越野

按3公里武装越野的动作要领实施。采取单手提枪或双手持枪方式跑进（图8-10）。

图8-10　武装越野

（二）450米戴防毒面具跑

练习者在距离染毒地带起始线约50米处背枪，双手协力将防毒面具取出，在通过起始线前按规定要求穿戴好防毒面具（图8-11）。通过终点线后，将防毒面具取下放回防毒面具袋内，不做洗消动作。

图8-11　戴防毒面具跑

（三）1000米扛原木跑

练习者到达扛原木区后背枪扛原木。扛原木跑的动作要领为：向后撤一步俯身，右手握远端握把将原木直立，同时屈膝蹲下身体稍向前倾，将原木靠于右肩，右手移握下方握把，两腿协力站起，使原木水平置于肩上，左手扶住原木上方。跑进时，可将原木在左右肩互换，也可将原木横置于颈后，两手同时握住握把向前跑进。放原木时屈膝蹲下身体稍向前倾，使原木前端触地，而后起身，将原木另一端放下置于地面（图8-12）。

（四）通过50米铁丝网

通过低桩铁丝网时，腹部贴于地面，头稍微抬起，屈回右腿，伸出左手，用右脚内侧的蹬力和左手的扒力使身体前移，在移动的同时，屈回左腿，伸出右手，用左脚内侧的蹬力和右手的扒力使身体继续前移，依次交替前进。携自动步枪时，右手掌心向上，枪面向

图 8-12　扛原木跑

右，虎口卡住机柄或握护木，五指握枪身和背带，枪身紧靠右小臂内侧。通过高桩铁丝网时，右手前伸移握护木将枪收回，同时侧身；身体左侧及左臂着地，左大臂向前倾斜支撑上体，左腿弯曲，右腿收回，右脚靠近臀部着地，右手握枪，枪托轻着地，枪口稍抬高；以左小臂的扒力和右脚的蹬力使身体前移。

（五）100 米卧姿有依托精度射击

练习者到达终点线后开始计时，2 分钟内进入射击地线，并按规范的射击动作要领，完成卧倒、卧姿装子弹，采取卧姿有依托姿势，对 100 米胸环靶进行 5 发弹，5 次单发射。

（六）手榴弹投远

练习者到达终点线后开始计时，2 分钟内进入投弹位置，单手持枪，完成 3 枚手榴弹投掷。手榴弹投远动作要领为：右脚后退一大步，右手将弹引向后方，弹体略比右肩稍低；右臂自然伸直，左小臂自然弯曲在腹前，左腿伸直，右腿弯曲，重心大部分落于右脚；右脚迅速向后用力蹬地，伸直右腿，同时向前送髋、转体、挺胸抬头，以大臂带动小臂，用力挥臂，收腹扣腕，将弹投向远处。

三、教学训练方法

（一）单内容训练

以学员区队（排）为单位组织，将 3 公里武装组合中的各内容单个组织训练，主要目的是熟悉训练内容、掌握动作要领、适应训练场地。

（二）分段组合训练

以学员区队（排）为单位组织，将 3 公里武装组合中的各内容分段组合，如 1500 米武装越野与通过铁丝网组合；扛原木跑与通过染毒地带组合；扛原木跑与投弹组合。主要目的是适应训练强度，适应组合训练模式。

（三）徒手全程训练

将练习者分为 6~10 人每组，采取计时、竞赛等形式组织。主要目的是适应训练负荷，掌握正确的体力分配方法。

（四）全装全程训练

将练习者分为 6~10 人每组，采取计时、竞赛等形式组织。主要目的是提高体能、技能水平。

四、常见错误与纠正方法

（1）体力分配不均，通过铁丝网时手脚无力，速度慢。

纠正方法：加强体能储备，尤其是增加力量耐力性练习。跑进时，速度不宜过快，匀速前进，节省体力。到达铁丝网，深呼吸短暂调整后再进入，匍匐前进时保持匀速。

（2）扛原木时弯腰驼背，步子迈不开，前进速度慢。

纠正方法：加强肩部、腰背、腿部最大力量训练，纠正负重时的身体姿态，要求腰背挺直。

（3）扛、放原木，以及扛原木跑进过程中撞击到他人。

纠正方法：按动作要领扛、放原木，不得抛、扔、甩。扛原木跑进过程中，眼睛目视前方。

（4）佩戴防毒面具气密性不好。

纠正方法：组织佩戴防毒面具练习。佩戴完毕后，自行检查或他人检查，在通过染毒地带标示线前及时调整。

五、考核要求

（一）考核要求

（1）采用站立式起跑姿势。当听到“各就位”口令时，做好起跑预备姿势，起跑前身体任何部位不得触及起跑线，否则为“抢跑”犯规。

（2）按照规定方法通过各路段，依次通过1500米武装越野、450米染毒地段、1000米扛圆木、50米铁丝网到达射击场或投弹场。

（3）考核中不允许丢弃任何武器装备，每个受试者携带的装具在考核前、考核中和考核后均必须符合规定的要求。

（4）除戴、脱防毒面具时，以及扛原木跑进过程外，其余时间必须持枪，不得肩枪、背枪、挂枪。全程不允许将枪捆绑固定于身体。

（5）独立完成考核，不得互帮互助。

（二）考核判罚

（1）时间从发出“开始”信号起，至按要求完成所有内容并到达终点止。射击或投弹的2分钟，从练习者到达终点线开始单独计时，不计入时间成绩。超出2分钟进行的射击或投弹均为无效，只记2分钟之内的环数或米数。

（2）精度射击以50环为准，每少1环总时间加2秒，低于30环则该项内容不合格。

（3）手榴弹投远按最远1枚计算，以45米为准，每少1米总时间加2秒，低于30米则该项内容不合格。

（4）违反单项内容动作标准，不影响完成动作，每违反一次总时间加10秒；单项内容不合格或未完成动作，则课目总评不及格。

第九章　军事体育教学训练的科学实施

军事体育训练作为支撑军人各项军事素质的基础训练，对战斗力生成起着重要的基础作用，要提高军事体育训练效果必须从抓好每一堂训练课开始，训练理论也必将随着训练实践和手段的不断丰富逐渐完善。为确保军事体育训练过程的科学性和有效性，有必要对训练课的基本理论进行学习研究，了解体能训练课的结构及组织实施的方法，对于提高训练效能、科学把控训练过程和预防训练风险都有着积极的作用。

第一节　军事体育课的结构

军事体育课的特点是受训者上体育课（实践课），不是坐在教室里听讲或读写，以智力思维为主，而是在教练者的指导下，在操场上进行体力实践，以各种身体练习为主，使受训者掌握一定的体育知识、技术和技能，并达到发展身体、增强体质的效果。

军事体育课的结构是从体育课的开始到结束对课的教学活动模式的整体设计，即课的内容安排的顺序、教法的运用和时间的分配等。体育课的结构通常分为准备、基本和结束三个部分。

一、准备部分

准备部分主要包括三方面内容：组织工作和常规练习、一般性准备活动、专门性准备活动。准备部分任务完成得好坏，直接影响基本部分任务的完成，它对全面发展运动素质和防止伤害事故等都有重要意义，应认真组织，不能放松或忽视。

组织工作和常规练习，如整理队伍，下达科目，提出课的要求，进行基本队列队形的操练等，通过这些组织工作和练习，达到统一规格的要求。

一般性准备活动，包括走、跑练习；徒手的或持轻器械的活动身体各部位的练习；通过打军体拳或做游戏等活动，使受训者全身各部位主要肌肉群关节、韧带得到充分活动，同时，也可提高大脑皮层的兴奋性和内脏器官的机能能力。

专门性准备活动，主要是与完成本课主要内容有关的肌肉群关节韧带和器官得到充分活动。一般应选择与基本部分训练内容性质结构相似的练习（即做一些模仿性练习、辅助性或诱导性练习）。

准备活动的内容应注意全面性、针对性和多样性。全面性是指所采用的练习能有效促进受训者身体全面发展，培养正确的姿势和体态；针对性是指应根据课的主要教材来选择专门性练习，以使受训者更快地掌握动作；多样性是指应根据课的任务和受训者的特点，合理地变换练习内容和组织方法，以提高受训者学习的兴趣和积极性。

准备活动的实施方法灵活多样，一般以排为单位，由教练者组织实施；也可分班实施、活动的形式可选择行进间的、定位的、单人的、双人配合的，以及游戏竞赛等。

准备部分的时间，50 分钟的课可安排 8～10 分钟，100 分钟的课则可安排 15～20 分钟。根据课的任务和季节气温情况可适当地增加或缩短。

二、基本部分

基本部分是一堂课的主体部分，其任务是：学习新教材，复习旧教材，使受训者掌握军队体育的基本知识技术和技能，发展身体素质，增进健康，进行思想品德教育。应根据训练大纲和训练计划以及受训者的实际情况，精心设计，认真实施。

基本部分的时间，在 50 分钟的课中，约占 35 分钟；在 100 分钟的课中，一般应占 70~75 分钟。基本部分的组织实施应注意以下几个问题：

（1）要合理安排训练内容的顺序。一般来说，应把新授内容和较为复杂的内容安排在基本部分的开始，以便受训者用最充沛的精力去完成课的主要任务。容易引起兴奋的训练内容，一般应安排在这个部分的后面，以防干扰和影响课的主要任务及训练效果。发展运动素质的练习内容，应把发展速度和灵敏的内容放在前面，发展力量和耐力的内容放在后面。

（2）要根据课的任务、主要内容的性质和受训者的特点，正确选择和安排一些辅助性练习、诱导性或专门性练习以及发展运动素质的练习。如从学习一个项目转到学习另一个项目，就应做一些与专项有关的诱导性或专项性练习，以提高训练效果，防止运动损伤。

（3）采取多种多样的练习方式。在组织实施基本部分的训练时，根据受训者的人数、练习的特点和场地、器材的条件，可以集体或分组进行练习。分组练习，还可以采取分组轮换和分组不轮换的方法。

（4）合理安排练习密度和运动负荷，科学安排练习与休息时间，使之合理交替进行。

三、结束部分

结束部分主要是做一些放松性整理运动及轻微的自我按摩等。在整理运动后，对课的训练情况进行小结，表扬好人好事，预告下次课的内容，布置课外作业整理场地和收拾器材等。

结束部分的内容，通常选择一些逐步降低运动负荷的练习，如徒手放松，练习简单的舞蹈、游戏等。

结束部分一般采用集体的形式进行。50 分钟的课，一般 3～5 分钟即可；100 分钟的课，可适当延长。课的结束部分是课的结构的有机组成部分，在教学中不容忽视。

第二节　军事体育课的密度

一、军事体育课密度的概念

军事体育课的密度有一般密度和专项密度。一次体育课的活动内容通常包括教练者的指导（讲解、示范、纠止错误动作等），受训者的练习，受训者互相观察和帮助，练习后的休息（如等待练习后的必要休息等），组织措施（整队、调动队伍和队形变换）等五个方面。

课的一般密度是指一次课的整个方面活动中合理运用的时间与课的总时间的比例。例如：某一次课的时间为50分钟，其中合理运用的时间为40分钟，那么，这次课的密度就是80%，这种密度通常称为课的一般密度，一般密度越大，说明合理运用时间的比重也越大，课的组织就好些。课的五个方面活动中的某一活动合理运用的时间与课的总时间的比例，称为该项活动的密度。因此，课的密度又包括练习密度，讲解、示范的密度，组织措施的密度等。其中，练习密度是课的核心密度。因为受训者的练习是体育课中各种活动的核心活动。练习密度也叫课的运动密度。我军体育课的练习密度，一般应达到40%。一般说来，径赛类、游泳、障碍等项目训练，练习密度要大些；田赛类、器械体操等项目训练，练习密度要小一些。但应注意，练习密度不是越大越好。一方面是由于练习密度太大，人体承受不了；另一方面，任何一次体育课，除了练习活动外，还必须有教练者的指导、组织措施和练习后的休息等其他四个方面的活动，如果练习密度过大，就会影响其他四个方面的活动，只有既强调突出练习，又合理安排其他方面活动，才能提高课的效果。

二、安排和调节体育课密度的要求

研究课的密度是为了检查体育课中存在的问题，提出改进的办法，以便有效地利用上课的时间，更加科学地安排课的密度，特别是课的练习密度。

在安排和调整课的密度时，应注意以下几点：

（1）教练者要认真备课。教练者在上课之前应根据课的任务、训练内容和受训者的特点，进行周密的计划和准备，合理地安排和确定各项活动的时间和分量，从而保证课的顺利进行。

（2）改进和提高课的组织水平。教练者要严密组织，尽量减少不必要的队伍调动；场地器材的布置要便于训练；训练内容的安排顺序及互相轮换要适合场地器材的条件；课中分组和分组训练要适合对象的特点和客观条件的要求等。

（3）改进训练方法。提高讲解示范的质量，做到精讲多练。教练者讲解要求简明扼要，重点突出，示范正确，要合理安排练习与休息的次数。可选用各种辅助性练习，运用流水作业等方法，以加大练习密度。如果课的练习密度太大时，可采用集体或分组进行讲解示范、纠正错误动作，进一步分析动作和总结经验等训练措施来进行调节，以便使受训者得到必要的休息。

（4）要严格训练，严格要求，充分调动受训者的练习积极性。教育受训者自觉遵守操课纪律，做到令行禁止，注意发挥体育骨干的作用，开展互帮互学活动，组织受训者互相帮助与保护。

第三节　军事体育训练实践课的组织

一、作业准备

作业准备，其目的在于使身体各器官系统机能迅速地进入工作状态。准备活动的作用在于提高中枢神经系统的兴奋性，扩大肌肉、肌腱和关节的活动范围，克服内脏器官机能的惰性，加强心血管和呼吸器官的活动能力，使机体各方面的功能达到适应锻炼的要求，预防或减少肌肉、关节、韧带的损伤。

作业准备主要包括：课业组织、一般性准备活动和专门性准备活动等内容。课业组织，包括整理队伍、下达课目、提出要求、进行基本队列和队形的操练等；一般性准备活动，包括走、跑练习，徒手的或持轻器械的活动身体各部位的练习，如军体拳或做游戏等；专门性准备活动，可选择与基本部分训练内容性质、结构相似的练习（即做一些模仿性练习、辅助性练习或诱导性练习）进行准备。

准备部分的实施方法是灵活多样的，一般是以学员队（连）为单位，由教练员组织实施。活动形式可以选择行进间的、定位的、单人的、双人配合的游戏、竞赛等。准备部分的时间通常占整个训练时间的15%~20%。

二、作业实施

作业实施主要包括理论提示、讲解示范、组织训练和小结讲评等步骤。

1. 理论提示

教练员针对训练内容和对象，以讲解提问的方式有重点地提示相关理论。

2. 讲解示范

讲解示范时，一般可采用如下步骤：一是调整队伍，以便每个受训者都能清楚地看到示范动作；二是运用多种方法讲解动作名称、过程和完成动作；三是示范动作，为了给受训者一个直观印象，可把完整动作示范一遍；四是讲做结合，在体育训练中，一般采用边讲解边示范的方法，边讲解边示范时，可以自己讲、自己做，或是自己讲别人做，也可以先示范后讲解，或先讲解后示范；五是讲解保护、帮助、辅助练习的方法。

3. 组织练习

组织练习的形式，一般可采用以下几种：

（1）两组一次轮换。这种轮换形式，是在人数不多，有两个不同性质的训练内容时采用。通常是新授内容比较困难，而复习内容又比较复杂的情况下采用，通常是到基本部分的一半时间时进行互相轮换。以100分钟一课为例，如基本部分为70分钟，则进行到35分钟时轮换。

（2）三组两次轮换。这种轮换形式，是在人多器材少、有三个不同训练内容时使用。课中3个组分别学习或复习不同的训练内容。到课的基本部分进行到三分之一时，3个组进行轮换，到基本部分进行到三分之二时，3个组再依次轮换一次。

（3）四组三次不等时轮换。这种轮换形式，一般是在新授内容比较难而不易掌握、学习时间较长、复习内容比较容易、在受训者基本掌握的情况下采用。上课时把受训者分成4个组，分别学习和复习3个不同的内容。基本部分的前一半时间，一组、二组合在一起学习新内容，三组、四组分别复习两个不同的内容；到基本部分前一半时间的二分之一时，三组、四组互相交换；基本部分的后一半时间，三组、四组合在一起与一组、二组交换；到基本部分进行到后一半时间的二分之一时，一组、二组再互相轮换一次。

（4）先合（分）组，后分（合）组。这种分组形式常常用于有三个不同训练内容的课，其中有的内容（如游戏、军体拳、中长跑等）需要全体集中练习时采用。课前先将受训者分成4个组，进入课的基本部分时，先将4个组合起来进行军体拳学习，到基本部分进行到一半的时间时，将一组、二组，三组、四组分别合并，再进行 100 米跑和单杠复习。到基本部分进行到后一半时间的二分之一时，一组、二组，三组、四组再互相轮换一次，或将上述先合组、后分组的顺序倒过来进行。

在体育训练中，进行分组训练究竟采用哪种轮换形式，教练员应根据训练的内容和难易程度、受训者的人数及场地器材的多少来确定。采取轮换的形式训练，不利于教练员全面掌握和指导受训者，为克服这一缺点，应注意以下几点：(1) 课内如果既有新内容，又有复习内容，在进行分组训练时，教练员应把主要力量放在学习新内容的小组上，同时兼顾复习小组。(2) 培养好班长、小组长和体育骨干，使他们在课中充分起到小教练员的作用，以此弥补分组训练时教练员照顾不周的缺陷。

4. 小结讲评

每个训练内容结束后，应根据训练情况进行简要小结。讲评作业情况，指出存在问题，明确努力方向。在基本训练部分的组织实施中，一方面要合理安排训练内容的顺序，一般把所授内容中较为复杂的内容安排在基本部分的开始，以便受训者用最充沛的精力去完成主要任务；另一方面要根据训练任务、主要内容的性质和受训者的特点，正确选择和安排一些辅助练习、诱导性练习和转换性练习，以及发展身体素质的练习；再一方面在组织实施基本练习时，根据受训者的人数、练习的特点和场地、器材的条件，可以集体或分组进行练习。基本训练部分的训练时间，在整体训练中一般应占 70%～75%。

训练结束后，主要是做一些放松性的练习及轻微的自我按摩和互相按摩等。

三、作业讲评

作业讲评，主要讲评本课的训练情况，表扬好人好事，预告下次课的内容，布置课外作业和整理场地器材等。作业讲评一般采用集体的形式进行，占用时间一般为整体训练时间的 5%～10%。

四、组织军事体育训练应注意的问题

(一) 合理安排运动负荷

(1) 安排运动负荷时，要考虑受训者的身体机能和活动能力变化的规律，应循序渐进，逐渐增大，到本次课的基本训练部分达到较高的水平，到本次课的结束部分，运动负荷逐渐下降，使人体逐渐恢复到相对安静状态。

(2) 要考虑本次课的任务。由于每次课需要完成的任务不同，运动负荷的安排也不一样。复习课的任务是通过对已学过的某项内容的反复练习，达到巩固提高，以至于熟练地掌握动作技能的目的，练习因素比重较大；新授课的任务是形成所学动作的正确概念，掌握动作的要领和方法，教学因素（讲解、示范等）占的比重大。因此，新授课的运动负荷安排一般不宜过大，而复习课安排的运动负荷要比新授课大。

(3) 要考虑受训者的训练水平、运动素质和技术基础。在安排课的运动负荷时，应以大多数受训者的承受能力为标准，但对运动素质和技术基础较好的或较差的受训者应提出不同的要求。这样安排的运动负荷，既适合一般，又兼顾了两头，使基础好的受训者“吃得饱”，又使较差者“吃得了”。

(4) 要调动受训者练习的自觉性和积极性，保证本次课运动负荷的落实。首先，教练员应使受训者充分了解所学技能动作，对增强体质、促进军事技能水平的提高，以及在战争中克敌制胜的重要意义；其次，在实际训练中采用灵活多样的训练手段，多鼓励、多表扬，使受训者在教练员的指导下，主动地进行练习，自觉完成教练员安排的运动负荷。

（二）及时调节运动负荷

教练员不仅要在课前合理地安排运动负荷，还应在教学进行过程中善于观察和掌握运动负荷。如发现运动负荷过大或过小，应及时采取有效措施进行调节，调节运动负荷通常采用以下方法。

（1）改变练习的内容。如原来练习 200 米慢跑和 30 米加速跑，为加大运动负荷，可改为 200 米跑和 30 米加速跑。

（2）改变动作速度、速率、幅度和强度等。在固定的时间内，快速跑比慢速跑运动负荷大；以同等速率的走和跑，幅度大的比幅度小的运动负荷大。

（3）改变练习重复的次数，延长或缩短练习的时间和练习之间的间隔时间，即改变练习的密度。如练习一次蛙泳 20 米比连续重复多个蛙泳 20 米的运动负荷小得多；以同样的速度跑，跑的时间长比跑的时间短的运动负荷大。

（4）改变训练方法。如采用循环练习法或增加竞赛因素等。

（5）改变练习条件。如改变活动的范围、器材的重量、附加的条件等。

（6）改变练习顺序的组合，安排合理的休息时间等。

（三）充分发挥教练员的主导作用

教练员在训练时，要正确掌握课中各个部分的时间、内容、练习的密度和运动负荷，认真贯彻训练原则和熟练地运用各种训练方法，要全面观察和热情指导受训者进行练习，善于及时发现和解决问题，加强个别指导，对受训者要一视同仁，信任爱护受训者，启发他们的学习积极性，不能歧视、谩骂、讽刺和挖苦受训者。

（四）正确执行教案

教案是教练员在上课前，通过认真了解受训者的情况和深入钻研教材的基础上精心设计出来的，教练员上课应严格按照教案执行。在执行教案的过程中，根据受训者掌握教材的程度、运动负荷的大小和气候变化等情况，也可适当地变更教案中的个别细节，但随意改变教案的内容和实施办法是不允许的。通过训练，要切实完成增强体质，掌握知识、技能和培养思想作风三个方面的任务。

（五）防止训练事故

在军体训练中，教练员应自始至终地强调注意安全，课前要严格做好场地器材检查和对受训者进行安全教育，并做好身体的准备活动；在训练过程中，运动负荷和练习密度要循序渐进，对一些难度较大和有一定危险性的练习，要加强安全和保护帮助工作。防止训练事故的措施一定要具体，并要认真落实。

（六）认真总结经验

每次课后，教练员都应进行小结，肯定成绩，找出存在的问题，分析其原因并研究解决的办法，小结的内容最好以书面的方式记录下来，以便教学工作结束时进行总结。总结经验是提高教练员组织教学工作能力的重要措施。

参考文献

[1] 军队院校教学大纲（试训）. 中央军委训练管理部，2018.
[2] 中国人民解放军军事体育训练大纲. 中央军委训练管理部，2018.
[3] 陆军基础战斗体能训练指导手册（试训稿）. 中国人民解放军陆军参谋部，2018.
[4] 部队共同科目军事训练伤防控指南. 中央军委后勤保障部卫生局，2016.
[5] 军事体育训练常见伤病预防手册. 中央军委训练管理部，2018.
[6] 林建棣，包赢春 . 军事体育. 中央军委训练管理部，2018.
[7] 林建棣，周明先 . 军事体育训练教程. 中央军委训练管理部，2018.
[8] 林建棣，周明先 . 军事体育训练伤病预防. 中央军委训练管理部训练局，2017.
[9] 秦键 . 军事体能训练实用教程［M］. 北京：国防工业出版社，2010.
[10] 王雄，沈兆喆 . 身体功能训练动作手册［M］. 北京：人民体育出版社，2014.
[11] 巩平 . 军事基础训练教学指导［M］. 南京：东南大学出版社，2015.